통합 치료의 새로운 패러다임

요가심신테라피

Mindbody Yoga therapy for Integrative Healing

조옥경·왕인순·강화·김안나·이윤선 공저

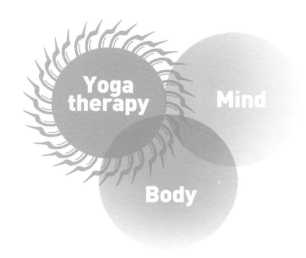

학지사

저자 서문

요가란 무엇인가라는 질문에 대한 대답은 다양하다. 카타 우빠니사드는 "감각을 확고히 제어하는 것", 바가바드 기따는 "평정심, 행위의 기술, 분리", 빠딴잘리 요가수뜨라는 "마음 활동의 제어"로 요가를 정의하고 있다. "즐거움과 고통이 없는 상태"로 요가를 정의하는 경전도 있고, "올바른 지식, 원칙, 행위"로 정의하는 경전도 있으며, "개인과 초월적 자아와의 결합"으로 정의하는 경전도 있고 "모든 이중성의 결합"으로 정의하는 경전도 있다. 데시카차르(Desikachar)는 "모든 행동, 모든 순간에 현존하는 상태를 만들려는 노력"으로 정의하였다. 이와 같은 형이상학적, 철학적, 정신적 정의와는 달리 일반 대중은 몸매를 유연하고 아름답게 가꾸는 생활체육 정도로 요가를 알고 있다. TV 스크린에 등장한 유명 연예인들이 연체동물인가 싶을 정도로 통상의 범위를 넘어 몸을 휘고 비트는 모습을 보이면 그들을 모방하고 싶은 대중은 그들과 좀 더 비슷해지기 위해 부지런히 요가원을 찾는다.

요가의 세속화는 어떻게 진행된 것일까? 하타요가는 내면의 요가인 라자요가를 위해 존재한다. 하타요가의 대표 경전인 하타요가 쁘라띠삐까에서는 "아사나, 다양한 꿈바카, 그리고 탁월한 행법들은 '라자요가의 결과(삼매)'에 이를 때까지 수행해야 한다"(1장 67절)라고 명시하고 있다. 그렇다면 하타요가의 꽃은 라자요가에 있다고 보아야 할 것이다. 하타요가 쁘라디삐까는 여러 곳에서 이 점을 분명히 하고 있다. 무엇을 라자요가라고 하는가? 19세기에 요가를 서구에 최초로 전파한 인물인 스와미 비베카난다는 빠딴잘리 요가 수뜨라에서 제시하고 있는 8지요가(aṣṭāṅga yoga)를 라자요가로 소개하였다. 이와는 달리 하타요가 쁘라디삐까는 "라자요가, 삼매, 운마니, 마논마니, 불멸성, 라야, 공불공은 최고의 경지다"(4장 3절)라고 선언하면서 바로 다음 절에서 라자요가와 삼매는 동의어라고 언급하고 있다. 이렇게 볼 때 요가의 최고 왕인 라자요가는 '삼매'를 지칭한다고 할 수 있다.

사마디(samādhi)의 목표를 달성하기 위해 감각제어(pratyāhāra), 집중(dhāraṇā), 명상(dhyāna)이 필요하고 외부로 향하는 의식을 내면으로 향하도록 만들기 위해 쁘라나를 안정시키고 확장시킬 필요가 있었을 것이다. 그런 점에서 하타요가에서 제시하는 다양한 아사나와 쁘라나야마, 무드라는 주의를 내부로 향하게 하는 수단으로 볼 수 있다. "집중, 명상, 삼매는 앞의 다섯 가지(금계, 권계, 자세, 호흡, 감각제어)보다 더 내면적이다"(3장 7절)라는 요가 수뜨라의 언급은 요가의 최종 목표가 매우 내면적인 작업임을 보여 주고 있다. 내면 계발의 예술인 요가를 비교적 외향적인 서구인들에게 전할 때 외관상 눈에 띄는 아사나가 중심이 되었을 것이다. 달리 방법이 있었을까? 실제로 수천 년의 역사를 지닌 요가의 변천 과정을 되돌아보면 14세기에 쉬바 쌍히따, 15세기경 하타요가 쁘라디삐까, 18세기경 게란다 쌍히따가 등장한 것을 보아도 정신적 행법에서 육체적 행법으로 세속화가 꾸준히 진행되었음을 알 수 있다. 현대에 와서 아사나 중심으로 진행된 요가의 세계화는 이런 세속화의 노정에 있다고 보아야 할 것이다.

최고의 삼매에 도달하려는 요가수행자의 열망을 가로막는 몇 가지 장애가 존재한다. 요가수뜨라에서는 질병(vyādhi), 정신적 무기력(styāna), 의심(saṃśaya), 무관심(pramāda), 게으름(ālasya), 탐닉(avirati), 진정한 마음 상태에 대한 착각(bhrāntidarśana), 확고한 경지에 이르지 못함(alachabhūmikatva), 얻은 토대로부터 퇴행(anavasthitvāni)을 아홉 가지 장애로 꼽고 있다(1장 30절). 이들 내용은 현대인 사이에서도 만연하는 신체적, 정신적 장애에 해당한다. 여기에서 질병이 제일 먼저 등장하는 것은 의미심장하다. 이 수뜨라의 의미는 본격적인 요가수행을 시작하기 전에 육체적, 정신적 질환을 해결해야 한다는 뜻일 것이다. 이렇게 볼 때 공기와 먹거리마저도 오염되고, 각종 유해물에 노출되어 살면서 불규칙한 생활습관으로 인해 온갖 질병에 시달리는 현대인에게는 요가수행보다는 요가테라피가 적합하다 할 것이다. 요가가 서구의 과학과 만나서 요가테라피로 발전하고 있는 추세는 이런 맥락과 무관하지 않아 보인다.

일생에 걸쳐 요가수행에 매진했던 현대 요가의 아버지 끄리슈나마차리아(Krishnamacharya)는 질병의 고통으로부터 해방되고자 자신을 찾았던 사람들에게 요가테라피를 제공했다. 요가를 다양한 대상에게 적용할 때 점진적 단계의 중요성을 강조한 그는 치료나 치유가 필요한 단계를 찌낏사 끄라마(cikitsa krama)로 정의하고 인생의 중반에 들어서면서 신체적, 정서적, 정신적 문제가 생긴 사람들을 위한 수련들을 고안하였다. 따라서 요가테라피에서는 신체적, 정신적 문제를 동시에 다룰 필요가 있는데 비록 육체적 질병이라 하더라도 종종 정신적 장애가 수반되기 때문이다. 데시카차르가 질병이 무엇인지를 정의하면서 질병이란 단순히 육체적인 문제가 아니라 삶에의 불만족, 자신의 잠재력을 표현하지 못하는 것이라고 언급한 점은 모든 질병의 심신연관성을 분명히 보여 주는 예일 것이다.

그렇다면 요가테라피란 무엇일까? 요가테라피를 전 세계적으로 보급, 확산하는 데 주도적인 역할을 하고 있는 국제요가테라피스트연맹(International Association of Yoga Therapists: IAYT)은 요가테라피를 "요가의 가르침과 수련을 적용함으로써 건강과 웰빙을 증진시키는 방향으로 개인의 역량을 강화하는 과정"으로 정의하고 있다. 요가의 원류인 인도에서도 요가테라피가 마땅히 발전하지 않았을까? 실제로 요가테라피는 요가의 과학화 과정을 통해서 꾸준히 진행되었다. 인도에서 요가테라피의 본격적인 시작은 1930년대에 활발했던 뭄바이 근처 로나발라 까발리야다마 요가병원(kaivalyadhama yoga hospital)에서부터였다고 볼 수 있다. 1970년대 이후로는 벵갈로의 비베까난다 요가연구재단(Vivekananda yoga research institute)이 요가테라피의 새로운 중심으로 부상하여 현재까지 이어지고 있다. 요가테라피에 크게 기여한 또 다른 인도 스승으로는 끄리슈나마차리아를 들 수 있다. 다양한 요가기법을 개인별로 점진적으로 적용했던 그의 독특한 방법은 세계적인 제자 아엥가(B. K. S. Iyengar)를 낳았고, 그의 말년에는 치유 중심의 개인별 맞춤식 요가를 특징으로 하는 비니요가(viniyoga)를 통해 그의 아들 데시카차르로 이어졌다.

요가테라피의 발전에 크게 기여한 또 다른 사건으로는 요가와 심신의학, 심리치료의 만남을 들 수 있다. NCCAM(National Center for Complementary and Alternative Medicine)은 요가를 심신중재법(mind-body intervention)으로 구분하고 있으며 현재는 NCCIH(National Center for Complementary and Integrative Health)로 개칭되어 요가를 주된 보완요법으로 간주하고 있다. 요가와 심리치료의 만남은 현대인에게 흔한 스트레스, 불안, 우울에 미치는 요가의 긍정적 효과를 밝힌 연구들이 축적되면서 가속화되었다. 특히 마음챙김 훈련으로 요가를 활용하는 방법과 적극적인 휴식과 이완을 유도하는 요가기법들은 많은 심리치료사의 관심을 끌었으며, 특히 트라우마로부터의 회복과정에도 요가가 기여할 수 있다는 연구 성과들은 요가와 심리치료 간의 시너지가 주는 성장 가능성에 주목하게 만들었다.

그렇다면 이 책의 키워드인 요가심신테라피란 무엇인가? 대중은 물론 요가지도자나 전문가들에게도 비교적 생소한 요가심신테라피는 요가테라피라는 큰 우산에 넣을 수 있는 분야로서 심신의 상호관계에 초점을 두었음을 강조하는 의미에서 붙인 명칭이다. 굳이 요가심신테라피로 부르는 이유는 요가를 일종의 신체 운동으로 생각하는 한국의 요가 현실에서 요가테라피를 자칫 신체 중심의 물리치료로 오해하는 경향이 있기 때문이다. 현재 요가테라피스트로서 활동하고 있는 사람들 다수가 물리치료를 배경으로 하고 있다는 점을 고려할 때 이런 오해의 소지가 크다 할 것이다. 따라서 요가가 심신치료임을 강조하는 의미에서 요가심신테라피라는 용어가 적절하다고 생각하였다. 또한 책의 내용을 살펴보면 아사나를 내담자에게 적용할 때조차도 단순히 육체적 차원이 아닌 심리적 차원을 비중 있게 고려하고 있음을 알 수 있다. 이런 식의 접근이 반드시 필요한 이유를 요가적 관점에서 보면, 가시적인 몸은 비가시적인 쁘라나의 물질적 현시이기 때문이다. 따라서 정묘한 마음의 쁘라나가 거친 육체 쁘라나로 변환된 것으로 신체 움직임을 보는 것이 더 적절할 것이다.

그렇다면 요가심신테라피의 특징을 살펴보자. 이 책 제1장에서도 언급했지만 요가심신테라피는 요가의 가르침과 수련방법을 적용하고 개인의 역량을 강화하며 심신 관련 문제를 개선하고 웰빙을 증진한다는 점에서 요가테라피의 기본 정의를 따르고 있다. 그러나 이런 기본 목적에 어긋나지 않는 선에서 몸-호흡-마음의 연결에 중점을 두어 심신체로서의 인간을 강조하고 질병 자체가 아니라 질병을 안고 살아가는 인간에게 주목한다는 차이가 있다. 인간은 육체적 존재일 뿐 아니라 심리적 존재이기도 하다. 요가수뜨라에서는 마음(citta)이라는 단어를 20여 회 정도 반복해서 사용하고 있다. 따라서 요가심신테라피에서도 마음을 본격적으로 다룰 필요가 있다고 생각하여 구체적 임상현장에서 어떻게 마음을 치료적으로 다룰 수 있을지 그 방법을 테라피에 포함시켰다. 이를 위해서 현대 심리치료의 일부 원리와 방법들을 적극 활용하였다. 또한 자기자각(마음챙김)과 자기조절이라는 요가테라피의 기본 원리를 강조하여 요가, 심신의학적 패러다임, 심리치료의 통합을 꾀하였다.

한국의 요가 현실에서 요가테라피가 성장하고 발전하기 위해서는 역량과 자질을 갖춘 요가테라피스트의 배출이 시급하다. 이를 위해서는 요가지도자에서 요가테라피스트로의 전환이 필요하며 이런 전환 과정에서 요구되는 기본 요소들을 언급할 필요가 있을 것이다. 다양한 스타일의 요가를 정확하고 적절하게 전달하는 것을 목표로 삼는 요가지도자와는 달리, 요가테라피스트는 내담자의 필요와 욕구에 초점을 두면서 내담자가 현재 호소하는 증상을 완화하고 조절할 수 있도록 도와야 한다. 그러기 위해서 요가테라피스트가 되고자 하는 사람은 일방적 지시나 안내에 익숙한 요가지도자 스타일에서 벗어나 경청을 위주로 한 내담자 중심의 테라피스트로 바뀌어야 한다. 내담자를 평가하고 목표를 설정하며 증상의 개선 정도를 확인하기 위해서는 내담자와의 원활한 의사소통이 필수적이며, 적절한 질문, 날카롭고 기민한 관찰, 친절한 터치 등 의사소통을 위해 필요한 자질들을 개발해야만 한다. 이런 태도의 전환을 머리로 이해하기는 쉬우나 몸소 익히는 데는 적지 않은 시간이 소요된다는 사실을 명심해야 한다.

지금까지 요가에서 요가테라피로의 발전 그리고 요가심신테라피의 탄생 배경에 대해 기술하였다. 이제 각 장에서 서술하고 있는 내용을 간략하게 살펴보자. 이 책은 제1부와 제2부로 구분된다. 제1부에서는 주로 요가심신테라피와 관련된 이론적 측면을, 제2부에서는 요가심신테라피의 실제를 다루었다. 제1부는 2개의 장으로 구분하여 제1장에서는 요가테라피의 역사와 요가심신테라피의 탄생 배경을 다루었다. 이와 더불어 요가심신테라피의 몇 가지 기본 원리를 정리해서 서술하였으며, 요가심신테라피에서 사용하는 주된 방법들을 소개하였다. 제2장에서는 요가심신테라피를 실행하기 위한 준비로서 반드시 알아두어야 할 몇 가지 주요 개념을 소개하였다. 여기에 더해서 요가심신테라피스트가 되기 위해 익혀야 할 지식과 기술들도 언급하였다. 요가심신테라피가 적용되는 실제 임상현장을 기술한 제2부는 4개 장으로 구성되어 있다. 보통 대략 10회기로 진행되는 요가심신테라피 세션은 초기단계, 발전단계, 종결단계로 구분된다. 초기단계에서는 첫면접을 통해 내담자를 파악하고 테라피의 목표를 정하는 데 중점을 둔다. 발전단계에서 본격적으로 테라피가 진행되며, 종결단계에서는 내담자가 호소한 증상의 변화와 개선 정도를 확인하고 일상생활에서도 꾸준히 수련할 수 있는 내담자 맞춤의 프로그램을 제공한다. 따라서 제3장에서는 초기단계, 제4장에서는 발전단계, 제5장에서는 종결단계를 다루었다. 제6장에서는 요가심신테라피를 진행할 때 반드시 고려할 필요가 있는 윤리와 가치의 문제, 요가심신테라피에 따르는 부상의 위험성과 주의사항을 기술하였다.

　요가심신테라피는 하루아침에 만들어진 결과물이 아니다. 10여 년 전 저자들은 한국 요가의 현실에 맞는 테라피 요가를 모색하는 가운데 전 세계적으로 주목을 받고 있는 테라피 요가 스타일을 연구하고 탐색하였다. 그 결과 몸-정서-마음의 통합체로서 개인을 접근하는 비니요가를 선정하게 되었고, 2010년 6월 비니요가를 본격적으로 연구하는 소규모 스터디를 시작한 것이 효시가 되었다. 2011년 4월에는 요가심신치료 사례집을 처음으로 출간하였고, 2013년 11월에는 제1회 요가심신치료 워크숍을 개최하였다. 되돌아보면 짧지 않은 시간이었다. 우리 현실에 맞는 요가테라피 스타일을 창조하려는 소수의 열망이 이 책까지 이어진 것이다. 현재 수백 시간의 요가심신테라피 임상경험이 쌓인 전문가가 십여 명에 달하고 있으며, 그 치료 및 치유 효과를 밝히는 석, 박사 학위 논문도 다수 생산되었다. 2019년에는 일반 요가지도자를 대상으로 요가심신테라피스트 훈련 과정이 본격적으로 시작될 예정이다.

새로운 분야가 싹이 터서 성장하기까지는 오랜 세월이 필요하다. 이미 공식적으로 검증된 외국의 특정 프로그램을 한국에 올바로 정착시키는 일도 쉽지 않겠지만, 우리 실정에 맞는 프로그램을 개발하여 보급하는 일에는 더 큰 노고가 필요하다. 이 책에는 지난 십여 년의 열망과 의지, 분투와 노력이 담겨 있다. 어느 한 사람의 재능이 낳은 결과물이 아니라 여러 사람의 노력이 합쳐지고 다져진 집단지성의 산물이라는 점에서 의미가 더욱 크다. 여기까지 오는 과정에서 중간중간 좌절과 실망을 견뎌야 했으며, 이런저런 갈등과 시련도 극복해야만 했다. 수많은 시행착오는 이 한 권의 책을 통해 성취의 기쁨으로 바뀌었다. 이 책은 요가심신테라피의 성장 과정에 놓인 일종의 돌다리이며 우리 앞에는 여전히 건너야 할 강이 남아 있다. 그러나 지나온 길은 언제나 아름답지 않은가? 이 책의 각 장을 담당한 저자들은 요가심신테라피를 한국에서 싹틔우기 위해 척박한 환경에도 불구하고 뜻을 모은 분들이다. 지칠 줄 모르는 그들의 열정과 노력 덕분에 여기까지 올 수 있었다. 또한 지금까지의 경험을 책으로 엮어 낼 구상을 하고 책 출판에 이르기까지에도 시간이 필요했다. 그동안 수차례 만나면서 이견을 조율하고 부족하나마 통일성 있는 내용으로 묶어 내기까지 약 2년이 걸렸다. 모두가 함께한 노력에 감사와 칭송을 보내고 싶다.

모든 일의 배경에는 보이지 않는 사람들의 수고가 묻어 있다. 자신들이 어떤 일에 관여하고 있는지도 모른 채 기꺼이 힘을 보태고 자신의 역할을 성실하게 수행했던 많은 얼굴이 떠오른다. 그들에게도 진심으로 감사를 보낸다. 학교라는 장이 없었다면 한 가지 목표를 향한 긴 세월의 여정도 불가능했을 것이다. 이런 장을 허락해 주신 덕혜 큰스님, 황윤식 총장님 및 학교 관계자 여러분께도 감사를 보낸다. 그리고 아직 부족한 책을 신뢰하고 기꺼이 출판을 맡아 준 학지사에게도 감사를 보낸다. 마지막으로, 요가라는 훌륭한 자산을 우리에게 남겨 주셔서 요가심신테라피로 발전시킬 수 있게 도와주신 앞서 가신 여러 요가스승님들께도 깊은 감사를 드린다.

유형무형의 요가스승님들의 가피가 여러분께 충만하기를 기원합니다.

Tat tvam asi,

2019년 과천에서 조옥경 합장

차례

제2장　요가심신테라피 준비 · 79

제2부   요가심신테라피 실제

제3장   요가심신테라피의 초기단계 · 131

제4장   요가심신테라피의 발전단계 · 175

제1부

요가심신테라피
이해

제1장

요가심신테라피

왕인순

1. 요가테라피와 요가심신테라피[1]

1) 요가테라피의 역사적 흐름

요가는 현상세계의 고통이나 고통의 원인에서 완전히 해방된 목샤(mokṣa)
를 추구하는 수행체계로서, 고대 인도에서 발생하여 현재까지 전해져 오고
있다. 요가는 인도 전통의학인 아유르베다(Āyurveda) 의학체계 내에 포함된

---

[1] 현행 「의료법」 제2조와 제27조에 보건복지부 장관의 면허를 받은 의사·치과의사·한의사·조산
사·간호사 등 의료인을 제외하고는 의료행위를 할 수 없고, 의료인도 면허된 것 이외의 의료행위를
할 수 없다고 명시되어 있다. 그리고 「의료기사 등에 관한 법률」에 따라 물리치료사, 작업치료사 등
6개 직종의 의료기사는 의사의 지도 아래 진료나 의학적 검사에 종사하는 업무를 수행하고 있다. 따
라서 '치료'라는 단어를 사용할 경우 「의료법」과 관련된 문제가 있어 '테라피'라는 용어를 사용한다.
외국에서 인정받고 있는 전문 치료 분야인 'yoga therapy'도 '요가테라피'로 번역하여 사용한다.

공식적 치료법이기도 하다. 수행체계이면서 인도의 치료법인 요가는 현대 의학과 심리학 등 건강분야와의 만남을 통해 현대인의 전일건강과 자기개발을 돕는 요가테라피라는 전문분야로 발전했다. 20세기 초반부터 요가의 치료적 효과에 대한 과학적 검증 작업이 시도되었고, 이제 요가는 보완대체의학의 한 분야인 심신중재법(mind-body intervention)으로 인정받아 보건의료 현장, 심리치료 현장, 교육현장과 건강서비스 분야에서 다양하게 활용되고 있다.

(1) 요가테라피 기원

싼스끄리뜨(Sanskrit) 언어로 요가테라피를 요가 찌낏사(yoga cikitsā)라고 하는데 찌낏사는 '질병에 대항한다'는 뜻이다. 질병이나 불건강한 상태를 치료하거나 개선하기 위해 요가의 여러 기법을 이용하는 요가 찌낏사는 마음을 본격적으로 다루고 있는 빠딴잘리 요가수뜨라(Patañjala Yogasūtra)와 아유르베다의학을 근간으로 하고 있다(조옥경, 왕인순, 2016; Kraftsow, 2011; Mohan & Mohan, 2004). 요가수뜨라는 요가철학과 요가심리학, 수행 목표와 수행체계의 핵심을 전하고 있는 경전이다. 요가수뜨라에서는 요가의 세계관과 인간관, 마음의 기능, 실존적 고통과 한계로부터 벗어나 완전한 자유를 이루기 위한 수행 목표와 여덟 가지 수행체계 등을 전하고 있다. 아유르베다의학은 해부생리학, 병리학, 진단학, 치료법 체계를 갖춘 독립된 의학체계인데, 요가는 아유르베다의학의 치료법 안에 포함된 공식적인 치료법이다. 아유르베다 의사는 개인의 체질과 심리정신적 기질 등을 고려하여 요가자세와 호흡조절, 명상 등을 처방해 왔다. 현대 요가테라피 분야에서 정립해 온 건강과 질병에 대한 관점, 체질과 심리정신적 기질 등에 대한 기본 관점은 아유르베다의학의 관점과 동일하다.

현대 의학과 심리학이 만나면서 심신중재법으로 발전해 온 요가테라피는 현재 다양한 범주와 주제들을 포괄하고 있는 테라피 분야로, 요가철학과 요가심리학, 해부학과 생리학, 건강과 질병, 정신건강과 심신통합, 테라피 원리 및 테라피 방법[2] 등을 포함하고 있다.

(2) 요가와 현대 건강분야의 만남

고대 인도의 수행전통과 치료체계를 계승해 온 요가는 현대인의 심신 건강과 영적 성장이라는 요구와 만나면서 현대화 작업이 진행되었고, 그 결실로 요가테라피라는 전문 분야가 구축되었다. 인도의 전통 치료법이었던 요가가 현대의 치료적 요가로 발전해 온 과정에서 주요하게 영향을 미친 요인을 분석해 보면, 인도에서의 전문적인 요가병원 설립 및 연구, 인도의 치료지향적인 요가 스승들과 서구 건강전문가들과의 공동 작업, 서구에서의 요가테라피의 대중화와 요가테라피스트의 양적 팽창을 주요 요인으로 꼽을 수 있다(조옥경, 왕인순, 2016). 특히 요가를 임상분야에 적용하고 요가의 효과를 과학적으로 검증하는 작업을 통해 요가테라피는 현대의 전문 테라피 분야로 발전되고 정립되기에 이르렀다. 임상현장에서 다양한 요가프로그램을 적용하여 표준화된 프로그램이 개발되었으며, 체계적인 교육·훈련을 받은 요가테라피스트들은 요가테라피 분야의 양적·질적 발전에 기여해 왔다.

① 인도의 요가테라피

전통의학 체계 안에 포함되어 인도인에게 널리 사용되었던 요가의 의학적 적용은 1918년 스리 요겐드라(Shri Yogendra)가 뭄바이 근처에 세운 요가연구재단(Yoga Institute of Santa Cruz)에서 시작되었다. 1930년에는 스와미 꾸발라야난다(Swami Kuvalayananda)가 뭄바이 근처 로나발라에 설립한 까이발리야

---

2) 이 범주는 국제요가테라피스트연맹(International Association of Yoga Therapist, 2016)이 마련한 요가테라피스트를 위한 표준교육과정에도 포함되어 있다.

다마 요가병원(Kaivalyadhama Yoga Hospital)에서도 요가의 의학적 적용이 시도되었다. 이 두 기관은 현재까지 운영되고 있는데, 이후 요가병원과 요가테라피 진료소가 설립되면서 요가테라피는 인도 전역으로 확산되었다. 1975년 나겐드라(H. R. Nagendra) 박사가 벵갈로에 설립한 비베까난다 요가연구재단(Vivekananda Yoga Research Institute)은 가장 유명한 요가병원으로 손꼽힌다. 여기에 뒤를 이어 각종 요가테라피센터가 설립되고, 대체의학센터와 암병동에서 요가프로그램을 실시하면서 '요가테라피스트'라는 전문 인력이 양산되었다(조옥경, 왕인순, 2016; Khalsa, 2007; Payne, 2015).

현대 요가의 아버지, 치료 요가의 스승이라 불리는 띠루말라이 끄리슈나마차리야(Tirumalai Krishnamacharya)는 비니요가(vini yoga)라는 고대의 가르침을 계승하였는데, 비니요가에서는 개인의 요구와 특성에 맞추어서, 그리고 인생의 주기별로 요가 수련을 할 것을 강조한다. 아엥가(B. K. S. Iyengar)와 데시카차르(T. K. V. Desikachar)는 서구의 의사, 심리치료사, 건강전문가와의 공동 작업을 통해 끄리슈나마차리야의 가르침을 현대 사회에 맞게 계승하고 발전시켜 왔으며, 1970년대 이후 서구에서 요가교육과 요가테라피의 대중화와 전문화에 가장 크게 기여한 인물이다(조옥경, 왕인순, 2016).

② 요가 효과에 관한 임상 연구

인도의 요가 스승들은 서구로 가서 요가 전통과 수행에 관한 가르침을 펼치는 과정에서 요가의 효과를 과학적으로 증명하기 위해 실험연구에 참여했는데, 지금까지 몇 가지 일화가 전해지고 있다. 우리에게 익숙한 대표적 인물은 히말라야연구소(Himalayan International Institute of Yoga Science and Philosophy)의 설립자인 스와미 라마(Swami Rama)와 허버트 벤슨(Herbert Benson)의 이완반응(relaxation response)의 탄생을 가능하게 했던 초월명상(transcendental meditation) 수행자들이다. 요가수행자들이 참여한 실험연구 결과는 그동안 서구의 주요 의학 패러다임이었던 생의학 패러다임[3]에서 보았을 때 커다란 도전이었다. 자율신경계는 인간의 의지로 좌지우지할 수 없다는 관점이 팽배하던 시기에, 요가수행자들은 마음의 힘으로, 인간의 의지로, 자율신경계에 영향을 미쳐서 조절할 수 있음을 생생하게 보여 주었다.

요가의 서구화 과정과 요가 연구의 흐름을 연대별로 개괄해 보면, 1930년대와 1940년대에 진행된 연구들은 의사와 과학자가 중심이 되어 요가자세를 실시할 때 일어나는 자율신경계 및 대사활동의 변화에 집중되었다. 그후 일종의 스포츠로 인식된 요가는 건강전문가나 체육분야 전문가들에 의해 체육교육의 일환으로 수용되었으며, 1980년대 말과 1990년대에는 단순한 운동과 피트니스 훈련으로서의 요가를 탈피하여 요가의 심리·생리적 효과에 대한 연구가 진행되면서 요가가 임상적으로 적용되기 시작했다(조옥경, 2006, Arpita, 1990: 조옥경, 왕인순, 2016 재인용). 미국 국립의학도서관에서 제공하는 생의학과 생명과학 관련 논문 검색엔진인 펍메드(PubMED)에서 'yoga'를 주제로 다룬 논문을 검색해 보면 2018년 6월 20일 현재 9,000편의 논문이 검색되는데, 이는 요가의 치료적 효과에 대한 관심이 급증하고 있음을 보여 준다.

③ 요가테라피스트 네트워크

국제요가테라피스트연맹(International Association of Yoga Therapist: IAYT)의 창립은 요가테라피의 전문성 확보 및 다양한 건강분야와의 융합 작업을 가속화하는 데 기여했다고 평가할 수 있다. 서구에서 요가테라피 분야가 대중화되면서 요가테라피스트의 양적 팽창을 기반으로 1989년 IAYT가 창립되

---

3) 생의학 패러다임(biomedical paradigm)은 생물학적 기능을 중심으로 질병과 건강을 보는 관점이다. 생물심리사회 패러다임(biopsycosocial paradigm)은 생물학적 기능뿐 아니라 심리적 요소와 사회환경 등을 종합적으로 고려하여 질병과 건강을 보는 관점이다.

었고, 1991년부터 해마다 『국제요가테라피저널(International Journal of Yoga Therapy: IJYT)』이 발간되고 있다. 현재 IAYT에는 50개국 3,800여 명의 요가테라피스트와 170여 개의 요가테라피 교육·훈련기관이 참여하고 있다.[4] 요가테라피 분야의 전문화에 매우 중요한 역할을 수행하는 IAYT는 다양한 요가전통 및 요가테라피 전문가들과 오랜 기간에 걸쳐 토론한 결과, 최근 요가테라피 정의와 목표, 요가테라피스트 역할, 요가테라피스트 훈련을 위한 표준화된 교과과정, 요가테라피스트 윤리 등을 마련하였다. IJYT는 최근 몇 년 전부터는 펍메드에서도 검색이 가능한데, 이는 이 저널의 공신력과 전문성이 학계에서 널리 인정받고 있음을 보여 주는 것이다.

④ 심신중재법으로서의 요가

요가테라피라는 전문분야가 정립되는 과정에서 중요한 계기가 몇 가지 있는데, 그중 하나는 요가가 보완대체의학의 하나로 서구 의학계에서 인정받은 점이다. 미국 국립보건원은 1993년에 국립보완대체의학센터(National Center for Complementary and Alternative Medicine: NCCAM)를 설립하고, 그 당시 활용되고 있는 치료체계 및 방법을 5개 영역으로 분류하고 막대한 기금을 지원하여 다양한 치료법에 대한 과학적·임상적 연구를 축적해 왔다. NCCAM[5]에서는 신체적 기능과 증상에 영향을 주는 마음의 역량을 증진시키기 위해 뇌, 마음, 신체, 행동을 통합시킨 치료를 심신중재 영역으로 분류하고, 이 영역에 요가와 명상, 이완, 호흡, 예술치료, 동작치료, 최면, 심상법 등을 포함시켰다.

NCCAM은 2014년 국립보완통합건강센터(National Center for Complementary

---

4) 출처: www.iayt.org/page/membership.
5) NCCAM이 분류한 보완대체의학은 대체의학, 심신중재법, 생물학적 치료, 수기 및 신체치료, 에너지치료 다섯 가지 영역이다(조옥경, 2013b).

and Integrative Health: NCCIH)로 개편되면서 보완적·통합적 건강 접근법에 대한 분류체계를 변경하여 이를 세 가지 범주로 분류하였다. 그 범주는 자연제품, 심신훈련, 기타 보완적 건강 접근법[6]으로서, 요가와 명상은 심신훈련으로 분류되었다. 심신훈련에는 마사지치료, 호흡·안내가 있는 심상법·점진적 근육이완법 등을 포함한 이완법, 기공, 최면, 동작치료 등이 포함되어 있다. 이러한 새로운 분류체계는 두 가지 측면을 시사하고 있는데, 서구에서 요가는 보완적 치료방법으로 대중적으로 광범위하게 활용되고 있으며, 자세와 움직임, 호흡, 이완, 명상, 심상 등을 포함하고 있는 효과적인 심신통합적 중재법이라는 점이다(왕인순, 2015b).

⑤ 요가와 심신의학의 만남

동양에서는 개인의 건강을 몸-마음-영성과 환경의 상호작용으로 보는 통합적 건강이 익숙한 개념이지만, 서구에서 이러한 개념이 주류 의학계에 자리를 잡기까지는 오랜 시간이 걸렸다. 서구 의학 패러다임이 생의학 패러다임에서 생물심리사회 패러다임으로 전환되면서, 1970년대에 행동의학과 심신의학이 등장하였고 2000년대에 들어서면서 통합의학이 등장하기에 이르렀다. 이러한 패러다임 전환은 요가와 같은 전일건강 모델과 심신통합적 치료체계에 대한 새로운 조명과 실증적 검증을 촉진시켰다. 심신의학, 통합의학에서는 건강에 영향을 미치는 요인으로서 개인의 몸과 마음 상태뿐 아니라 사회환경 등도 중요한 요소로 고려하고 있다. 특히 신체-정서-마음 상태는 건강이나 질병에 서로 영향을 미치기 때문에, 마음이라는 요소는 건강과 치료나 치유를 위한 핵심 요소로 간주되었다. 심신통합적 치료양식의 하나

6) 기존에 대체의학으로 분류되었던 중의학, 아유르베다의학, 동종요법, 자연요법 등은 기타 보완적 건강 접근법으로 분류되었다.

인 요가와 명상이 보건의료 현장 및 임상현장에 적용되기 시작하면서, 요가의 테라피 효과와 그 기전에 대한 과학적 검증이 꾸준히 축적되어 왔다.

　의학으로서의 요가의 유용성과 치료적 가치를 폭넓게 조망한 내과전문의 티모시 맥콜(Timothy McCall)은 과학적으로 검증한 연구 결과[7]를 토대로, 요가가 광범위한 의학적 여건에 유용하게 활용될 수 있으며 질병이나 상해 후에 치유를 도울 뿐 아니라 만성질환을 갖고도 일상생활에서 좀 더 나은 상태로 생활하는 데 도움이 된다는 점을 강조하고 있다. 맥콜은 질병 예방과 치료에 도움이 되는 요가의 유용성을 마흔 가지로 제시하고 있는데, 이를 영역별로 분류해서 정리하면 다음과 같다(왕인순, 2009). 첫째, 뼈와 근육, 관절을 강화하여 유연성과 균형감, 자세를 향상시키며 체중 감소를 촉진한다. 둘째, 호흡방식을 개선하고 폐기능을 향상시킨다. 셋째, 정맥혈 및 림프의 순환을 증진시키고 신체 조직에 더 많은 산소를 공급하는 등 심혈관계 기능을 향상시킨다. 넷째, 신경계를 이완하고 뇌기능을 향상시킨다. 다섯째, 혈당, 혈압, 스트레스 호르몬인 코르티솔 수준을 낮추고 콜레스테롤과 트리글리세리드 수준을 개선시키고 면역기능을 향상시킨다. 여섯째, 고유수용감각 및 신체기능 조절능력의 향상, 근육 이완과 통증 완화, 약물 사용 감소에 효과적이다. 일곱째, 심리적 건강을 향상시킴으로써 신체 건강 및 삶의 질을 향상시킨다.

---

7) 과학적 연구를 통해 요가의 효과가 드러난 건강문제를 맥콜(2007)은 마흔두 가지로 제시하고 있는데, 이를 분류해서 정리하면 다음과 같다(왕인순, 2009 재인용).
　-당뇨, 고혈압, 심부전, 심장병, 심근경색후 재활, 천식, 만성 폐쇄성 폐질환
　-통증, 섬유근육통, 과민성대장증후군, 편두통, 긴장성 두통, 간질, 다발성경화증, 소아마비후증후군
　-완경(폐경) 및 월경전증후군, 임신, 불임, 요실금,
　-췌장염, 관절염, 류마티스성 관절염, 홍수, 비염, 부비강염, 결핵,
　-수술 후 회복, 알코올 의존 및 기타 약물 의존,
　-손목터널증후군, 척추측만, 골다공증,
　-불안, 우울, 불면, 섭식장애, 신경증, 강박장애, 정신지체, 주의력결핍 과잉행동장애, 조현병
　-암, 후천성 면역결핍

여덟째, 자신의 치유에 적극 참여하는 태도 증진 및 테라피스트와의 치유관계 촉진, 건강한 생활습관 및 영적 성장에 기여한다. 그는 요가의 전일적 접근법이 근골격계, 호흡기계와 순환계, 내분비계, 신경계 등 다양하고 광범위한 건강문제를 치료하고 심리적 안정을 증진시키는 데 매우 효과적이기 때문에, 요가는 현대의학의 효과적인 보완적 치료법임을 강조하고 있다.

의료현장에서 치료적으로 활용되는 요가를 두 가지 방식으로 구분할 수 있는데, 하나는 통합적 프로그램에 요가를 하나의 요소로 포함시켜 활용하는 방식이고, 다른 하나는 치료나 예방을 목적으로 개발된 요가테라피 프로그램을 독립적 또는 보조적으로 활용하는 방식이다. 전자의 대표적인 예는 딘 오니시(Dean Ornish)의 PRHD(심장질환 관리 프로그램)와 존 카밧진(Jon Kabat-Zinn)의 MBSR(Mindfulness-Based Stress Reduction)을 들 수 있는데, 이 프로그램에는 요가가 중요한 요소로 포함되어 있다. 후자의 대표적인 예로 비니요가테라피(Vini Yoga Therapy),[8] 통합요가테라피(Integrative Yoga Therapy)[9]와 요가테라피 Rx(Yoga Therapy Rx),[10] 아이레스트(iREST) 등이 있다. 이 테라피

---

[8] 비니요가는 특정한 요가 스타일을 지칭하는 개념이 아니고 개인의 요구와 상태를 고려한 요가 접근법을 의미한다. 여기서 지칭하는 비니요가테라피는 끄리슈나마차리야의 비니요가 전통을 전수받아서 요가테라피방법론을 개발한 게리 크래프트소우(G. Kraftsow)가 미국비니요가연구소를 중심으로 대중적으로 확산시킨 접근법을 의미한다(왕인순, 2015b). 6년 전 국내에 처음으로 소개되어 빠른 속도로 활용되고 있는 비니요가테라피는 질환별로 개인에게 요가자세와 호흡, 이완, 명상, 기도 등 다양한 방법을 제공하고 있다. 비니요가(Kepner, 2015)는 현재 만성요통과 일반 불안장애(GAD), 우울에 관한 프로토콜이 개발되어 있으며, 만성 폐쇄성 폐질환(COPD) 프로토콜을 개발 중에 있다(조옥경, 왕인순, 2016). 구체적인 방법은 『웰니스를 위한 비니요가-Kraftsow의 요가치료입문』(2011, 학지사)에 소개되어 있다.
[9] 통합요가테라피는 개인별 요가테라피 세션 외에도 10주간의 구조화된 치료프로그램이 있는데, 스물다섯 가지 핵심적인 치유원리를 치료프로그램에 통합시켰다는 점에서 종합적이면서도 창조적인 프로그램으로 평가받고 있다(Clare, 2004; Le Page, 2015). 여기에서는 치료사들에게 건강 상태에 따른 요가의 치료적 적용뿐 아니라 의학적 관점과 병인학을 제시함으로써 건강관리팀의 일원으로 의료 및 임상현장에서 일할 수 있도록 요가치료사를 훈련시킨다(조옥경, 왕인순, 2016).
[10] 요가테라피 Rx(Payne, 2015)는 래리 페인(Larry Payne) 박사가 오랜 기간 임상 경험을 토대로 만

들은 의료현장에서 치료를 목적으로 고안되었기 때문에 질환별로 사용할 수 있는 요가자세 시리즈와 호흡, 이완 등을 상세하게 제시하고 있으며, 의료진 및 건강전문가와의 긴밀한 협조를 강조하고 있다(조옥경, 왕인순, 2016).

⑥ 요가와 심리치료의 만남

불안, 우울, 스트레스 등 현대인이 겪고 있는 심리적 고통을 해결하기 위해 서구 심리치료에서는 언어 중심의 접근법을 주로 사용해 왔다. 몸－뇌/신경계－마음 네트워크에 대한 과학적 규명은 언어 중심의 심리치료 접근법이 새로운 접근법과 접목되는 흐름을 촉진시켰다. 특히 신체를 매개로 하여 심리적 문제를 해결하는 신체심리치료 분야의 발전은 신체에 대한 보다 폭넓은 관점을 갖게 하였다. 심리치료에서 주목한 새로운 접근법은 몸과 마음을 통합적으로 다룰 수 있는 접근법이었고, 그러한 맥락에서 요가는 심리치료와 접목하는 데 있어서 매우 적절한 도구로 평가받고 있다. 왜냐하면 요가는 몸의 움직임과 호흡, 주의집중과 자각이라는 요소를 갖고 있고, 이러한 요소는 몸－뇌/신경계－마음 네트워크에 변화를 일으켜서 심리정신적 증상을 해소하거나 완화하는 데 효과적으로 작용하기 때문이다.

심리치료 현장에서 치료사들이 활용하고 있는 대표적인 요가기법에는 마음챙김요가(mindful yoga), 보조도구 활용, 회복요가(restorative yoga),[11] 호흡조절, 주의조절을 위한 명상이 있다. 이 기법을 적용할 때, 치료사는 현장에서 상해의 위험이나 정신적 부작용이 없도록 하기 위해서 전통적인 요가방식을 상당 부분 변형시키고 있으며, 집단 작업을 통한 시너지 효과를 치료 목표

든 방법으로, 페인 박사는 1998년 UCLA 의과대학에서 '요가와 요가치료' 과목을 정규 선택과목으로 채택하는 데 중요한 역할을 한 인물이다(조옥경, 왕인순, 2016).

11) B. K. S. 아엥가의 제자인 주디스 라제이터(Judith Lasater)가 심신이완 및 스트레스 감소를 위해 개발한 방법으로, 다양한 보조도구를 활용하고 있다.

의 하나로 정하는 경우를 제외하고는 내담자에 맞추어 개인별로 진행하는 경향이 있다(조옥경, 왕인순, 2016).

요가가 신체자각을 포함한 자기자각을 용이하게 할 뿐 아니라 자율신경계의 조절에 효과적이라는 점에서, 최근 트라우마 치유 과정에 요가를 개입시키는 치료양식들이 개발되고 다양하게 활용되고 있다. 트라우마 생존자가 겪었던 압도적인 경험은 신경계에 각인되어 있기 때문에 핵심적인 생리학적 작업을 해야 치유를 도울 수 있다는 사실을 고려할 때, 요가는 생화학적 · 생리적 지표들을 효과적으로 변화시킨다는 점에서 트라우마 임상가들이 최근 주목하고 있는 보조요법이다. 요가자세와 호흡조절(Payne, 2015)은 호르몬 관련 스트레스 사이클을 진정시키면서 현재 순간에 집중하도록 하는데, 하버드 대학교의 삿비르싱 칼사(S. B. S. Khalsa) 박사는 외상후 스트레스 장애(PTSD) 증상에 미치는 요가의 효과를 자세 및 호흡조절의 결합을 통한 뇌의 변화와 관련지어 연구하고 있다.

요가를 활용한 대표적 트라우마 치유방법으로는 미국 매사추세츠주 브루클린에 있는 트라우마센터(Trauma Center at Justice Resource Institute)에서 개발한 트라우마 치유 요가(Trauma-Sensitive Yoga: TSY)와 임상심리사 리처드 밀러(Richard Miller)가 창안한 아이레스트가 있다. 2003년부터 트라우마센터를 중심으로 실행해 온 트라우마 치유 요가는 현재 복합 트라우마 생존자를 위한 보완적 치료법으로 활용되고 있다. 트라우마 치유 요가(Emerson & Hopper, 2011)는 자신의 속도에 맞추어 단계적인 방식으로 부드럽게 움직이고 형상을 취하면서 자각을 강조하는 요가테라피이다. 다양한 트라우마 치유양식은 트라우마 생존자가 현재 순간에 머물러서 자신의 몸이 안전한 공간임을 경험하는 것이 매우 중요하고, 이를 통해 자기조절력을 향상시킬 수 있다는 점에서 신체자각이 매우 중요한 치유 기전임을 공통적으로 제시하고 있다. 바로 이러한 측면에서 요가는 트라우마 치유를 위한 효과적인 치료개입 양식으로 평가받고 있다. 아이레스트(조옥경, 왕인순, 2016; Kepner, 2015; Miller, 2015)는 요가이완법이자 명상법인 요가 니드라(yoga nidrā)를 임상에서 활용하기 위해 변형시킨 테라피 방법으로서, 미해결된 신체적 · 심리적 이슈의 치유 및 심신의 회복을 용이하게 한다는 점에서 '통합적 회복(Integrative Restoration)'으로 알려져 있다. 내적 자원의 경험, 신체감각 및 호흡 자각, 상반된 느낌 · 정서 · 생각의 자각, 전일성 인식 등의 10단계로 구성된 아이레스트는 임상적으로 검증된 명상 프로토콜로 평가받고 있으며, 만성 통증과 외상후 스트레스 장애 증상을 개선시킨다는 임상연구들이 축적되고 있다.

다른 한편에서 요가는 서구의 전일건강 및 심리학 원리와 통합되어서 요가심리치료로도 발전했는데, 심리적 이슈를 해결하고 심층적인 자기탐색을 위해 요가심리치료가 활용되고 있다. 요가심리치료는 '몸은 기억하고 있다'는 전제하에, 심리적 이슈를 해소하고 자기변용을 촉진하기 위해 몸이 지닌 지혜가 드러나도록 요가자세, 호흡, 명상, 심상화 등 다양한 방법을 활용하고 있다. 특히 심신 연관성에 대한 자각력이 증진될 때까지 특정한 요가자세를 일정 시간 유지함으로써 심리적으로 막힌 에너지가 흐르도록 허용하고, 무의식적인 정서와 태도를 자각하는 동시에 자기 이슈를 심층적으로 탐색하도록 안내한다. 대표적인 요가심리치료로는 피닉스라이징 요가테라피(Phoenix Rising Yoga Therapy)와 크리팔루 요가(Kripalu Yoga)가 있다(조옥경, 왕인순, 2016).

2) 요가심신테라피

요가심신테라피는 세계적으로 활발하게 전개되고 있는 요가테라피의 흐름과 함께하면서, 몸-마음-영의 전일건강 모델을 우리나라 상황에 맞게 개발한 통합적 테라피이다. 요가심신테라피는 요가의 가르침과 수련방법을 적용하여 개인의 역량을 강화함으로써 심신관련 문제나 질병을 예방·개선하고 건강과 웰빙을 증진하는 전문분야이다. 요가심신테라피는 요가테라피 분야에서 정립해 온 인간관과 건강에 대한 관점을 바탕으로, 인도와 서구의 전문적 요가테라피 분야에서 축적해 온 다양한 방법을 활용하고 있다. 요가심신테라피는 자기자각의 증진과 몸—호흡—마음의 연결을 강조하며, 요가테라피와 심리치료의 원리와 방법을 활용하여 테라피 효과를 높이고 있다. 또한 개인의 조건과 요구를 고려한 목표 설정과 테라피 프로그램 진행 등 테라피 과정에서 테라피스트와 내담자의 치료적 신뢰관계를 중요시한다.

(1) 건강에 대한 요가의 관점

① 건강에 대한 세계보건기구의 정의

1948년 세계보건기구 헌장에는 건강이 "질병이 없거나 허약하지 않은 상태뿐 아니라 완전한 신체적·정신적·사회적 웰빙 상태"라고 명시되어 있다. 1998년 세계보건기구 이사회에서는 건강의 정의에 '영적 웰빙'을 추가하였고, 세계보건기구에 가입한 나라에 이사회 결정사항을 알렸다. 세계보건기구 헌장에 영적 웰빙이 현재까지 공식적으로 추가되지는 않았지만, 현재 전 세계적으로 웰빙과 관련된 담론에는 영적 웰빙이 포함되고 있다. 세계보건기구의 건강에 대한 정의는 두 가지 측면을 드러내는데, 하나는 개인의 건강에는 신체 건강뿐 아니라 심리적·정신적·영적 수준이라는 다층적 수준의 건강이 포함된다는 점이다. 다른 하나는 건강에는 개인 내적인 요소뿐 아니라 물리적 환경이나 지역사회 등 환경이라는 요소가 매우 중요한 요소로 작용하고 있다는 점이다. 건강에 대한 세계보건기구의 관점은 요가의 관점과 일맥상통한다. 요가에서는 인간 존재의 다양한 요소를 통합적으로 바라보고 접근하는데, 바로 이러한 요가의 관점과 접근법 때문에 요가는 현대 사회에서 전일적 건강모델로서 새롭게 주목받고 있으며, 통합의학과 통합적 건강분야에서 폭넓게 활용되고 있다.

② 요가의 인간관

요가경전에는 인간 존재를 어떻게 바라보는지를 제시하고 있는데, 요가 스승들은 경전에 간략하게 제시된 내용을 풍부하게 해설하여 가르침을 전해 왔다. 참자아를 둘러싸고 있는 요소들에 대하여, 요가경전 따잇뜨리야 우빠니샤드(Taittirīya Upaniṣad 2.2.1-2.6.1)는 다섯 가지 층(빤짜 꼬샤, pañca kośa)을 제시하고 있다. 또한 베단따 수뜨라(Vedānta Sūtra 4.2.9-11)[12]는 세 가지 몸인 조대체(스툴라 샤리라, sthūla śarīra) 정묘체(숙슈마 샤리라, sūkṣuma śarīra) 원인체(까라나 샤리라, karaṇa śarīra)를 제시하고 있다. 이 경전들은 참자아를 다섯 가지 층이나 세 가지 몸체가 둘러싸고 있으며, 이 층들은 성격을 구성하고 있다고 본다. 따라서 요가는 다섯 가지 층이나 몸체를 꿰뚫고 참자아를 체험하는 실천적 과정이며, 참자아가 드러나도록 각각의 층이나 몸체에 적합한 수

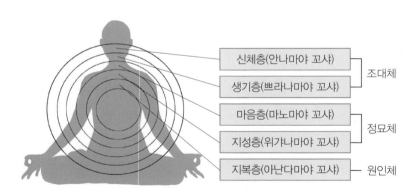

그림 1-1 요가의 인간관: 존재의 층

---

12) 베단따 학파의 근본 경전의 원래 이름은 브라흐마 수뜨라(Brahma-Sūtra)이다.

런법을 수천 년에 걸쳐 다양하게 개발해 왔다(왕인순, 2010, 2015b). 현대 사회에서 깨달음이나 자아실현, 자아강도의 강화, 질병의 치료나 치유 등과 같이 요가수련의 목적이 다양하더라도 이러한 인간관은 요가수련과 요가테라피의 전제이며, 다양한 현장에서 수련생이나 내담자의 요구와 목표에 따라 다양한 실천을 가능하게 하는 토대이기도 하다.

다섯 가지 층으로 구성된 인간

가장 바깥쪽 층은 음식으로 만들어진 신체층(안나마야 꼬샤, annamaya kośa)이다. 신체층 안쪽에는 쁘라나(prāṇa)로 이루어진 생기층(쁘라나마야 꼬샤, prāṇāmaya kośa)이 있으며, 생기층 안쪽에는 자동적으로 지각하고 행동하는 마음층(마노마야 꼬샤, manomaya kośa)이 있다. 마음층 안쪽에는 경험의 의미를 평가하고 직관과 의지, 비전에 따른 행동을 가능하게 하는 지성층(위갸나마야 꼬샤, vijñānamaya kośa)이 있고, 지성층 안쪽에는 내적 지복으로 이루어진 지복층(아난다마야 꼬샤, ānandamaya kośa)이 있다. 각 층의 구성 요소와 기능이 다르기 때문에 각 층을 자각할 수 있는 방법이 다르며, 각 층의 정화와 발달을 위한 방법도 다르다. 신체층의 정화를 위해서는 자세와 움직임, 신체 욕구를 다루는 방법을 관찰할 수 있도록 신체자각이 중요하며, 적절한 음식과 물·공기의 섭취, 요가자세(아사나, āsana) 수련, 적절한 수면 패턴과 신체 이완, 신체정화법이 중요하다. 생기층을 위해서는 신진대사 기능을 포함한 생리적 기능에 대한 자각이 중요하며, 호흡의 질과 느낌, 감정으로 경험할 수 있기 때문에 요가호흡 수련이 강조된다. 주로 언어라는 상징을 통해 경험하는 마음층의 정화를 위해서는 자동적이고 습관적으로 지각하고 행동하는 마음의 기능에 대한 이해와 조절이 중요하다. 이를 위해서는 감각제어(쁘라띠야하라, pratyāhāra)와 요가명상 수련이 좋다. 비교적 상위층에 해당되는 지성층은 집중을 통한 자각의 심화를 통해 발달하기 때문에 지성의 정화와 훈련, 요가명상 수련을 강조하고 있다. 지복층은 모든 생각과 인상이 사라진 의식 상태에서 평화와 기쁨을 경험하는 층으로서, 고도의 집중 상태에 도달하기 위해 요가명상 수련을 강조하고 있다(Anderson & Sovik, 2006, Kraftsow, 1999, Satyananda, 1998: 왕인순, 2015b 재인용). 다섯 층에는 쁘라나가 퍼져 있고, 이 쁘라나를 통해 각 층은 서로 영향을 주고받는다.

③ 건강과 질병에 대한 요가의 관점

건강에 대해 요가는 전일성과 균형이라는 관점을 견지하고 있다. 요가에서는 다양한 시스템의 상호작용 결과로 질병이 발생하거나 악화되며, 그러한 질병은 특정 층에만 제한적으로 영향을 미치는 것이 아니라 신체, 호흡, 정서, 정신 등에 광범위하게 영향을 미친다고 본다. 신체적·생리적 질병은 만성 통증을 일으켜서 불안, 우울, 화 같은 정서적 동요와 심리적 불균형을 가져오고 이로 인해 부정적 사고를 야기할 수 있다. 정서장애는 부적절한 자세와 불안정한 호흡을 초래하는데, 이로 인해 면역체계가 낮아짐으로써 신체적·생리적 질병이 생길 수 있다. 예를 들어 만성 요통에 시달리는 사람은 피로감, 소화불량, 우울, 삶에 대한 부정적인 태도로 고통받을 수 있으며, 반대로 낮은 자존감으로 고통받는 이들은 피로감, 소화불량, 우울, 심지어는 관절통으로 발전될 수 있다. 이렇게 요가는 신체적 질병과 심리적 문제가 서로 관련되어 있다고 보는데, 이러한 상호연관성은 정신신경면역학의 발전을 통해 과학적으로 입증되고 있다(Frawley, 2006, Kraftsow, 2002, Mehta, 2002: 왕인순, 2010 재인용).

요가 관점에서 건강이란 다섯 층의 정화와 균형 상태의 회복을 의미한다. 즉, 신체적·생리적·심리적·정신적·영적인 층이 균형 잡히고 조화로운 상태를 지향하는 것이다(왕인순, 2015b). 이 중에서 요가테라피는 신체층, 생기층, 마음층의 정화와 균형에 초점을 둔다. 존재의 높은 층(위갸나마야 꼬샤와 아난다마야 꼬샤)에서는 긍정적 에너지가 존재의 낮은 층으로 계속 흐르고 있기 때문에, 건강한 상태에서는 이러한 긍정적인 에너지가 낮은 층으로 자유롭게 내려와 신체기능이 총체적인 조화와 균형을 갖게 된다(VKYRF, 2003). 그러나 신체층, 생기층, 마음층에서 불균형이 일어나면 이러한 긍정적 에너지의 흐름이 방해받기 때문에 신체적·심리적 질병이 생기거나 심화된다.

(2) 요가심신테라피

① 요가심신테라피 목표

요가심신테라피의 목표는 국제 기준인 IAYT의 요가테라피 목표와 일맥상통한다.[13] 자기자각을 바탕으로 몸-마음-영의 통합을 지향하는 요가심신테라피는 전일주의 원리를 적용하여 전일적 건강 상태로 나아가도록 개인의 역량을 강화한다. 이를 위해 요가의 기본 관점과 다양한 방법을 테라피 맥락에서 적용하고, 내담자들이 지속적인 수련을 통해서 역량을 강화하도록 돕는다. 요가심신테라피는 인간 존재의 본질인 순수의식(삿-찟-아난다, sat-cit-ānanda)이 개인을 통해 작용하는 자기자각을 강화함으로써, 통증을 비롯하여 몸과 마음에서 일어나는 현상으로부터 탈동일시하도록 돕는다. 이러한 탈동일시는 무집착(와이라기야, vairāgyā)의 태도를 함양하여 요가 수련의 더 고차적인 수준으로 나아가도록 안내한다.

자기탐구, 자기변용, 자기실현을 구현하는 과학적 시스템인 요가를 심신의 문제를 해결하고 건강을 회복함은 물론 웰빙을 실현하는 데 적용하고 있는 요가심신테라피의 목표는 다음과 같다. 첫째, 요가의 다양한 기법을 활용하여 고통을 야기하는 증상을 제거하거나 감소시킨다. 둘째, 심신의 기능을 개선하고 웰빙을 증진한다. 셋째, 심신의 문제를 일으키는 근본 원인의 발생이나 재발을 막는다. 넷째, 건강을 저해하는 조건들에 대한 집착을 약화시키거나 소멸시킨다(조옥경, 2016).

요가심신테라피는 이러한 목표를 갖고 개인의 요구와 상태에 초점을 맞추어서 실행하기 때문에 테라피스트와 내담자와의 치료적 신뢰관계 형성을 중

---

13) IAYT는 요가테라피에 대한 정의와 요가테라피스트 교육과정을 표준화하기 위해 세계적으로 인정받는 요가테라피 전문가들과 오랜 기간에 걸쳐서 논의한 결과를 2012년에 발표하고, 2016년에 수정된 교육과정을 발표하였다.

요시한다. 요가심신테라피에서 테라피스트와 내담자는 상호 성장의 과정에서 수평적 관계로 만나며, 테라피스트와 내담자 모두 자기탐구와 자기변용, 자기실현 과정에서의 책임성과 지속적인 실천(압히야사, abhyasā)을 필요로 한다.

② 요가심신테라피 진행 과정

요가심신테라피는 심신의 치료 및 치유, 자기실현을 위해 요가의 원리와 다양한 방법을 적용하는 전문분야로서, 신체적·정서적·심리적 문제 및 관계문제의 해결에 중점을 두고, 요가테라피와 심리치료의 기본 원리와 다양한 기법을 통합하고 있다. 요가심신테라피는 요가자세 중심의 신체적 접근, 호흡과 이완 중심의 심리적 접근, 그리고 자각 중심의 영적 접근을 주요 요소로 하고 있다(조옥경, 2013a). 주요 요소를 테라피 현장에서 구현하기 위해서 다음과 같은 사항을 강조한다. 첫째, 몸과 마음의 현상에 대한 무집착 태도를 증진하기 위해 요가자세와 움직임, 호흡을 할 때 일어나는 신체감각, 느낌, 생각에 대한 자각을 강조한다. 둘째, 몸-호흡-마음의 상호 연결성을 중요시하면서 움직임과 호흡을 일치시키는 수련방법을 강조한다. 셋째, 통증을 비롯해서 현재 겪고 있는 증상이나 문제를 효과적으로 조절할 수 있도록 심신통합적 기법인 그라운딩과 안정화, 이완, 주의전환과 주의확장, 긍정적 자기진술 등을 활용한다. 넷째, 정서와 생각을 다룰 때 지금 현재 드러나는 몸의 반응에 대한 알아차림으로 접근하는데, 심리정신적 경험이 몸으로 드러나고 해소되고 변화되는 과정을 통한 통찰과 자기자각의 심화를 강조한다. 다섯째, 불편한 신체감각이나 감정, 생각을 건강하게 다루기 위한 방법으로 자각과 무집착의 중요성 등에 대한 심리교육을 강조한다. 여섯째, 치료적 신뢰관계 형성을 위해 테라피스트의 공감과 자비, 현존, 치료적 의사소통 기술을 중요시한다.

요가심신테라피는 신체중심 테라피와 심리중심 테라피의 두 가지 유형으로 실행되는데, 이 책에서는 신체중심 요가심신테라피를 소개한다. 요가심신테라피는 10회기를 기본으로 하고, 첫 회기에 테라피 목표를 설정한다. 요가심신테라피는 첫면접을 포함한 초기단계, 발전단계, 종결단계로 진행된다. 한 회기의 흐름은 준비, 안정화, 요가수련, 마무리로 진행되는데, 지난 회기 이후 어떤 변화나 특이사항이 있는지 그리고 자율수련은 어떻게 진행했는지를 확인하는 것으로 시작한다. 그다음 호흡 상태 확인 등 안정화 작업을 하고 나서 요가자세 등 테라피 프로그램을 수련한다. 이완이나 호흡, 명상을 적용하여 수련을 마무리하고, 자율수련을 안내하는 것으로 한 회기를 마무리한다. 내담자 상태와 테라피 목표에 따라 테라피스트가 요가테라피 프로그램을 구성하고, 내담자 상태에 맞게 필요한 기법을 다양하게 적용하고 있다. 내담자에 대한 기본 정보 파악을 위한 도구로 비구조화된 첫면접 일지 및 바디리딩(body reading)을 사용하고 있다. 통증이나 불편감 정도를 파악하기 위한 도구로 자가통증척도를 사용하고, 스트레스 반응 등 표준화된 척도를 보조적으로 사용하고 있다. 또한 신체에 대한 구체적인 알아차림을 촉진하기 위해 감각 목록과 느낌 목록을 활용하고 있다(부록 참조). 전체 회기가 마무리되는 시점에 마감설문지를 통해 내담자의 변화와 만족도를 확인한다.[14]

---

14) 2017년 5월 기준, 요가심신테라피 워크숍은 총 11차에 걸쳐 진행되었고, 워크숍 자료집 중에서 다음 자료를 참조하였음. 조옥경, 이윤선, 강화, 김안나(2015). 제6회 요가심신치료 워크숍: 몸. 마음. 몸−치유로의 여행−자료집. 서울불교대학원대학교 요가연구소.

2. 요가심신테라피의 기본 원리

1) 전일주의

앞서 요가의 인간관을 살펴보았듯이 요가는 전일주의에 바탕을 두고 있다. 전일건강 모델로 평가받고 있는 요가는 인간 존재를 구성하고 있는 요소, 즉 신체, 호흡, 마음, 식습관, 생활양식, 환경, 영성을 전일적 관점에서 다루면서 몸-마음-영의 통합적 성장을 지향한다. 따라서 요가심신테라피의 여러 원리 중에서 가장 기본적인 원리는 전일주의이다. 요가테라피를 몸-마음-영 통합 모델로 체계화한 스와미 아자야(Swami Ajaya, 2015)는 요가테라피가 생활환경, 몸과 몸의 기능, 호흡하는 공기, 먹는 음식, 대인관계, 정서와 자아 상태, 습관, 욕구, 사고와 같은 모든 측면을 다루고 있음을 강조해 왔다.

신체 구조와 기능, 자세와 움직임, 호흡 상태, 정서와 사고, 행동 패턴과 대인관계, 식습관을 비롯한 라이프 스타일과 생활환경, 영적 지향 등은 개인 및 사회의 건강과 직접적으로 관련되어 있기 때문에, 요가심신테라피는 이러한 요소를 함께 다룸으로써 몸-마음-영의 통합적 치유와 성장으로 안내하고 있는데, 일차적으로는 몸과 마음의 온전한 건강에 중점을 두고 있다.

2) 자기자각과 자기조절

자기자각과 자기조절은 모든 심신중재법이 강조하는 테라피 원리이다. 특히 자기자각은 인간이면 누구나 지니고 있는 내적인 치유 기전이 원활하게 작동하게 하는 가장 기본적인 치유 요소이다. 게리 슈워츠(Gary E. Schwartz)는 자기조절을 가능하게 하는 요소로 자신에 대한 주의를 강조한 대표적 학자이다. 그는 자신에 대한 주의는 연결성을 이루고 이 연결성은 조절을 불러오는데, 주어진 상황에서 자신의 행동적·생리적·인지적 정보들에 대한 자기탐지력(self-monitoring)의 증가는 다양한 수준의 자기조절 능력의 증가를 가져온다고 발표하였다(장현갑, 2004). 즉, 자신에 대한 주의는 몸과 마음의 연관성에 대한 자각을 증진시키고 이를 통해 자기조절 능력이 증진된다.

(1) 자기자각

요가심신테라피에서는 자기자각을 매우 강조한다. 자세와 움직임, 그리고 호흡을 할 때 일어나는 신체감각에 대한 알아차림뿐 아니라 내적 또는 외적인 사건과 접촉했을 때 일어나는 느낌이나 정서, 정신작용 등 마음 상태를 알아차리는 것을 강조한다. 특히 몸과 마음은 긴밀하게 관련되어 있기 때문에, 자기자각을 통해서 몸과 마음의 연관성에 대해 폭넓게 이해할 수 있다. 즐거웠던 경험이나 힘든 경험을 떠올릴 때 몸에서 여러 감각이 일어나고 있음을, 그리고 자세나 움직임을 할 때 어떤 감정이나 생각이 떠오르기도 하고 변하기도 한다는 점을 구체적으로 탐색하는 과정을 통해서 심신 연관성을 직접적으로 체험할 수 있다. 이 과정을 통해서 몸의 자기조절 능력을 회복한다. 이러한 알아차림은 식습관이나 행동, 대인관계나 삶에 대한 태도 등에 대한 자각으로 이어지고, 자기개념의 확립이나 자존감 향상 등 자신에 대한 긍정적 태도로 이어진다. 바람직하지 않은 삶의 패턴을 중단하고 긍정적인 삶의 패턴을 새롭게 만들어 가고 확립해 나가기 위해서는 일차적으로 자신의 삶의 패턴을 인식하는 것에서부터 출발해야 한다. 이러한 자기자각은 자기조절력으로 이어지는데, 심신의학과 심리치료 분야에서 요가를 주목하는 이유는 요가가 신체자각을 용이하게 함으로써 자각력을 향상시키고, 이를 통해 자기조절력을 증진시키기 때문이다.

(2) 자기조절

요가심신테라피에서는 자기조절 원리를 심신통합적 관점에서 바라보고 있다. 자기조절은 자세나 몸의 움직임, 신체기능, 자율신경계의 조절과 같은 구조적·생리적 측면에서의 자기조절뿐 아니라 정서나 심리작용, 자기개념, 행동이나 라이프스타일에서의 자기조절을 포함하는 개념이다. 요가심신테라피에서는 일차적으로 몸을 통해서 긍정적인 자기조절력과 자기효능감을 가져오는 것이 매우 중요하다고 보기 때문에, 요가자세와 호흡 등 다양한 방법을 활용하여 자기조절 능력이 향상되도록 안내한다. 요가방법을 활용하면서 몸의 감각이나 느낌을 지속적으로 알아차리는 과정은 고유수용감각과 내부수용감각[15] 능력을 향상시키며, 이러한 과정을 통해서 신체정렬과 생리적 기능의 통합이 증진된다. 이러한 과정에서 순환계와 내분비계, 자율신경계를 비롯한 신경계의 조절 능력이 향상되는데, 이로 인해서 심리정신적인 측면에서도 긍정적인 결과를 가져온다. 현재까지 축적된 임상연구 결과(Innes & Vincenet, 2007; Riley et al., 2004)에 따르면 신경근육계의 이완반응과 자율신경계의 조절이 이러한 긍정적인 효과를 가능하게 하는 기전으로 규명되고 있다. 특히 요가는 교감신경계와 HPA축[16]의 활성화 및 반응을 감소시키고 미주신경[17]을 직접적으로 자극하여 부교감신경계의 활동을 증진시킴으로

---

15) 감각수용기를 통해 신체 내부의 감각을 감지할 수 있다. 근육이나 힘줄 등에 분포되어 있는 고유수용감각(proprioception)을 통해 자세나 움직임, 근육긴장 등을 감지하며, 전정기관에 분포되어 있는 감각수용기를 통해 평형감각을 감지한다. 내부수용감각(interoception)은 내장수용감각으로 불리기도 하는데, 심장박동, 내부 장기의 통증이나 변화 등을 감지하는 것을 의미한다. 최근 내부수용감각은 내장감각뿐 아니라 생리적 상태, 구심성 정보의 지각, 행동에 영향을 미치는 것들도 포함하고 있으며, 내부수용감각을 통해 기분이나 감정을 느낀다.

16) 내외적인 자극을 스트레스로 인지하였을 때 내분비계에서 작동하는 시상하부-뇌하수체-부신피질의 연쇄적인 경로이다.

17) 10번째 뇌신경으로 뇌신경 중 가장 길고 많은 장기에 분포되어 있으며 부교감신경 섬유를 포함하고 있다.

써, 신진대사 기능과 신경내분비계, 면역계, 기분 및 에너지 상태에 긍정적인 변화를 유도한다.

3) 정화

요가테라피를 몸—마음—영 통합 모델로 체계화한 스와미 아자야가 요가테라피의 기본 원리로 제시하고 있는 또 다른 개념은 정화이다. 인간 존재의 참본성인 순수의식을 가리고 있는 다양한 불순물과 방해물을 제거할 때 모든 스트레스와 고통에서 벗어나는 것이 가능하기 때문이다. 정화(청결, 샤우짜, śauca)는 다섯 가지 권계(니야마, niyama) 중 하나인데, 신체적 수준의 정화나 청결뿐 아니라 분별기능의 청정함(Rama, 2002), 내면의 정화 과정을 의미한다. 요가심신테라피에서는 신체적 · 생리적 · 정신적 수준에서의 정화과정이 매우 중요하다고 보고, 정화를 위해서 마음 개발도 강조하고 있다. 즉, 바람직하지 않은 몸의 습관, 마음의 습관과 행동을 중단하고, 긍정적이고 바람직한 몸과 마음의 습관, 행동을 지속하는 과정이 곧 정화 과정인 동시에 의식개발 과정이기도 하다. 이렇게 바람직하지 않은 것과의 분리를 위요가(viyoga)라 하고, 긍정적이고 바람직한 것과의 결합을 상요가(samyoga)라고 한다. 위요가와 상요가를 통해서 자신의 의도와 생각, 말과 행동이 일치하는 생활을 할 수 있게 된다. 이렇게 신체적 · 생리적 · 심리정신적 수준에서 정화 과정이 일어날 때 이 과정이 바로 치유 과정이자 건강 회복 과정이기도 하다.

요가의 인간관과 건강관에서 보았듯이 다섯 층은 서로 영향을 주고받는다. 따라서 특정 층에서 불균형이 발생하거나 질병이 생겼을 때, 그러한 문제가 특정 층에만 국한되지 않고 다른 층에도 영향을 미친다. 마찬가지로 특정 층에 대한 정화와 치유를 위한 작업을 진행할 경우 그러한 작업은 인간 존재의 모든 층에 영향을 미친다. 따라서 요가에서는 다섯 층의 정화와 균형을 매우 강조하고 있다. 예를 들어, 신체 수준에서의 정화는 마음의 정화에 영향을 미치고, 마음의 정화는 생기층의 정화에 영향을 미친다. 신체−생기−마음이라는 세 층의 균형은 건강의 기초이기에, 이 세 층의 불균형은 불건강한 상태로 드러난다. 현대인들이 겪고 있는 만성질환, 스트레스 관련 질환의 치료나 치유를 위해서는 이 세 층의 정화와 균형이 매우 중요하다.

4) 랑가나와 브름하나

앞서 살펴보았듯이 균형이 매우 중요하기 때문에, 요가심신테라피에서는 유기체의 균형 상태를 위한 테라피의 주요 원리로 랑가나(laṅghana)와 브름하나(brmhaṇa)를 사용하고 있다.

(1) 랑가나

랑가나는 정화와 감소를 의미하는데, 과체중, 독성, 과잉행동, 불안, 분노 등 생리시스템과 심리정신적 측면에서 과도한 것들이 있을 때 감소시키고 정화하는 방법이다. 전굴자세, 비틀기자세, 시르사사나(śirṣāsana)는 랑가나를 위해 사용되는 요가자세이며, 날숨과 날숨 후에 짧게 멈추는 호흡 패턴은 랑가나 효과를 위해 사용된다. 랑가나 호흡법은 장기 중에서도 특히 복부 부위 장기의 활동을 활성화함으로써 심신을 정화하는 효과가 있는데, 횡격막 아래 부위에 문제가 있는 경우 랑가나 호흡법이 유용하다. 랑가나를 위한 찬팅과 심상화, 명상기법도 활용한다. 랑가나 원리를 사용하면, 진정시키고 에너지를 보존하는 효과가 있으며 불균형과 질병을 유발하는 조건들을 제거할 뿐 아니라 질병 예방적 효과가 있다. 때로는 독소 정화를 위해 신체 내에 열을 증가시키는 브름하나 기법을 사용하여 랑가나 효과를 만들어 내기도 한다(Desikachar, 1999; Kraftsow, 2011).[18]

(2) 브름하나

브름하나는 강화와 구축, 확장을 의미하는데, 허약하거나 에너지 수준이 낮을 때, 자신감 결여 등 생리시스템과 심리정신적 측면에서 부족한 것들이 있을 때 자양분을 주는 방법이다. 후굴자세와 사르왕가사나(sarvāṅgāsana)는 브름하나를 위해 사용되는 요가자세이며, 들숨과 들숨 후에 짧게 멈추는 호흡 패턴은 브름하나 효과를 위해 사용된다. 정화 과정 없이 너무 많은 열을 발생시키는 것은 에너지 패턴을 방해할 수 있기 때문에, 브름하나 호흡법을 수련하기 전에 정화 과정을 먼저 실시할 것을 권장하고 있다. 또한 브름하나를 위한 찬팅과 심상화, 명상기법을 활용하기도 한다. 브름하나 원리를 사용하면, 몸에 활력과 열을 높이고 에너지를 구축하는 효과가 있기 때문에 특별히 회복기에 유용하다. 때로는 영양 공급과 에너지 절약을 위해 랑가나 기법을 사용하여 브름하나 효과를 만들어 내기도 한다(Desikachar, 1999; Kraftsow, 2011).[19]

5) 테라피를 위한 적용과 변형

근골격계, 생리시스템에서부터 심리정신적 측면에 이르기까지 개인마다 다른 신체 구조와 기능, 체질, 정신적 성향과 행동습관을 지니고 있다. 또한 동일한 질병을 갖고 있더라도 질병이 드러나는 양상이나 질병과 관계 맺는 방식은 개인마다 다르고, 신체적·심리정신적 상태도 끊임없이 변화한다. 테라피를 위한 수련 목표와 수련 과정은 개인의 다양한 측면을 고려하는 것

---

18) 이 외에도 랑가나 기법으로 구토, 변통, 관장, 단식, 일광욕, 장시간의 엄격한 식사제한, 격한 일이나 운동, 안락함의 포기 등을 권하고 있다(Frawley & Ranade, 2008, p.261).
19) 이 외에도 브름하나 기법으로 풍부한 식단, 마사지나 온수 목욕, 충분한 휴식, 느긋한 생활양식, 치료기간 중 마음의 평온 유지 등을 권하고 있다(Frawley & Ranade, 2008, p.262).

이 바람직하다. 따라서 요가심신테라피의 주요 원리 중 하나는 개인의 특성과 조건을 고려하여 테라피의 원리와 방법을 적용하고 변형하는 것이다. 예를 들어, 어깨나 무릎에서 통증을 느끼는 내담자를 위해 요가자세 프로그램을 구성할 때 정렬 상태와 관절의 가동범위, 근육 단축 등 근육 불균형 상태, 움직임 패턴 등을 고려한다. 만약 이러한 요소를 고려하지 않는다면, 테라피 프로그램의 효과를 충분히 기대하기 어렵다. 정서적 안정을 위해 효과적으로 사용할 수 있는 호흡법도 내담자의 근골격 상태, 에너지 수준, 수련 시간 등을 고려할 때 보다 효과적이다.

특히 오랜 시간에 걸쳐서 축적된 신체적·심리적 증상은 단기간에 해결하기 어려운 측면이 있으므로 변화하는 개인의 상태와 조건에 맞게 수련 내용과 방식을 변형함으로써 긍정적 변화를 가져올 수 있다. 동일한 요가자세도 변형할 경우 강조점이나 효과가 다르게 나타나기 때문에 테라피 목표에 맞추어 동일한 요가자세를 변형하여 효과적으로 사용할 수 있다. 가장 일반적으로 사용하는 변형원리는 팔과 다리의 움직임을 다양하게 변화시켜서 요가자세의 형상을 변형시키는 것이다. 이때 팔과 다리의 위치, 움직임의 방향과 속도, 관절의 가동범위 등을 변형하면 요가자세의 기능과 효과가 변한다. 한 가지 요가자세를 실시하기 위해 움직임을 여러 단계로 세분화하거나, 움직임의 반복과 요가자세의 유지를 결합시키는 변형 원리를 적용하면 요가 자세의 효과도 변한다. 보조도구를 활용하여 요가자세의 형상을 변형시키는 방식은 테라피 효과가 매우 큰 것으로 입증되고 있다. 이 외에도 하나의 요가자세를 실시할 때 주의의 초점이나 호흡 비율을 변화시키는 방식도 활용되고 있다.[20]

---

20) 변형 원리의 구체적인 내용은 Kraftsow(2011, pp. 33-46)를 참조하기 바란다.

3. 요가심신테라피의 주요 방법

요가심신테라피는 요가자세와 호흡, 이완, 명상, 식습관을 포함한 생활습관을 주요 방법으로 활용하고 있다.[21] 요가심신테라피에서 다양한 방법을 적용할 때 가장 강조하는 점은 자기자각이다. 수련을 통해 몸과 마음에서 일어나는 현상, 즉 신체감각과 느낌, 생각 등을 명료하게 알아차리는 과정을 통해 몸-호흡-마음의 상호 연관성을 체험하면서도 몸과 마음에서 일어나는 현상과 동일시하지 않음으로써 자기조절 능력을 향상시키기 때문이다. 요가심신테라피에서는 다양한 요가방법을 내담자에게 적합한 방식으로 변형시켜서 적용하는데, 이 절에서는 요가심신테라피의 주요 방법을 소개한다.

1) 요가심신테라피를 위한 요가자세

(1) 요가자세

빠딴잘리 요가수뜨라 2장 46절을 보면 요가자세는 안정(스티라, sthira)되고 편안한(수카, sukha) 것으로 명시되어 있다. 전통적 요가수행 체계에서 요가자세는 삼매에 도달하기 위한 최적의 상태를 만들기 위한 수련방법이었는데, 현대에는 요가수뜨라의 가르침을 토대로 이 경구를 다양하게 해석하고 있다. 몸과 마음 둘 중 어느 하나가 불안정하거나 불편하다면 안정되고 편안한 상태라고 할 수 없기에, 이 경구는 심신통합적 관점을 보여 준다. 다시 말해, 요가자세는 몸과 마음이 안정되고 편안한 상태를 만들어 내기 위한 방법

---

21) 시바난다요가(Sivananda yoga) 체계를 발전시킨 스와미 비슈누 데바난다(Swami Vishnu-devananda)는 현대인의 신체적 · 정신적 · 영적 건강을 위해 다섯 가지 체계, 즉 적절한 운동, 적절한 호흡, 적절한 이완, 적절한 식이요법, 긍정적 사고와 명상을 제시한 바 있다(Clare, 2004).

인 동시에, 그런 상태에서 수련하는 것이 가장 바람직한 요가자세임을 의미한다. 또한 안정된 상태는 에너지를 잘 보유하면서 일정한 강도를 유지할 수 있는 힘을 의미하고, 편안한 상태는 에너지가 잘 흐르면서 유연한 상태를 의미하는데, 요가자세를 수련할 때는 이렇게 안정과 편안함의 균형 상태에서 수련하는 것을 강조한다. 요가심신테라피에서 요가자세를 실시할 때는 다음 사항에 유의한다.

① 이완 상태에서 천천히 움직이고 자세를 유지할 때 생리심리적 효과를 높일 수 있다

인도 까이발리야다마(Kaivalyadhama) 요가연구소[22]에서는 빠스치마따나사나(paśchimatānāsana)와 아르다마첸드라사나(ardha-matsyendrāsana)를 두 가지 방식으로 실시하여 비교하는 실험을 했는데, 운동을 하듯이 강하게 자극을 주는 방식과 이완 상태에서 실시하는 요가방식을 채택했다. 첫 번째 방식으로 했을 때 심박은 10~50%까지 증가하였고, 근육활동과 근육긴장이 상당히 증가하였으며 혈압이 증가하여 심혈관계에 과부하를 주었다. 반면, 두 번째 방식으로 했을 때 심박은 6% 이상 증가하지 않았고, 근육활동과 근육긴장은 감소하였으며 심혈관계에 부담을 주지 않았다. 요가자세를 수련할 때 의도적으로 강한 자극을 주지 않고 가능한 한 이완 상태에서 근육과 관절 등을 부드럽게 스트레치하도록 권하는 이유는, 앞의 실험 결과에서 보여 주듯이 의도적으로 강한 자극을 주는 경우 겉근육(superficial muscles)에만 자극을 주고 교감신경계를 자극함으로써 신체적 · 심리적 긴장과 피로를 가져오기 때문이다. 이완 상태에서 수동적 스트레칭을 하면 내장 근육과 같은 깊은 근

---

22) 1924년부터 요가의 과학적 연구를 실시한 요가 전문기관으로, 스와미 꾸발라야난다가 로나발라에 설립하였다.

육을 자극할 뿐 아니라, 근육과 힘줄 등에 있는 고유감각수용기의 작용을 활성화시켜 근육의 긴장도를 최적의 수준으로 유지할 수 있다. 또한 자세 유지나 균형 조절과 같은 무의식적 생리작용이 활성화됨으로써 신경계와 내분비계가 안정된다(왕인순, 2009; Gore, 2003; Radha, 2004).

이완 상태에서 천천히 움직이고 자세를 유지하는 수련 방법은 에너지를 적게 사용하면서도 생리심리적인 효과가 크다. 왜냐하면 심신의 긴장이나 저항을 최소화하면서 자각력을 증진시키기 때문이다.

② 움직임과 요가자세의 유지는 근육과 신경계의 긴장을 이완하면서 생리심리적 상태를 재조건화한다

요가자세는 근골격계, 심혈관계, 신경계와 내분비계, 생식계 등 다양한 시스템을 직접적으로 자극함으로써 생리적·심리적 상태를 재조건화한다. 이러한 재조건화로 인해 요가는 통증 완화, 면역기능 향상, 정서 변화에 효과적인 개입법으로 평가받고 있다. 이러한 재조건화를 효과적으로 달성하기 위해서는 움직임을 반복하는 빈야사 방식과 특정 자세를 일정 시간 유지하는 방식 두 가지를 활용하는 것이 바람직하다. 규칙적이고 반복적인 움직임은 근골격계의 순환을 증대하고 운동성을 향상시킬 뿐 아니라 새로운 움직임의 패턴을 개발하는 데 효과적이다. 한편, 요가자세의 유지는 앞의 실험 결과에서 알 수 있듯, 생리시스템을 활성화하여 신경계와 내분비계의 안정화와 조절력을 증진하는 데 효과적이다.

따라서 빈야샤 방식이나 요가자세를 유지하는 방식을 달리하면 테라피 효과가 달라진다. 특정 요가자세를 취하고 풀어 주는 움직임의 반복은 골격근의 순환을 증가시켜서 근육을 더 강하고 유연하게 한다. 움직임의 반복은 근골격계의 저항을 최소화하면서 움직임과 신체반응에 익숙해짐으로써 몸의 민감성과 항상성에 도움이 될 뿐 아니라 오랫동안 요가자세를 유지할 수 있

도록 준비하는 과정이기도 하다. 그리고 의식적으로 움직임을 반복하면 요가자세가 작용하는 특정 신체 부위로 쁘라나의 흐름을 조절하는 데 효과적이며, 근골격계와 신경근육의 변화를 가져옴으로써 새로운 움직임 패턴을 개발하는 데도 효과적이다. 반면, 요가자세를 일정 시간 유지하는 수련방식은 내적인 정화와 생리적 변화를 가져온다. 자세를 유지하는 동안 척추근육의 가장 깊은 층을 활성화시키는 미세한 내적 움직임이 강력하게 일어난다. 이러한 움직임은 척추뿐 아니라 내장 등 깊은 층의 근육과 기관에 순환을 증대시켜 생리적 활성화와 균형을 개발하는 데 효과적이다(Kraftsow, 2011; Stiles, 2000). 지속적으로 움직임과 자세, 호흡을 자각하는 방식은 집중력을 높이는 데도 효과적이다.

③ 요가자세는 심리적 긴장을 해소하고 긍정적 정서를 증진시킨다

요가자세는 심리적 긴장을 해소하고, 스트레스와 우울, 불안 등의 정서를 경감시키며, 기쁨과 자기효능감 등 긍정 정서를 증진시킨다. 이는 요가자세가 신경계와 내분비계를 직접적으로 자극함으로써 심리적 안정과 정서 조절, 인지 능력을 향상시키기 때문이다. 요가가 현대 사회에서 스트레스 관련 질환의 예방과 관리에 효과적이라는 평가를 받는 점도 바로 이러한 측면 때문이다. 그리고 요가자세와 움직임의 조절을 통해 자신이 원하는 마음 상태를 직접적으로 경험하는 방법을 습득할 수 있기 때문이다. 요가자세(Radha, 2004)는 몸과 호흡, 마음으로 하는 상징적인 행위인데, 모든 요가자세는 이 세계에서 함께 살아가는 자연물을 모방하였다. 예를 들어, 따다사나(tāḍāsana)를 하면서 두 발로 견고하게 선다는 것의 의미를 발견하고 의연하고 초연한 산의 기상을 체득할 수 있다. 심리적으로 위축되고 자존감이 떨어져 있다면 비라바드라사나(vīrabhadrāsana)를 하면서 두 발로 견고하게 서서 힘과 확장감을 경험하고, 당면한 과제를 거뜬히 해결해 나가는 전사의 기상을 체득할 수

있다. 요가자세를 통한 심리치료 효과는 이러한 측면을 반영하고 있다. 그래서 스와미 시바난다 라다(Swami Sivananda Radha, 2004)는 자세를 정확히 취하려고 애쓰다가 그 자세의 목적을 잃기보다는 자세 패턴에 주의를 기울이면서 심리적 측면을 관찰하는 것이 중요하다는 점을 강조하였다.

(2) 테라피를 위한 요가자세

테라피 목표에 따라서 요가자세를 적용할 때 개인의 요구와 상태에 맞추어 변형된 요가자세를 실시한다. 요가심신테라피에서는 안전하면서도 배우기 쉽고 테라피 효과가 큰 것으로 평가받고 있는 게리 크래프트소우(Gary Kraftsow)의 비니요가테라피(Sherman et al., 2005)에서 사용하는 요가자세를 주로 활용하고 있다(부록 참조). 요가자세를 테라피 장면에 도입할 때는 다음 사항을 유념한다.

① 요가자세 수련 과정에서 자각을 강조한다

요가수련을 통해 심신효과를 다양하게 경험하기 위해서는 무엇보다도 자기자각이 가장 중요하다. 따라서 요가자세 수련 과정에서 몸을 움직일 때나 자세를 유지할 때 몸의 반응과 마음의 현상을 알아차리는 과정이 중요하다. 이 과정이 곧 치유를 가능하게 하는 강력한 요인이 되기 때문이다. 과거나 미래가 아닌 지금 현재 순간에 주의를 기울이겠다는 의도를 갖고, 몸과 마음에서 일어나는 반응이나 현상에 주의를 기울이면서, 비판단과 수용의 태도로 그 반응이나 현상을 알아차리는 과정을 '마음챙김'이라고 한다. 최근 요가자세의 테라피 효과에 주목한 심신의학자들과 심리치료사들은 요가자세를 천천히 부드럽게 실시하면서 몸과 마음에서 일어나는 신체감각과 호흡, 느낌, 생각을 비판단의 태도로 알아차리는 요가수련 방식을 '마음챙김요가'로 지칭하고 있다.

따라서 요가자세를 수련할 때, 자세와 움직임에 따른 신체감각과 호흡에 주의를 기울이고 알아차린다. 특히 호흡에 따른 척추의 움직임, 호흡-몸의 움직임-척추의 통합적 관계, 요가자세에 따른 호흡의 변화를 알아차린다. 그리고 자세와 움직임이 어떤 감정이나 생각을 불러일으키는지 알아차린다. 이러한 알아차림을 통해 몸과 마음의 유기적인 연관성이나 몸을 통해서 드러나는 정서와 인지 패턴을 자각함으로써 자기자각과 자기성찰이 심화된다.

② 몸의 움직임과 척추의 신장을 원활히 하기 위한 호흡법을 활용한다

들숨에는 가슴, 복부 순으로 채우고 날숨에는 복부, 가슴 순서로 빼는 호흡법은 척추와 등을 신장하는 데 효과적이다. 들숨에 갈비뼈가 올라가면서 갈비뼈와 연결되어 있는 척추가 위쪽으로 늘어나면서 곧게 펴지기 때문이다. 들숨에 복부부터 채우게 되면 복부가 너무 많이 팽창함으로써 가슴 부위가 확장되기 어렵고, 이로 인해 척추가 충분히 늘어나지 않는다. 또한 횡격막이 자유롭게 움직일 수 있는 공간이 만들어지지 않아서 복부에 있는 장기들이 압박을 받는다. 따라서 몸의 움직임과 척추의 신장을 원활히 하기 위해서는 가슴, 복부 순으로 들이쉬고 복부, 가슴 순서로 내쉬는 호흡방법을 활용한다 (Desikachar, 1995).

③ 보조도구를 다양하게 활용한다

개인의 신체 상태나 심리 상태를 고려하여 보조도구를 활용하면 몸과 마음의 긴장을 최소화하면서 요가자세를 수련하는 데 도움이 된다. 보조도구를 활용하면 몸과 마음의 긴장으로 인한 통증과 상해를 예방할 수 있으며, 변형된 요가자세를 통해서 그 자세의 강조점이나 효과를 직접 경험하는 데 유용하다. 요가심신테라피에서는 요가매트와 방석, 볼스터, 블록, 벨트, 눈 베개, 모래주머니, 의자, 벽을 주로 활용하고 있다.

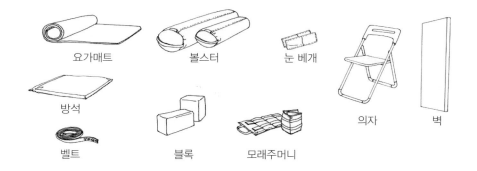

요가매트　　　볼스터　　　눈 베개

방석　　　　블록　　　모래주머니　　　의자　　　벽

벨트

2) 요가심신테라피를 위한 요가호흡

(1) 요가호흡

요가호흡은 쁘라나야마(prāṇāyāma)로 불리는데, 쁘라나야마는 기나 생명력을 의미하는 쁘라나(praṇa)와 멈춤, 통제, 팽창을 의미하는 아야마(ayama)의 합성어이다. 즉, 요가호흡은 의도적으로 쁘라나를 조절함으로써 생명력을 확장하고 고양시키는 수련이다. 전통적 요가수행에서 요가호흡 수련은 쁘라나의 조절을 통해 마음이 동요되지 않고 확고하게 집중된 상태를 유지하기 위한 수행방법으로서, 들숨과 날숨의 조절에 따른 다양한 호흡법을 통해 지식(꿈바까, kumbhaka)을 완성하였다. 인체는 쁘라나가 흐르는 에너지장이기 때문에 요가 관점에서 볼 때 자세와 움직임, 생리적 현상, 정서와 생각과 같은 심리정신적 활동 등 모든 활동은 쁘라나의 활동이 드러난 것이다. 따라서 요가에서 호흡은 숨을 들이쉬고 내쉬는 차원을 넘어서서, 생명에너지인 쁘라나의 흐름을 조절하고 활성화시키는 것을 의미한다. 이렇게 쁘라나를 조절하고 확장한다는 것은 생리적·심리적 활동에 직접적으로 영향을 미치는 것을 의미한다. 쁘라나를 운반하는 매개체가 바로 호흡이기 때문에 호흡은 심신테라피를 위한 좋은 도구로 활용되어 왔다.

몸과 마음의 연결고리인 호흡은 중추신경계와 자율신경계를 통해 마음에 직접적으로 영향을 미치기 때문에 자율신경계의 통제를 받는 호흡을 조절한다는 것은 마음의 활동을 직접 통제함으로써 집중과 정신적 안정 상태로 이끌 수 있다는 것을 의미한다(왕인순, 조옥경, 2006). 그러므로 신경계를 안정시키는 요가호흡은 명상을 위한 준비단계에서 수련하기도 한다. 요가심신테라피에서 호흡을 치료적으로 적용할 때는 다음 사항을 특히 고려한다.

① 몸-호흡-마음의 상호 연관성에 중점을 둔다

몸과 호흡, 마음은 구성 요소와 기능은 다르지만, 서로 직접적으로 영향을 주고받으면서 상호작용한다. 근골격계의 불균형과 긴장으로 인해 드러나는 자세의 불균형은 호흡 상태에 영향을 미치고, 호흡은 에너지 상태, 정서 상태, 집중력 등 정신 상태에 상호 영향을 미친다. 예를 들어, 심각한 척추측만이 있다면 근육의 불균형을 포함한 신체구조의 불균형 뿐 아니라 호흡 관련 근육의 불균형으로 인해 깊고 풍부한 호흡이 어렵다. 측만 자세와 빈약한 호흡은 소화불량이나 만성 통증, 피로감을 증진시킬 수 있고, 우울감이나 부정적인 자아상으로 일상생활을 힘들게 할 수 있다. 구조적으로 과도한 불균형 상태가 없더라도 평상시에 호흡이 짧거나 바람직하지 않은 호흡습관을 갖고 있는 경우에는 낮은 에너지 상태로 인한 피로나 우울, 불안과 같은 정서를 가질 수 있고, 이러한 정서 상태로 인해 스트레스 조절능력이 저하된다거나 집중력이 낮아져 정신활동에서 활력이 떨어질 수 있다. 걱정이 많거나 분노 조절이 안 되는 경우 이러한 마음 상태는 호흡에 영향을 미치고, 몸의 자세와 움직임에 직접적으로 영향을 미친다.

② 호흡의 구조적 측면과 정서적 측면을 함께 고려한다

구조적인 측면에서 보면 호흡은 심장과 폐, 호흡 관련 근육의 상호작용으로 일어나며, 상호작용의 결과로 척추와 흉곽, 복부의 물리적인 운동이 일어난다. 따라서 근육의 긴장이나 이완 상태, 자세와 움직임은 호흡에 영향을 미치고, 호흡 방식은 근육의 긴장이나 이완, 자세와 움직임에 직접적으로 영향을 미친다. 호흡은 신경계의 지표로서, 호흡의 변화는 감정의 변화를 야기하고 감정의 변화는 곧 호흡의 변화로 드러난다. 호흡 상태를 보면 분노할 때는 씩씩거리고, 놀라거나 공포스러울 때는 숨을 멈추게 된다. 슬프면 숨을 죽이게 되고 불안하면 호흡이 가빠진다. 반면, 기쁘면 호흡이 커지고 평온할 때는 호흡이 고르고 완만하게 이어진다. 특히 호흡 패턴은 개인의 신체적인 건강 상태와 정서, 정신 상태를 알 수 있는 하나의 지표이다. 신경계의 조건과 정서 상태, 호흡의 질은 밀접하게 상호 연관되어 있어서, 호흡 상태는 신경계에 직접적으로 영향을 미치기 때문이다. 횡격막의 경직과 횡격막 운동의 제한은 가슴과 배의 만성적인 근육긴장과 감정의 고립을 초래하며, 만성적인 흉식호흡은 교감신경계를 자극해서 신진대사의 흥분과 혼란을 야기한다. 반면에, 이완된 횡격막 호흡은 신경계의 통합과 조화를 회복시킨다. 이러한 호흡 패턴은 신체뿐 아니라 집중력, 인지능력, 성격이나 행동 특성에도 영향을 미친다(Farhi, 1996; Miller, 1992; Rama, 2004). 따라서 호흡 리듬의 변화는 심리치료를 위한 방법과 자기조절력을 높이기 위한 방법으로 활용되고 있다.

③ 올바른 호흡의 특징에 유념해서 호흡기법을 적용한다

일반적으로 개인의 호흡 역량은 자신이 하고자 하는 행위를 효율적으로 할 수 있는 호흡 상태를 의미한다. 예를 들어 걷기나 등산을 할 때, 역동적인 요가자세를 할 때나 한 자세를 일정 시간 유지할 때, 이완이나 명상할 때의 호흡 상태는 매우 다른데, 이러한 행위를 할 때 호흡이 자연스럽게 이어질 수 있다면 호흡 역량이 매우 크다고 할 수 있다. 이러한 호흡 역량을 보유하기 위해서는 평상시에 올바른 호흡 상태를 체득하는 것이 필요하다. 올바른 호흡 상태(Anderson & Sovik, 2006)는 호흡이 깊고, 완만하며, 호흡을 할 때 소리를 내지 않으며, 들숨과 날숨의 길이가 같고, 들숨과 날숨 사이에 멈춤이 없이 완만하게 이어지는 호흡 상태를 의미한다. 따라서 특정 호흡이 효과적이라는 이유로 자신의 심신 상태에 적합하지 않은 호흡수련을 과도하게 할 경우 부작용[23]이 따르기 때문에 호흡수련은 자신의 능력을 고려하여 점진적으로 진행해 나가는 것이 바람직하다. 자신의 역량에 맞게 꾸준히 호흡수련을 한다면 올바른 호흡 상태를 유지할 수 있고 자신의 호흡 역량을 강화할 수 있다.

④ 호흡에 대한 자각을 강조한다

요가심신테라피에서 자각은 테라피의 기본 요소이다. 호흡에서도 자각에 중점을 두어야 하는데 이를 위해서 첫째, 자신의 호흡 상태를 지속적으로 알아차린다. 요가자세를 하면서 호흡을 알아차리는 방법 외에 사바사나(śavāsana)나 앉은 자세에서 호흡 알아차리기를 할 수 있다. 이렇게 지속적으로 호흡을 알아차림으로써 자신의 호흡 상태를 예민하게 지각할 수 있고 이완된 호흡 상태를 체득할 수 있다. 구체적 내용은 테라피를 위한 요가호흡을 참조하기 바란다.

둘째, 들숨과 날숨의 차이를 알아차린다. 들숨은 우주의 생명력을 몸 안으로 흡수하는 과정으로서 에너지의 공급과 활력, 확장을 몸으로 익히는 방법이다. 들숨 후 멈춤은 들숨의 효과를 유지하고 강화한다. 날숨은 인체 안에 있는 쁘라나를 몸 밖으로 배출하는 과정으로서 정화와 안정화를 몸으로 익히는 방법이다. 날숨 후 멈춤은 날숨의 효과를 유지하고 강화한다. 들숨 상태는 무엇인가를 갖고 획득하고 확보하고 확장하는 활동의 표현이며, 날숨은 무엇인가를 내려놓고 놓아 버리고 흘려보내고 내맡기는 활동의 표현이다. 따라서 들숨과 날숨 상태를 알아차리면서 스스로 취하는 것이 어려운지 또는 흘

---

23) 아엥가(2009)는 천식, 기침, 머리와 눈·귀의 통증 등을 지적하고 있다.

려보내는 것이 어려운지, 확장은 쉬운데 내맡기는 것은 어려운지, 놓아 버리는 것은 쉬운데 움켜쥐는 것은 어려운지 등을 탐색하면서 자신에 대한 이해를 심화할 수 있다.

셋째, 들숨과 날숨을 늘릴 때 특히 주의해야 할 점이 있다.

- 일반적으로 날숨과 들숨의 길이는 같게 하거나, 날숨을 들숨보다 약간 늘린다.
- 들숨 후 멈춤의 길이는 날숨의 길이보다 길지 않게 한다.
- 숨의 길이를 늘릴 때 부드럽게 늘린다. 자신이 부드럽게 숨의 길이를 늘리고 있는지는 소리와 느낌으로 측정이 가능하다.
- 숨의 길이를 늘리거나 멈출 때는 들숨과 날숨의 부드러운 호흡 상태를 유지할 수 있도록 자신의 역량에 맞게 점진적으로 수련한다.

(2) 테라피를 위한 요가호흡

본격적인 요가호흡 수련은 요가자세 수련 후에 실시하는 것이 좋다. 그 이유는 요가자세 수련을 통해서 쁘라나가 흐르는 통로를 정화함으로써 호흡수련의 효과를 강화할 수 있기 때문이다. 요가자세를 통해서 과도하게 활성화된 에너지는 방출하고 침체된 에너지는 순환을 통해서 적정 수준의 활력을 찾은 후에 호흡수련을 하는 것이 바람직하기 때문이다. 테라피를 위한 요가호흡은 신경계를 정화하고 강화함으로써 마음을 안정시키고, 집중력의 강화를 통해 자각 수준을 높인다. 따라서 심혈관질환과 천식 등의 호흡기 질환에 효과적이며, 피로와 통증, 스트레스, 불안과 우울 등의 정서를 감소시키는 데 효과적이다. 임상현장에서 호흡기법을 도입할 때는 다음 사항에 유념한다.

① 자각을 강조한다

호흡에 대한 알아차림을 지속적으로 훈련하지 않으면, 자신의 호흡 상태에 무뎌져서 감지하지 못하게 된다. 모든 요가수련에서 알아차림을 강조하듯이 호흡수련에서도 알아차림을 강조한다. 다음은 호흡훈련을 통해 자각을 높이고 올바른 호흡 패턴을 익힐 수 있는 구체적인 방법이다.

- 호흡을 할 때 신체 어느 부위에서 주로 호흡을 느끼고 있는지, 신체 어느 부위에서 주로 움직임이 일어나고 있는지 알아차린다.
- 1분에 호흡을 몇 회 하는지, 들숨과 날숨의 길이는 어떤지 알아차린다.
- 호흡의 질을 알아차린다. 호흡이 완만하게 이어지는지 또는 들숨과 날숨 사이에 멈춤이 있는지, 호흡이 규칙적으로 이어지는지 또는 불규칙하게 이어지는지, 깊은 호흡을 하는지 또는 얕은 호흡을 하는지, 호흡을 할 때 소리가 나는지 또는 호흡 소리가 조용한지 등을 알아차린다.
- 호흡에 대한 느낌을 알아차린다. 시원하거나 답답한지, 안정감이 있거나 동요하는지, 편안하거나 불편한지, 자연스럽거나 울렁거리는지, 지루하거나 힘든지 등을 알아차린다. 또한 호흡에 대한 알아차림을 하는 가운데 기분이나 어떤 이미지, 기억이나 생각이 떠오르면 그것도 알아차린다.
- 움직임과 함께 호흡을 할 때는 호흡에 따른 척추 움직임을 알아차린다. 움직임이 일어나기 전에 호흡이 먼저 일어나는 방식으로 수련하면 호흡과 움직임의 관계를 알아차리는 데 매우 효과적이다. 무의식적으로 움직임이 호흡보다 앞서는지, 또는 호흡을 참고 있는지, 그리고 움직임이 호흡을 어떻게 확장시키는지 등 호흡과 움직임의 통합적 관계를 알아차린다.

② 테라피 목표에 따라서 요가호흡을 알맞게 적용한다

- 이완된 호흡 상태를 자각하기 위해 사바사나 또는 편안하게 앉은 자세에서 호흡에 대한 알아차림을 실시한다.
- 몸 전체에 활력을 주는 방법으로 가슴–늑골–복부의 순으로 숨을 들이쉬고 복부–늑골–가슴의 순으로 숨을 내쉬는 호흡수련을 누워서 또는 앉아서 20회~30회 실시한다.[24]
- 들숨과 날숨의 조절을 통해 호흡 역량을 강화하고 정서를 조절한다.
  - 날숨과 들숨의 길이를 동일하게 하는 호흡방법을 활용한다.
  - 날숨 길이를 늘리거나 날숨 후 숨을 멈추는 방식은 랑가나 효과가 있으며, 들숨 길이를 늘리거나 들숨 후 숨을 멈추는 방식은 브름하나 효과가 있다. 움직임을 하거나 요가자세를 유지할 때 테라피 목표에 따라서 랑가나와 브름하나 방식을 활용한다. 숨의 길이를 늘릴 때는 점차적으로 1초씩 늘린다.
  - 날숨이나 들숨을 할 때 몇 번에 나누어서 하는 호흡방식을 활용한다. 날숨을 몇 번에 나누어서 하는 방식은 랑가나 효과가 있으며, 들숨을 몇 번에 나누어서 하는 방식은 브름하나 효과가 있다. 목, 가슴 중앙, 배꼽, 치골과 같이 짜끄라(cakra)의 대응점(끄세뜨라, kṣetra)에 주의를 두면서 실시할 때 주의집중이 잘되고 쁘라나의 흐름을 확장할 수 있다.
  - 날숨과 들숨의 길이를 조절함으로써 직접적으로 정서를 조절할 수 있다. 대체로 우울할 때는 날숨의 길이가 들숨보다 길고 날숨 후 멈춤이 있으며, 불안할 때는 들숨의 길이가 날숨보다 길다. 따라서 일반적으로 우울할 때는 날숨과 들숨의 길이를 같게 하고, 불안할 때는 날숨의

---

24) 이 방법은 의료현장에서 실시되고 있는 요가테라피인 요가 Rx에서 제시하고 있는 대표적인 요가 호흡법이기도 하다(Payne & Usatine, 2002, p.42).

길이가 들숨보다 1.5배~2배 길게 하는 방법을 사용한다. 숨의 길이를 늘리기 위해서는 점진적으로 1초씩 늘려 가는 것이 바람직하다. 중간에 호흡이 가빠지거나 불편하면 숨의 길이를 늘리지 않고 변화하는 호흡 상태와 자연호흡 상태를 알아차린다. 이 외에도 테라피 목적으로 날숨과 들숨의 길이를 다양하게 조절하는 방법을 활용할 수 있다.

3) 요가심신테라피를 위한 요가이완

(1) 요가이완

요가수련에서는 자세, 호흡, 명상 등 요가수련의 전 영역에 걸쳐서 몸과 마음의 이완 상태를 필수 요소로 강조하고 있다. 요가수뜨라 2장 46절과 47절에서 아사나는 안정되고 편안한 상태로서, 노력을 늦추고 무한에 대해 명상함으로써 완성된다고 하였다. 요가자세 수련뿐 아니라 요가호흡과 요가명상 수련에서도 심신의 이완 상태를 전제로 하고 있다. 몸과 마음은 서로 긴밀하게 관련되어 있기 때문에 신체적 긴장은 심리적 긴장을 일으키고, 심리적 긴장은 신체적 긴장으로 드러난다. 스와미 사티아난다(Swami Satyananda, 2009)는 근육긴장과 정서적 긴장, 정신적 긴장이 인간 존재의 각 층에 축적되면서 신경계와 내분비계의 불균형, 정서적 갈등과 정신적 불균형, 부적절한 행동으로 나타난다고 하였다.

이완은 최근 심신 통합적 접근과 통합의학에서 매우 주목받고 있는 테라피 요소이기도 하다. 서구에서 이완기법은 통증 완화를 위해 광범위하게 사용되는 세 가지 기법 중 하나[25]이고, 통합의학에서 사용하는 대표적 치료양식

---

25) 이완법(명상, 아우토겐 등), 최면과 바이오피드백이 광범위하게 활용되고 있는데, 이 방법들은 의과대학에서 가장 광범위하게 수용되고 있으며 입원환자와 외래환자에게 활용되고 있다 (Dillard, 2004, p.594).

중 하나이며 스트레스 관리를 위한 중재법이기도 하다. 이 분야에서 사용되는 대표적 이완법으로는 근육이완, 아우토겐, 호흡, 요가, 명상, 심상법 등이 있다. 현대 사회에서 이완은 신체적·심리적 긴장을 해소하고 스트레스 관련 질환의 치료와 예방에 좋은 도구이다.

테라피에서 이완은 매우 중요하다. 스트레스 반응에 반대되는 반응을 이완반응으로 지칭하는데, 다양한 심신중재법의 공통 요소는 바로 이완반응이다. 이완반응이라는 요소 때문에 심신중재법은 스트레스 관련 질환에 대한 효과적인 개입법으로 사용되고 있다. 요가는 신체적·정서적·정신적 긴장의 이완이 갖고 있는 가치를 매우 폭넓게 조망하고 있다. 이완을 통해 감각과 마음을 고요하게 만들어 내적 균형감을 회복하고, 내적 균형감의 회복은 자신감 회복과 자기조절력 증진으로 이어진다. 그리고 깨어 있는 자각 상태를 유지하면서 심신을 이완하는 요가이완법은 좀 더 거친 층에서의 긴장을 제거함으로써 좀 더 정묘한 의식층을 자각하게 하고, 주의력과 집중력을 증진시킨다. 즉, 이완을 통해 내적인 성찰 작업에 필요한 몸과 마음의 상태를 만들어 낸다. 이완수련은 깨어 있는 의식 상태에서 자각을 용이하게 함으로써 주시하는 태도를 함양하는 데 매우 효과적이다(Anderson & Sovik, 2006; Feuerstein, 2004). 더 나아가 이완이란 나라는 존재가 개별적으로 분리되어 있다는 관념을 만들어 내는 긴장을 내려놓는 것을 의미하기 때문에, 넓은 의미에서의 이완은 우리의 견해, 관심, 희망, 태도 등을 이완하는 것이다(Feuerstein, 2004). 몸과 마음의 긴장뿐 아니라 존재의 보다 정묘한 측면까지 이완하면 내면에서 퍼지는 기쁨, 지복의 상태를 경험한다(Ajaya, 2015).

다음은 대표적인 요가 이완기법이다.

① 사바사나
사바사나는 휴식자세인 동시에 의식적인 이완자세이다. 하타요가 쁘라디

삐까 1장 32절과 게란타 상히타 2장 9절[26]에서는 죽은 사람처럼 등을 바닥에 대고 누워 있는 사바사나가 피로와 마음의 긴장을 풀어 주고 마음의 안정을 준다고 제시한다. 사바사나에서 경험하는 이완은 신경계의 완전한 이완(Gore, 2003)을 의미한다.

② 요가 니드라

고대 딴뜨라 수행법이었던 니야사(Nyāsa)[27]를 비하르요가대학의 스와미 사티아난다가 현대인에게 맞게 개발한 감각제어(쁘라띠야하라) 수련법이다. 요가니드라는 준비단계에서부터 결심(상깔파, saṃkalpa), 의식의 순환, 호흡 자각, 느낌과 감각 자각, 시각화, 결심, 마무리단계까지 8단계로 구성되어 있다. 깊은 이완 상태에서 내면세계를 지속적으로 자각한다는 점에서 스와미 사티아난다(2009)는 요가 니드라 수련을 이완법이자 명상법이라고 하였고, 리처드 밀러(2005)는 마음의 집중능력을 회복하는 대표적인 마음챙김 훈련이라고 하였다.

③ 보조도구를 활용한 이완

라제이터(1995)가 스트레스 완화를 위해 개발한 이완법은 회복요가(restorative yoga), 휴식요가(restful yoga)로 불린다. 보조도구를 활용해서 변형된 요가자세를 취함으로써 깊은 휴식을 경험하면서도 주의집중을 증진시킨다는 점에서 라제이터는 이 방법을 적극적인 이완법으로 소개하고 있다.

---

26) 죽은 사람처럼 등을 바닥에 대고 누워 있는 체위이다. 이 송장체위는 요가수행으로 오는 피로를 제거하고 마음의 긴장을 풀어 준다(하타요가 쁘라디삐까 1.32). 긴장을 풀고 천장을 향해 송장처럼 누워라. 이것을 송장체위라고 하는데 피로를 없애 주고 마음의 안정을 가져다준다(게란타 상히타 2.9). 이태영, 2000, p.146, 213 인용.

27) 앉은 자세에서 신체 부위의 이름을 암송하고 나서 그것을 시각화하거나 만지고 만뜨라를 하는 방법이다(Satyananda, 2009, p.10).

④ 체계적 이완

히말라야연구소에서 개발한 이완수련으로 사바사나 상태에서 수련하는데, 체계적인 근육이완, 긴장-이완법, 지점간 호흡법이 있다. 자연스러운 횡격막 호흡을 하면서 신체감각과 호흡의 흐름을 알아차림으로써 신체자각력이 증진되고 깊은 이완이 가능하다.[28]

이 외에도 호흡, 소리, 심상화 등을 활용하면 이완반응을 촉진한다.

(2) 테라피를 위한 요가이완

일반적으로 요가수련을 할 때 사바사나와 같은 깊은 휴식자세는 요가자세 수련을 마무리한 후에 실시한다. 그리고 한 가지 요가자세를 끝내고 다음 자세를 하기 전에 짧은 이완 시간을 갖는데, 이는 요가자세를 하면서 생길 수 있는 긴장이나 피로를 완화하고 호흡을 안정시키는 데 도움이 되기 때문이다. 또한 요가자세를 했을 때 일어나는 다양한 생리작용의 조절과 통합이 이완 시간을 통해 원활히 작용하기 때문이다. 요가심신테라피에서는 위와 같은 이완기법 외에도 테라피 목표나 진행 과정에서 내담자에게 도움이 되는 이완방법을 테라피 회기 중에 다양하게 활용하고 있다. 이완기법을 활용할 때 다음 사항을 유념한다.

① 자각을 강조한다

대체로 이완수련은 누워서 하거나 보조도구를 활용한 상태에서 몸을 거의

---

28) 체계적인 근육이완은 바디스캔(body scan)처럼 자연스러운 횡격막 호흡을 유지하면서 각각의 신체 부위를 연속적으로 알아차리는 이완수련이다. 긴장-이완법은 서구에서 대표적인 이완기법으로 활용되고 있는 점진적 근육이완(progressive relaxation)처럼 신체 부위를 차례로 긴장시켰다가 이완한다. 지점간 호흡은 정수리에서부터 신체 부위 8개 지점(발가락, 발목, 무릎, 척추 기저부, 배꼽, 가슴 중심, 목, 미간)으로 숨을 보내는 심상을 하면서 이완하는 수련이다(Anderson & Sovik, 2006, pp. 215-219).

움직이지 않는 상태에서 실시하기 때문에 뇌파가 안정화되면서 졸리거나 잠이 들 수 있다. 요가이완수련에서는 잠들지 않고 깨어 있는 의식 상태를 매우 강조한다. 요가심신테라피에서도 깨어 있는 의식 상태에서 호흡, 신체감각이나 느낌, 떠오르는 생각이나 이미지 등에 대한 알아차림을 강조하고, 내담자가 깨어 있는 상태에서 알아차림이 이어지도록 안내한다. 스트레스나 피로의 축적으로 인해 짧은 이완 시간에 잠에 들기도 하지만 지속적인 수련을 통해서 변화를 경험할 수 있다.

② 테라피 목표에 따라서 요가이완법을 다양하게 변형시켜 적용한다

- 누워서 하는 이완자세인 사바사나가 불편하거나 불안한 경우에는 보조 도구를 활용하거나 앉아서 이완한다. 눈을 감고 실시하는 이완자세는 눈이 외부 대상과 접촉하는 것을 차단하기 때문에 주의를 신체 부위나 호흡에 집중하기에 좋지만, 눈을 감을 때 상당한 불편감이나 불안감을 느낀다면 눈을 뜨고 실시할 수 있다.
- 엎드려서 하는 이완자세인 마까라사나(makarāsana)에서는 바닥에 닿아 있는 신체 부위의 움직임과 신체감각을 알아차린다. 가슴 윗부분과 늑골, 복부, 허리, 등과 같은 신체 부위의 움직임과 신체감각의 변화를 알아차리고 호흡에 대한 느낌을 알아차린다. 수련 후 이완감을 알아차린다.
- 안내가 있는 이완은 내담자가 알아차림을 증진하도록 테라피스트가 신체 부위를 구체적으로 안내한다. 그 구체적인 방법은 다음과 같다.
  - 테라피스트가 안내하는 신체 부위로 주의가 잘 이동하는지 알아차린다.
  - 신체 부위의 맥동, 떨림, 작은 움직임 등을 변화시키려고 애쓰지 않으면서 알아차린다.
  - 상체와 하체, 몸의 오른쪽과 왼쪽, 몸의 뒷면과 앞면, 큰 신체 부위(예: 종아리)와 작은 신체 부위(예: 발가락) 등을 순서에 따라서 알아차린다.

신체감각이 선명하게 지각되는 신체 부위뿐 아니라 그렇지 않은 신체 부위도 알아차린다. 작은 근육으로 구성되어 있는 신체 부위(손가락과 발가락, 입술과 얼굴, 목 등)의 감각과 큰 근육으로 구성되어 있는 신체 부위(팔, 다리, 엉덩이, 가슴 등), 다양한 관절의 신체감각을 알아차린다. 주의를 신체 부위로 이동할 때 호흡을 그 신체 부위로 보내는 방식을 활용할 수도 있다.

- 따뜻한 신체 부위와 시원한 신체 부위, 긴장된 신체 부위와 이완된 신체 부위, 통증이 있는 신체 부위와 편안한 신체 부위 등 상반된 신체감각을 알아차린다. 신체에 다양한 신체감각이 공존하고 있음을 알아차리고 주의가 확장되는 것만으로도 이완감이 증진된다. 또한 주의가 통증으로 좁혀지는 습관을 개선시킬 수 있다.

- 감정은 신체 부위의 감각으로 드러나고 있음을 알아차린다. 신체감각이 변하고 있음을 알아차리고, 감각이 변하면 감정도 변화함을 알아차린다. 생각이 신체감각의 변화와 어떤 관련이 있는지 알아차린다.

- 근육 긴장–이완 수련을 할 때는 신체 부위를 차례로 긴장시켰다 이완하는 방식을 사용할 수 있고, 필요에 따라서 특정 신체 부위만 긴장시켰다 이완하는 방식을 몇 차례 반복할 수도 있다. 긴장과 이완을 반복함으로써 그 차이를 선명하게 지각할 수 있을 뿐 아니라, 자각력이 증진됨에 따라 의도적으로 신체를 이완시킬 수 있는 능력이 증진된다.

- 호흡 알아차림 이후에 몸과 마음 상태가 어떠한지, 어떤 변화가 있는지 알아차린다.

• 보조도구를 활용하여 회복요가를 실시할 경우에는 후굴, 전굴, 비틀기, 도립 자세 등에서 선정하여 실시한다. 보조도구를 사용함으로써 많은 근육이 이완될 뿐 아니라, 순환을 촉진하면서도 몸을 흥분시키지 않기 때문에 이완감과 깊은 휴식을 경험할 수 있다. 보조도구를 활용할 경우

에는 다음 사항에 주의를 기울인다.

- 자세를 유지하는 동안 스트레스를 받지 않으면서 깊은 휴식을 경험하는 것이 중요하기 때문에 주의집중이 안 될 정도의 통증이 있다면 자세를 바꾼다.
- 호흡 관련 근육을 부드럽게 늘린 상태에서 횡격막 호흡을 자각한다.
- 몸과 마음이 이완된 상태에서 신체감각, 느낌, 생각을 지속적으로 자각한다.

4) 요가심신테라피를 위한 요가명상

(1) 요가명상

모든 영적 전통에서는 의식 개발을 위해 명상수련을 해 왔다. 최근 명상의 목표와 방법에 따라 명상을 크게 집중명상과 통찰명상으로 분류하는데, 요가명상은 집중명상으로 분류된다.

요가수뜨라 3장 2절에서는 마음이 하나의 대상에 한결같이 집중된 상태를 명상(디야나, dhyāna) 상태로 제시하고 있다. 명상 상태를 위해서는 마음이 대상에 집중되어 마음이 동요하지 않는 집중(다라나, dhāraṇā) 상태를 전제로 하고 있고, 마음이 고도로 집중된 상태에서 도달하는 초의식 상태를 삼매(사마디, samādhi)로 제시하고 있다. 요가수뜨라에서는 이런 의식 상태에 도달하기 위해 대상을 선정해서 집중하도록 권하고 있다. 요가에서 이렇게 집중을 강조하는 이유는 동요하는 마음이 정화되고 지극히 고요할 때, 비로소 인간 존재의 본성인 순수의식을 직접 체험할 수 있기 때문이다.

집중 대상으로 무엇을 선택할지가 중요한데, 요가수뜨라 1장 33절부터 39절에서 집중 대상으로 자비희사(慈悲喜捨), 호흡, 섬세한 감각, 성자, 꿈이나 수면 중에 경험한 것, 자신의 의식 개발에 도움이 되는 것을 제시하고 있다. 현대인의 명상수련을 위해서 집중 대상으로 뜨라따까(trāṭaka),[29] 호흡, 소리, 소함 만뜨라, 옴 만뜨라[30] 등을 권하고 있는데, 이 대상들은 명상 초보자에게도 적당한 집중 대상이다. 요가명상(Ajaya, 1976; SYVC, 2004)에서는 외부 대상에 대한 집중을 통해 집중력을 증진시킨 후, 짜끄라, 내면의 소리, 자비심이나 성자 등 추상적인 것에 집중할 것을 권하고 있다.

집중 대상에 한결같이 의식을 집중하기 위해서는 규칙적이고 지속적인 수련이 필요하다. 명상 초보자는 처음에는 10~20분간 명상을 하다가 점차적으로 시간을 늘리는 것이 바람직하다. 또한 일상생활에서도 매 순간 자신의 주의가 어디로 향하고 있는지를 알아차리고, 지금 하고 있는 행위에 주의를 집중하는 것이 필요하다. 다음은 현대인을 위해 요가스승들이 권하는 대표적인 명상방법이다.

① 촛불을 이용한 뜨라따까

팔을 뻗어 닿을 수 있는 거리 정도에 자신의 눈높이에 맞춰서 촛불을 켜 둔다. 눈을 뜨고 몇 분 동안 촛불에 집중하고, 가능한 한 눈을 적게 깜박이도록 한다. 시간이 흐르면서 눈물이 날 수도 있는데 눈에 힘을 주지 않고 계속 촛불을 응시한다. 정해진 시간 동안 집중한 후, 눈을 감고 눈 근육을 이완시킨 다음 미간에 촛불의 이미지를 떠올린다. 촛불을 응시한 시간만큼 촛불의 이미지를 떠올린다. 처음에는 집중시간을 1분으로 정하고 꾸준히 수련하면서 집중시간을 늘려 가는 것이 바람직하다(SYVC, 2004, p. 65). 뜨라따까 대상으로는 촛불뿐 아니라, 의식을 고양시키는 데 도움이 되는 상징이나 그림, 점

---

29) 뜨라따까는 시각을 활용해서 하나의 대상에 집중하는 수련법이며 정화를 위한 수련법이기도 하다.
30) 옴(OM)은 절대적인 의식을 상징하는 신성한 음절로 가장 위대한 만뜨라로 불린다. 옴은 모든 소리의 기초이며, 과거·현재·미래라는 세 시기, 의식의 세 가지 상태(깨어 있는 상태, 꿈꾸는 상태, 숙면 상태)를 포함하고 있다(SYVC, 2004, p. 96).

등을 활용할 수 있다.

② 만뜨라

소리를 통해 참자아와의 합일에 이르는 만뜨라 요가가 요가전통의 하나로 전승되어 왔는데, 전통적으로는 영적 스승을 통해 만뜨라 입문식을 거친 후에 수련해 왔다. 현대에 들어 소함(soham) 만뜨라는 명상 초보자에게도 권장하는 명상법 중 하나로, '소'는 그것, '함'은 나를 의미한다. 소함은 인간 존재의 본성을 담은 자연스러운 호흡소리로, 수련자의 자연스러운 호흡 리듬에 맞추어서 들숨에 '소', 날숨에 '함'을 반복하는 방식이 대중적으로 활용되고 있다. 소함은 호흡의 정상적인 흐름을 증가시키기 때문에 호흡을 강화시키는 효과가 있다. 때로는 들숨에 '함', 날숨에 '사'를 반복하는 방식도 사용되는데, 이 방식은 호흡을 고요하게 하는 효과가 있다(Frawley, 2006, p. 310). 이외에도 요가명상에서는 심상과 함께 다양한 만뜨라를 활용하고 있다.

③ 일상에서의 명상수련 지침[31]

- 매일 거의 같은 시간에 1~2회 수련한다.
- 식후가 아닌 식전에 수련한다.
- 수련하기 좋은 시간은 이른 아침, 늦은 오후, 취침 전이다.
- 수련 전에 방광을 비운다.
- 쾌적한 수련 공간을 만든다.
- 앉는 것을 즐길 수 있을 때까지 10분에서 시작하여 시간을 점차 늘린다.
- 마음의 능력을 관찰하여 오래 앉아 있으려고 애쓰지 않는다.
- 독서나 묵상으로 수련을 강화시킨다.

---

31) Anderson, S., & Sovik, R. (2006), p. 226에서 인용.

(2) 테라피를 위한 요가명상

요가심리치료사인 스와미 아자야는 명상이 다양한 의료적 치료와 정신건강에 유익할 뿐 아니라, 자기자각과 자기조절, 그리고 궁극적으로는 모든 존재가 하나임을 깨닫게 하므로 요가테라피에서 명상이 중요함을 강조하고 있다. 명상은 심신의 안정과 이완감을 제공할 뿐 아니라, 자기자각을 증진시킴으로써 당면한 문제를 어떻게 다룰지에 대하여 결정하고 효과적으로 대처하도록 돕는 데 기여한다. 조용히 앉아서 천천히 고르게 호흡하고 단 하나의 지점에 집중하려고 노력함으로써 부정적인 정서와 생각을 내려놓게 되는데, 이로 인해 원치 않는 생각에 대한 정서적 고통의 정도가 줄어들고, 자신의 생각을 맹목적으로 믿는 경향성이 적어지면서 그 생각을 더 빨리 내려놓을 수 있다(Ajaya, 2015). 요가심신테라피에서 사용하는 명상방법은 몸과 마음에서 일어나는 현상에 대한 알아차림을 강조하는데, 이는 일상생활에서 자신의 몸과 마음에서 일어나는 현상을 지속적으로 알아차리고 비집착의 태도를 증진하는 데 도움이 되기 때문이다. 또한 테라피 효과를 위해 전통적인 집중명상을 변형시켜서 활용하고 있다.

① 명상을 위한 주의 조절 연습

주의를 기울이는 방식에 따라서 삶을 다르게 경험할 수 있다. 통증, 불편한 감정이나 생각으로 힘들어하는 이들은 대체로 주의가 통증, 불편한 감정이나 생각에 집중되어 있는 경향이 있으며, 다른 대상으로 주의를 전환하고 싶어도 잘 되지 않아서 더욱 힘들어한다. 평상시에 주의를 조절하는 연습을 꾸준히 하면 자신의 의도대로 주의를 기울일 수 있고, 통증이나 불편감을 조절하면서 생활할 수 있다. 다음은 주의조절 연습을 위한 몇 가지 방법이다.

• **주의가 어디로 향하고 있는지 알아차린다**　지금 이 순간 자신의 주의가 어

디로 향하고 있는지를 알아차린다. 지금 이 순간 자신의 주의가 어디로 향하고 있는지 알아차리는 것만으로도 테라피 효과가 일어난다.

- **의도적으로 하나의 대상에 집중한다** 주의집중을 지속하는 데 도움이 되는 외부 대상이나 호흡에 집중한다. 또는 즐겁고 행복한 이미지를 떠올려서 집중한다. 주의가 산만하거나 주의가 너무 확장되었을 때 주의를 좁히는 방식으로도 활용한다.

- **의도적으로 주의를 확장한다** 눈에 보이는 하나의 대상에서 주의를 점점 확장해서 시야에 들어오는 장면 전체로 주의를 기울인다. 신체 한 부위에 주의를 기울이다가 그 부위를 점차 확장해서 몸 전체에 주의를 기울인다.

- **의도적으로 주의를 전환한다** 하나의 대상에 주의를 기울였다가 다른 대상으로 주의를 옮긴다. 또는 주의를 좁혔다가 확장하는 방식으로 주의를 전환한다.

- **익숙한 사물이나 환경에서 그간 발견하지 못했던 새로운 것을 발견한다** 익숙하게 보았던 것들 중에서 하나를 선택해서 찬찬히 살펴본다. 이렇게 찬찬히 살펴보면 평상시에 발견하지 못했던 것을 새롭게 인식할 수 있다.

② 테라피를 위한 요가명상법을 적용한다

- **집중명상** 하나의 대상에 주의를 집중하는 명상은 심신을 안정시키는 데 효과적인데, 가급적 편안하게 주의를 집중할 수 있는 대상을 선정하는 것이 중요하다. 집중 대상으로 소리, 상징과 같은 외부 대상을 활용하거나 만뜨라나 긍정적인 심상 등을 활용한다.

- **호흡명상** 호흡은 주의집중과 알아차림을 증진하는 데 도움이 되는 명상 대상이다. 코끝 또는 숨을 두드러지게 느낄 수 있는 인중 등에 주의를 집중한다. 호흡 수를 세는 방식은 집중력을 높이는 데 도움이 된다. 복

부에 주의를 집중할 때는 복부 움직임에 따른 감각을 알아차린다.

- **시각화** 시각화는 명상의 좋은 도구인 동시에 마음 안에 긍정적 상을 심음으로써 긍정 정서를 증진시키는 좋은 방법이다. 누구나 긍정적 심상을 갖고 있는데, 긍정적 심상과 접촉할 수 있는 마음의 힘을 증진하면 테라피 효과가 커진다. 시각화의 대상으로는 스스로에게 힘이 되고 활력을 증진시키는 것, 힘이 되고 안정감을 주고 평화로움을 주는 환경, 좋아하는 경험, 기분이 좋아지고 힘이 되는 경험, 존경하는 스승이나 좋아하는 사람, 반려동물, 좋아하는 물건이나 상징, 자신의 장점과 특기 등 다양하다. 최근 이런 시각화는 '자원 찾기' 작업으로 활용되기도 한다.

- **만뜨라** 만뜨라는 집중력과 활력을 증진하고 자기수용과 긍정적인 자기확언을 위해서 활용된다. 만뜨라 수련은 짧은 시간 하더라도 효과가 크기 때문에, 내담자가 믿음을 갖고 수련할 수 있도록 만뜨라 구절을 스스로 결정하도록 한다. 테라피 목적으로 전통적 수행방법을 변형해서 사용하기 때문에, 다양한 종교 배경을 가진 이들도 자유롭게 활용할 수 있다. 예를 들면, '나는 있는 그대로 가치가 있습니다' '푹 쉬어도 괜찮아요' '기대한 대로 되지 않아도 괜찮아요' '필요한 모든 것은 주어져 있습니다' 등이 있다.

- **쁘라띠빡샤** 쁘라띠빡샤(pratipakṣa)[32]는 부정적인 감정이나 생각이 올라왔을 때 이 감정이나 생각을 다루는 방법으로, 현대 심리학에서 쓰는 인지적 재구성, 자기주도적인 인지적 재구조화[33]를 의미한다. 부정적인 감정이나 생각이 올라왔을 때 이를 떨쳐 버리기 위해서 애쓰지 않고

---

32) 요가수뜨라 2장 33절에는 부정적인 생각들에 의해서 금계와 권계가 교란될 때 반대되는 긍정적인 것을 생각해야 한다(Satchidananda, 2006)고 제시되어 있다. 반대되는 생각에 대한 명상수행을 쁘라띠빡샤 바와나(pratipakṣa bhāvana)라고 하고, 국내에서는 대치명상으로 번역·활용되고 있다.

33) 요가치료사 크래프트소우(2011)와 심리치료사 사티시(Satish, 2014)는 요가경전에서 제시하고

우선 부정적인 감정이나 생각을 알아차리고 나서, 긍정적이고 바람직한 의도와 생각, 감정에 주의를 기울인다. 부정적인 감정이나 생각을 키우지 않는다는 점에서 정화가 일어나며, 몸과 마음에 긍정적이고 바람직한 상태를 계속 축적해 나가기 때문에 긍정적 변화가 일어난다.

5) 생활습관

(1) 생활습관의 중요성

심신통합적 건강을 지향하는 패러다임에서는 인간 존재가 본래부터 타고난 자기치유 능력의 회복을 치료와 건강의 핵심 요소로 보는데, 자기치유력의 회복을 위해서는 생활습관 개선이 필요하다. 최근 건강 관련 전문가들은 건강과 삶의 질 향상을 위해 생활습관 개선을 공통적으로 강조하고 있다. 고혈압, 당뇨 등과 같은 만성질환을 '생활습관 질환'이라고 지칭할 정도로 현대사회의 많은 질병은 생활습관으로 인해 발병되거나 악화되고 있다. 생활습관 개선이 병행되지 않으면 수술이나 약물을 사용하더라도 그 효과는 지속되지 않을 뿐 아니라 질병 상태가 악화될 수도 있다.

심장질환 관리프로그램을 만든 심장전문의 딘 오니시는 생활습관 개선만으로도 관상동맥폐색증을 효과적으로 관리할 수 있다는 연구 결과를 1990년 의학계의 저명한 학술지 『랜셋(Lancet)』에 기고하여 큰 반향을 일으켰는데, 이 연구를 통해 만성질환의 관리와 예방을 위해서는 생활습관 개선이 매우 중요한 요소임을 보여 주었다. 오니시가 연구에 사용했던 프로그램은 1년 동안 요가와 명상, 채식 위주의 식습관, 적절한 운동, 금연, 사회적 지지를 포함

있는 쁘라띠빡샤를 현대심리학 용어로 바꾸어서 인지적 재구성, 자기주도적인 인지적 재구조화로 사용하고 있다.

한 생활습관을 실천하는 것으로, 현재 다양한 심장질환의 관리에 활용되고 있다(변광호, 장현갑, 2005).

자기치유력과 자기조절력의 회복을 전제하고 있는 요가테라피는 질병의 치료와 건강을 위해서 자신이 주도적으로 스스로를 관리하는 방식을 매우 강조하고 있다. 따라서 자기관리 방식의 삶에서 생활습관 개선은 매우 중요한 요소이다. 생활습관 개선은 장기간에 걸쳐서 축적해 온 조건화된 패턴(상스까라)을 긍정적이고 바람직한 패턴으로 변형시키는 가장 효과적인 방법이다. 생활습관 개선에는 식습관뿐 아니라 마음습관, 행동습관, 대인관계와 환경 등 다양한 내용이 포함된다.

생활습관 개선을 위해서는 무엇보다도 일상생활에서 자신의 습관을 알아차리는 것이 필요하다. 여기에 더해서 바람직하지 않은 습관을 멈추고 긍정적이고 바람직한 습관을 지속적으로 실천해 나가야 한다. 요가테라피 맥락에서 분리를 의미하는 위요가는 바람직하지 않은 것들과의 분리 과정을 말하며, 연결이나 결합을 의미하는 상요가는 긍정적이고 생산적인 것들과의 결합 과정을 말한다. 위요가(Kraftsow, 2011)는 우리 인생에서 바람직하지 않은 모든 것과 스스로를 분리시키는 과정으로서, 심신의 정화뿐 아니라 불건강한 집착을 놓아 버리고 자기파괴적 행동과 해로운 관계를 끊는 것을 포함한다. 상요가(Kraftsow, 2011)는 모든 긍정적이고 생산적인 것과 결합하는 과정으로서, 친절함, 용기, 인내, 자비심과 같은 정신을 개발하고 우선순위를 정하고 긍정적인 관계를 개발하는 것을 포함한다.

요가심신테라피에서는 바람직하지 않은 습관을 바꾸기 위해서 애쓰는 방식보다는 새로운 습관을 꾸준히 실천하는 방식으로 건강하고 바람직한 습관을 정착시킨다. 바람직하지 않은 습관을 변화시키기 위해 그 습관에 집중하다 보면, 변화되지 않는 자신에 대한 비판과 회의를 더욱 키워 갈 수 있다. 따라서 바람직하지 않은 습관에 집중하기보다는, 바람직하지 않은 습관을 알아차리고 바람직한 습관을 형성하는 것에 집중하는 것이 효과적이다. 새로운 습관을 몸에 익히는 과정에서 초기에는 갈등을 경험할 수 있지만, 새로운 습관을 통해서 만족감과 자신감을 경험하기 때문에 서서히 새로운 습관을 익히게 된다. 그리고 이렇게 체득한 새로운 습관의 결과로 기존의 바람직하지 않은 습관은 근본적으로 변화된다.[34] 요가심신테라피에서는 내담자에게 수련일지를 작성하게 하는데, 새로운 습관을 정착시키기 위해 수련 정도와 수련 결과를 스스로 점검하는 것이 중요하기 때문이다. 수련일지에는 수련 내용뿐 아니라 일할 때의 자세나 일상생활에서의 움직임 등에 대한 알아차림 경험도 작성함으로써 내담자가 새롭고 긍정적인 습관을 스스로 익힐 수 있도록 안내하고 있다.

다음은 요가치료사 크래프트소우(2011)가 치료과정에서 내담자에게 권했던 생활습관 중 몇 가지 예이다.

- 척추측만이 있는 내담자에게 작업현장에서 움직임과 앉는 자세를 알아차리고 스스로 정렬하도록 권한다.
- 물병을 들고 다니는 습관이 있는 천식 환자에게 팔을 움직이는 요가자세를 할 때 물병을 활용하도록 권한다.
- 갑상선 기능저하증이 있는 내담자에게 아침에 짧게 산책을 한 후에 요가수련을 하도록 권한다. 늦게 식사를 하는 습관이 있는 내담자에게 이른 오후에 식사를 하고 취침 전에 식사하는 행동을 하지 않도록 권하고, 신체활동과 사회적 활동을 활발하게 할 것을 권한다.
- 우울증이 있는 내담자에게 적절한 식사와 신체활동을 늘릴 것, 자연을 자주 접하고 햇빛을 자주 쬘 것, 그리고 막대사탕과 와인을 포기할 것을

---

34) 요가심신테라피의 관점은 스와미 아자야(2015)의 요가심리치료에 기초하고 있다.

권한다.

- 만성불안이 있는 내담자에게 아침 일찍 수련을 하고, 하루를 시작하기 전에 빠른 걸음으로 산책을 하도록 권한다.

(2) 식습관

현대인은 자극적인 환경이나 스트레스 상황에서 자극적인 음식을 섭취하고 과식할 가능성이 많을 뿐 아니라 거식증이나 폭식증 등 식이장애로 고통받고 있는 이들도 증가하고 있다. 한편, 건강에 도움이 되는 음식과 영양제에 대해서 너무도 많은 정보의 홍수 속에 있다고 해도 과언이 아니다. 한의학, 자연의학, 아유르베다의학 등 의학체계에서는 개인의 체질과 계절 등을 고려한 식품 섭취에 관한 방대한 정보를 제시하고 있다. 여기에서는 요가심신테라피의 관점에서 보는 식습관의 중요성에 대해 제시하고자 한다.

하타요가와 라자요가 전통에서는 식습관을 매우 중요하게 보는데, 그 이유는 먹는 음식이 마음과 의식에 직접적으로 영향을 미치기 때문이다. 정묘한 에너지 상태에 민감한 숙련된 요가수련자는 물론이고 일반인들도 먹는 음식이 심신에 미치는 영향에 대해 좀 더 주의를 기울여서 알아차리면 둘의 관계를 구체적으로 인식할 수 있다. 스와미 아자야(2015)는 먹는 음식이나 약물이 몸 상태, 기분, 인지, 성격과 행동에 매우 깊게 영향을 미치기 때문에, 식습관의 변화가 요가테라피에서 의미 있는 요소임을 제시하고 있다. 따라서 심신을 정화하고 건강한 몸과 마음 상태를 유지하기 위해서 식습관은 가장 중요한 생활습관이라 하겠다.

요가와 아유르베다에서는 생명 있는 모든 존재의 성질(구나, guṇa)을 삿뜨와(sattva), 라자스(rajas), 따마스(tamas)의 세 가지로 구분한다. 우리가 섭취하는 음식물과 인간의 심리정신적 기질도 이 세 가지 성질로 구분한다. 어떤 성질의 음식을 섭취하는지, 그리고 어떤 조리 과정을 거친 음식을 섭취하는지는 신체 상태, 쁘라나 상태, 심리 상태에 직접적 영향을 미친다는 관점을 갖고 있다. 예를 들어, 인스턴트 식품은 따마스 성질로 분류되는데, 따마스 성질의 식품을 과다하게 섭취하면 쁘라나 상태나 심리 상태는 무겁거나 둔하거나 무기력하거나 침체될 수 있다. 화학 조미료를 가미해서 강한 맛을 내는 음식들은 라자스 성질로 분류되는데, 이런 성질의 식품을 과다하게 섭취하면 흥분하거나 불안정해지고 과민해질 수 있다. 신선한 삿뜨와 성질의 음식은 안정과 균형을 가져오기 때문에, 요가테라피에서는 환경, 계절, 개인의 체질, 건강 상태 등을 다양하게 고려하여 삿뜨와 성질의 음식을 섭취할 것을 권장하고 있다.

요가심신테라피에서는 매 순간 의도와 행위에 대한 알아차림을 일상생활에서도 강조하기 때문에, 음식을 먹는 과정에서 가볍고 밝은 마음 상태를 강조하고 있다. 즉, 일상생활에서 음식과 식습관이 신체기능, 에너지 상태, 기분이나 정서, 성격, 사고 과정, 대인관계와 행동에 영향을 미치는 방식을 자각(Ajaya, 2015)함으로써 보다 건강하고 균형 잡힌 식습관을 정착시켜 나갈 수 있다.

다음은 시바난다요가센터(2004, p. 54)에서 권장하는 건강한 식습관이다.

- 쾌적한 환경에서 앉은 자세로 식사를 한다.
- 이전에 먹은 음식이 모두 소화된 다음에 밥을 먹어야 한다(식후 5~6시간이 지난 후).
- 차분하게 먹고 잘 씹어야 한다.
- 식사를 하면서 따뜻한 물이나 허브차를 조금 곁들이는 게 좋다.
- 차갑거나 얼음이 들어간 음료수는 마시지 않는 것이 좋다.
- 요리를 하고 음식을 먹을 때는 즐거운 마음으로 임한다. 이때의 기쁜 감정들은 소화계에 영향을 주고 음식의 에너지에도 영향을 미친다.

- 매일 같은 시간에 식사를 하는 것이 좋다. 식사 사이에 간식을 먹는 것은 좋지 않다.
- 두 손으로 쥘 수 있는 정도의 양만 먹는 것이 좋다. 위의 절반만 음식으로 채우고 1/4은 물로 채우고 나머지 공간은 가스가 생길 것을 대비해 비워 두는 것이 좋다.
- 식사를 하면서 과일이나 과일 주스를 마시지 않는 것이 좋다.
  - 늦은 밤 식사는 몸에 좋지 않다.
  - 먹고 싶은 것을 먹되, 음식을 약으로 생각한다.
  - 주어진 음식에 감사한다.

4. 요약

고대 인도에서 시작된 요가는 목샤를 추구하는 수행체계이면서 인도의 전통적 치료법의 하나로 전승되었다. 인간 존재의 본질인 삿-찟-아난다를 둘러싸고 있는 신체, 에너지, 정서, 정신, 영적 요소의 정화와 균형을 강조하는 요가의 통합적 관점과 수련체계는 전일적 건강을 추구하는 현대 사회에서 주목받았고, 현재 요가는 심신중재법으로 폭넓게 활용되고 있다. 요가는 현대 심신의학과 심리학 등 건강분야와 만나면서 그 효과가 과학적으로 검증되었고, 현대인의 전일건강과 자기개발을 돕는 요가테라피라는 전문분야로 발전했다.

요가테라피의 세계적 흐름과 함께하는 요가심신테라피는 몸-마음-영의 전일건강 모델을 우리나라 상황에 맞게 개발한 전문분야로서, 개인의 역량을 강화함으로써 심신관련 문제나 질병을 예방·개선하고 건강과 웰빙을 증진하는 데 기여하고 있다. 요가심신테라피는 전일주의, 자기자각과 자기조절,

정화, 랑가나와 브름하나, 테라피를 위한 적용과 변형이라는 다섯 가지 기본 원리를 적용하고 있으며, 테라피 목표와 맥락에 따라 요가자세, 요가호흡, 요가이완, 요가명상, 식습관을 포함한 생활습관 등 주요 방법을 다양하게 활용하고 있다.

제2장

요가심신테라피 준비

조옥경

1. 테라피스트의 태도

1) 치료관계의 기본 원리

임상장면에서 내담자와 일대일 개인 회기를 진행할 경우, 치료가 진행되는 데 결정적으로 작용하는 요소는 올바른 치료관계의 구축이다. 오랫동안 마음에 쌓인 스트레스가 해소되기 위해서는 내담자가 신뢰할 수 있는 치료관계를 통한 카타르시스가 반드시 필요하다. 따라서 테라피스트는 안전하면서도 수용적인 치료관계의 형성에 노력을 기울여야 한다. 다음의 내용들은 치료관계에 적용되는 기본 원리이다.

(1) 치료적 소통을 위한 관심, 공감, 자비

테라피스트는 내담자가 털어놓는 이야기에 깊은 관심을 갖고, 진지하게 들어주며, 내담자의 고통스러운 처지에 공감해 주어야 한다. 그러기 위해서는 내담자가 하는 말에 온전히 집중해서 들을 필요가 있다. 대부분의 내담자는 자신의 속내를 털어놓기를 꺼린다. 왜냐하면 자신의 인생은 하찮고 무의미해서 다른 사람이 그 이야기에 관심을 기울일 리가 없다고 생각하는 경향이 있기 때문이다. 그러나 우리 각자는 자신만의 고유한 삶의 이야기를 갖고 있다. 또한 우리의 몸 구석구석에는 지나온 과거의 기억들이 숨어 있으며, 그것들은 밖으로 표현되기를 원한다. 고통은 나눌수록 적어지고 기쁨은 나눌수록 커진다는 것을 누구나 알고 있다. 따라서 우리 모두는 함께 이야기를 나눌 대상을 간절하게 원한다. 테라피스트가 내담자 자신보다도 더 자신의 삶에 깊은 관심과 애정을 보인다면, 내담자는 오랫동안 쌓였던 소외감이나 외로움을 떨쳐내고, 자신을 소중한 존재로 받아 주는 사람에게 자신이 살아온 삶의 이야기를 털어놓을 용기를 낼 것이다(김정규, 2015).

치료에서 치료자의 공감능력은 치료가 일어나기 위한 중요한 요소이다(Rogers, 1961). 내담자의 심리적 이슈를 다룰 때 치료자의 진심 어린 공감만으로도 내담자는 위로를 받으며 오랫동안 쌓였던 부정적 감정들이 해소되기도 한다. 공감이란 타인의 입장에서 그 사람이 경험하는 것을 이해하고 그것을 그대로 느낄 수 있는 능력이다. 공감은 보통 정서적 공감과 인지적 공감으로 구분되는데(Preston & de Waal, 2002), 정서적 공감은 타인의 고통을 그대로 느껴서 자비심을 느낄 뿐 아니라 도와주고 싶은 마음이 일어나는 것을 말한다. 이와는 달리 인지적 공감은 사물, 대상, 사건에 대한 타인의 관점을 그대로 취할 수 있거나 심지어는 그 사람의 상상과도 동일시할 수 있는 능력을 말한다. 요가심신테라피스트는 정서적 공감은 물론 인지적 공감을 할 수 있는 역량을 갖출 필요가 있다. 자신의 인생 경험에 비추어 볼 때 내담자가 털어놓는 내용을 수용하기 어려울지라도 자신의 관점을 내려놓고 상대방의 입장에 설 필요가 있다. 세계에 대한 내담자의 인식 틀을 이해하고 그 사람의 고통을 감정적으로 공감할 때, 내담자는 자신이 온전히 수용된다고 느낌으로써 치료의 여정에서 테라피스트를 조력자로 받아들일 수 있다.

테라피스트에게 반드시 필요한 덕목으로 자비를 꼽을 수 있다. 요가수뜨라 1장 33절에서는 고통받고 있는 사람에게 자비로 대하라고 권한다. 수행자의 동요하는 마음을 가라앉히고 고요함과 평화를 유지하기 위해 필요한 자비는 테라피스트의 내적 성숙을 위한 수단이자 치료의 훌륭한 도구이다. 자애와 연민을 자비라고 하는데 청정도론에서는 자(慈)란 "호의를 가지고 애정을 가지는"(Buddhaghosa, 2005, p. 177) 것이라고 하였고, 비(悲)란 "다른 사람이 고통스러워할 때…… 다른 사람의 고통을 제거하고, 죽이고, 분쇄하는"(Buddhaghosa, 2005, p. 177) 것을 말한다고 언급되어 있다. 사랑과 슬픔이 혼합된 자비는 고통에 처한 타인을 향해 일어나는 공감적 반응으로서, 자비심을 느낄 때 우리는 그 사람의 고충을 거울처럼 대리적으로 경험한다(Goetz, Keltner & Simon-Thomas, 2010). 불교수행과 요가수행에서는 자비를 의지를 발동해서 기르고 훈련시켜야 할 덕목으로 간주한다(조옥경, 윤희조, 2016). 따라서 자비심의 계발은 깨달음을 성취한 보살이 중생을 구제하기 위해서 필요한 요소이다. 실제로 요가심신테라피스트는 보살의 마음으로 내담자를 대할 필요가 있으며, 이를 위해서는 일상생활에서도 자비의 수행을 게을리하지 말아야 한다.

(2) 궁극의 존재로 내담자를 대하는 태도

요가수행의 목적은 "영적인 수련자가 인간적 존재, 즉 낮은 자아를 초월하여 최고의 참 실재를 깨닫는 데 있다"(Feuerstein, 2004, p. 15). 참 실재란 비이원적 실재로서의 브라만, 개인을 초월한 무한한 의식으로서 종종 존재-의식-지복(삿-찟-아난다, sat-cit-ānanda)으로 표현된다(Cortright, 2007). 요가의 인간관에 따르면 개개인은 스스로 존재하는 지복에 찬 의식이다. 따라서 요가심신테라피 현장에서도 테라피스트는 내담자를 그런 존재로 맞이하고 대할 필요가 있다. 현대 의학이나 심리학은 개인을 몸과 마음으로 구성된 유한한 존재로 생각한다. 요가적 관점에서 볼 때, 이런 관점은 그릇된 관점이며 이런 관점으로 인해 '나라는 생각(아스미따, asmitā)'이 출현한다. 요가수뜨라 2장 6절에서는 "자의식(나라는 생각)은 동일시이다. 즉, 보는 자의 힘을 보는 도구와 동일시하는 것이다"라고 표현하였다. 즉, 참자아인 근원 의식을 마음(찟따, citta)과 잘못 동일시함으로써 인간의 모든 불행(끌레샤, kleśa)이 시작된다는 것이다.

　요가심신테라피스트는 요가의 인간관에 기초해서 개인을 볼 필요가 있다. 즉, 몸과 마음이라는 낮은 차원의 개체 자아가 아닌 존재-의식-지복의 존재로서 내담자를 대하는 것이다. 그렇다면 이런 태도를 유지한다는 것은 무슨 의미일까? 그것은 신체적 · 심리적 장애나 질병으로 고통받는 내담자를 문제투성이로 인식하는 데서 벗어나 존재-의식-지복이라는 근원적 의식체를 둘러싸고 있는 마음-정서-육체라는 껍질에 기능장애가 발생하여 고통받는 사람으로 바라보는 것이다. 크래프트소우(Kraftsow, 2002)는 끊이지 않고 지속되는 기쁨(아난다, ānanda)를 둘러싸고 있는 바깥 세 개 층, 즉 신체층(annamaya kośa), 생기층(prāṇamaya kośa), 마음층(manomaya kośa)의 불균형이 질병을 유발하며, 이 층들의 균형과 조화를 통해 심층의 지복과 평화가 흘러나올 때 치료과 치유로 이어질 수 있다고 설명하였다. 테라피스트의 이런 요가식 인간관은 내담자에게 그대로 전달되어 내담자의 깊은 내면에 있는 참실재, 즉 참자아가 깨어날 때 치유는 저절로 일어난다. 즉, 내담자가 자신을 문제덩어리, 골칫거리로 보지 않고 스스로 문제를 해결할 수 있는 완전한 참자아로서 자신을 인식할 때 치유 과정에 적극적으로 참여하려는 열정이 생긴다.

(3) 지금-여기에 머무는 현존

에이미 커디(Emy Cuddy, 2016)는 지금-여기에 존재하는 능력인 현존(presence)을 "현재에 충실하게 존재하는 것"(p. 38)이라고 하였다. 테라피스트의 현존은 요가심신테라피의 치료 효과를 내는 데 있어서 매우 중요한 요소가 된다. 현존은 마음챙김과 밀접한 관련을 맺고 있는데, 마음챙김을 치료적 맥락에 도입한 카밧진(Kabat-Zinn, 2003, p. 144)은 "판단하지 않고 현재 순간의 경험에 온전히 머무는 것"으로 마음챙김을 정의하였다. 아자야(Ajaya, 2015)는 마음챙김은 무집착(와이라갸, vairāgya)과 밀접한 관계가 있음을 강조하면서, 요가심리치료에서 불건강한 마음의 습관을 탐지하고 중단함은 물론 건강한 패턴으로 바꾸는 데 무집착이 중요하게 작용한다고 하였다. 따라서 무집착의 태도로 자신의 경험을 있는 그대로 알아차리고 그 경험에 충실할 수 있는 현존은 내담자뿐만 아니라 테라피스트에게도 매우 중요하다.

현존은 두 가지 방식으로 나타난다(Cuddy, 2016). 첫째는 의사소통 능력으로서, 이는 타인의 눈에 비치는 자신의 이미지보다는 스스로의 눈에 비치는 자기 자신의 이미지에 초점을 맞춤으로써 자신감을 갖고 타인과 의사소통을 할 수 있게 한다. 둘째는 동기성(synchronicity)으로서, 이는 자기를 이루는 다양한 요소, 즉 신체 언어, 얼굴 표정, 미세한 몸짓으로 드러나는 신체 상태, 분노ㆍ공포ㆍ행복ㆍ슬픔 등의 다양한 감정 상태는 물론 그 밖의 다양한 생각이나 행동 등이 서로 일치하는 상태를 말한다. 이는 금계의 한 덕목인 진실성(사뜨야, satya)과 일맥상통하는데, 테라피스트와 내담자가 이런 동기성을 바탕으로 소통할 때 진실의 힘이 작용하여 치료적 성과로 이어진다.

그렇다면 이런 현존의 능력은 치료현장에 어떻게 적용되는 것일까? 지금여기에서 일어나는 주관적 경험을 중시하는 현존은 테라피스트와 내담자 모두에게 지금 이 순간에 흘러가는 의식의 현상에 주의를 기울이게 한다. 따라서 두 사람은 공유된 의식의 장 속으로 초대되며, 이런 의식의 공유가 소통의 단초가 된다. 내담자가 그런 공통의 장에서 일어나는 주관적 경험을 토로할 때, 테라피스트는 내담자의 말에 자극되어 일어나는 자신의 반응을 있는 그대로 알아차리고 표현한다. 이때 일어나는 반응이란 보통 신체감각, 심상, 감정, 욕구, 사고, 행동 등을 포함하는 개인의 내적 경험이다. 예를 들어 남편과 갈등을 빚고 있는 내담자를 다루는 상황에서 테라피스트는 "방금 남편 이야기를 하시면서 얼굴을 찡그렸는데, 그것을 알아차렸나요?"라고 물을 수 있다. 이런 표정 변화를 포착할 수 있는 것은 테라피스트가 현존하면서 자신의 의식에 포착되는 내용을 생생하게 알아차리기 때문에 가능한 것이다. 테라피스트 측에서 던진 이런 질문을 통해 내담자는 상상 속에 존재하는 남편에 대한 기억이나 심상에서 벗어나 지금 여기의 현장으로 돌아올 수 있다. 이런 현존의 행위 자체가 과거의 불쾌한 기억으로부터 벗어나게 하는 것이다 (Perls, 2013).

(4) 비지시적 대화를 통한 지지와 지원

요가심신테라피에서 내담자와 소통할 때는 주로 비지시적 대화를 사용한다. 요가지도자들은 보통 명령이나 지시 형태의 언어를 사용하여 회원들을 지도한다. 예를 들어, "나무 자세를 하세요. 이 자세는 균형감을 회복시키고 하위 차크라를 강화시킵니다"라는 식으로 말한다. 이는 대화가 아닌 일방적 지시로서, 수련생이나 회원은 그 지시에 수동적으로 따르도록 강요되거나 안내된다. 그러나 치료는 내담자의 몸과 마음에 쌓인 부정적 조건화(까르마, karma)를 알아차리고 그것을 더 건강한 방식으로 바꿀 때 일어난다. 기본적으로 치료는 부정적 까르마의 원인과 결과의 인과관계를 자각하고 알아차리는 데서 출발해야 한다. 그러나 지도자나 테라피스트가 내리는 일방적인 지시를 따를 경우에는 수련생이나 내담자는 자신의 조건화된 부정적 패턴을 알아차리기 어렵다. 따라서 테라피스트는 비지시적 대화를 통해 내담자에게 자기탐색 및 자기탐구의 기회를 제공할 필요가 있다.

비지시적 대화에서는 어떤 결론에 도달하기보다는 대화 자체에 중점을 두는 과정 중심적 태도를 강조한다. 즉, 평등한 두 인격체가 지금-여기에서 일어나는 경험을 알아차리고 그 경험에 전존재로 접촉함으로써 새로운 경험이 일어나도록 스스로를 개방한다. 일방적 지시에 익숙한 내담자는 처음에는 테라피스트의 이러한 태도를 어색해하거나 심지어는 오해하기까지 하는데, 그럼에도 불구하고 테라피스트는 시종일관 이런 태도를 유지함으로써 모범을 보일 필요가 있다. 예를 들어, "괜찮으시면 나무자세를 해 보시겠어요?"라고 안내한다. 내담자가 나무자세를 취하면 "지금 어떤 느낌이 드나요? 어디에서 감각이 느껴지는지요? 기분은 어떤지 체크해 보시겠어요?"라는 청유형의 질문을 던진다. 이럴 때 내담자는 교사나 테라피스트에게 주의를 두기보다는 자신의 주관적 경험을 탐색하기 시작한다. 이것이야말로 치료현장에서 일어나는 자기탐구(스와드야야, svādhyāya)의 한 예이다.

(5) 상황에 알맞은 창조적 대응

치료가 진행됨에 따라 내담자의 욕구가 변할 뿐 아니라, 처음에 문젯거리였던 증상이나 장애들이 완화되거나 해결되면서 새로운 문제가 출현할 수 있다. 따라서 치료자는 내담자의 이런 변화에 조율하면서 목표를 재설정하거나, 내담자와 합의를 거쳐 치료 방향을 바꿀 수 있다. 이는 테라피스트에게 경험에의 개방성과 창조적 대응능력을 요구한다. 게슈탈트 치료를 창시한 프리츠 펄스(Fritz Perls)는 "치료란 창조적 태도를 통해서 문제에 대한 새로운 해결을 가져다주는 것"이라고 하였다(김정규, 2015, p. 136). 가령 내담자의 호흡 역량을 높이기 위해 볼스터를 이용해서 가슴을 열어 준다고 가정해 보자. 호흡 수련 도중에 내담자는 평소 호흡이 얕을 뿐 아니라 종종 숨을 멈추기도 한다는 사실을 스스로 알아차릴 수 있다. 몸에 대한 마음챙김을 통해 내담자는 어릴 적 엄격하고 무서운 아버지의 존재로 말미암아 종종 겁을 먹었고 아버지가 눈앞에 보이면 숨을 제대로 쉬지도 못했던 기억을 떠올렸다고 하자. 이런 경우, 치료의 초점은 제한된 호흡에서 아버지에 대한 내담자의 기억으로 이동한다. 이때 테라피스트는 자연스럽게 아버지와 관련된 이슈를 다룰 수 있어야 한다. 즉, 신체적 이슈에서 심리적 이슈로의 전환은 경험에 대한 테라피스트의 개방성과 상황에 새롭게 적응할 수 있는 창조성으로 가능해진 것이다.

국내의 대표적인 게슈탈트 치료자인 김정규(2015)도 "치료자는 내담자로 하여금 자신의 문제 행동을 단순화시키고 객관화시켜 봄으로써 이를 스스로 체험하면서 해결할 수 있도록 창조적 실험의 장을 마련해 주어야 한다"(p. 136)라고 강조하였다. 이런 창조적인 장을 마련해 주려면 테라피스트 자신이 창조성의 원천과 접촉하고 이를 강화시킬 필요가 있다. 테라피스트가 제한된 자아에 갇혀 있는 한 창조성의 발현에는 한계가 있다. 다섯 번째 차크라인 위슛디 짜끄라(viṣuddhi cakra)는 창조성의 근원이다. 목은 자신의 생각이나 감정을 표현하는 기관이다. 테라피스트는 표현 기관으로서의 목을 통해 창조적 행위에 적극적으로 참여한다고 할 수 있다. 따라서 테라피스트는 자신의 목소리뿐 아니라 언어의 표현 내용 및 방식에도 주의를 기울여야 한다. 창조적인 활동에 몰두하는 사람들은 대부분 자신의 영감을 종종 초월적 차원으로부터 끌어온다. 따라서 테라피스트도 내맡김(이슈와라 쁘라니다나, Īśvara praṇidhānā)을 통해 초월적 자원이 흐르도록 허용해야 한다. 아자야(Ajaya, 2015)는 "위슛디 짜끄라는 개인의 중심이자 창조의 근원일 뿐 아니라 우리가 대우주 안에서 창조 과정을 경험하는 센터"(p. 203)라고 하였다. 이곳에 의식을 둘 때 우리는 근원의 창조적 힘을 자각하게 된다.

2) 테라피스트의 과제

(1) 마음챙김 역량의 증진

최근 들어 마음챙김(mindfulness)은 심리학 및 심리치료의 키워드가 되었다. 빨리어 'sati', 싼스끄리뜨어 'smṛti'가 리스 데이비드(Rhys David)에 의해 마음챙김으로 번역된 이후(Gethin, 2011) 카밧진 박사는 마음챙김 명상을 미국 정신의학계에 소개하였다. 그는 마음챙김을 "의도를 갖고, 현재 순간에 비판단적으로 주의를 기울이는 것"으로 정의하였다(Kabat-Zinn, 1994, p. 108). 2000년을 기점으로 정신건강 분야에서 새로운 치료 패러다임으로 성장하고 있는 마음챙김은 현재 다양한 임상현장에서 활용되고 있다. 마음챙김과 관련된 대표적인 치료법으로는 만성적인 질병을 앓고 있는 환자들의 고통을 경감시키기 위한 MBSR(Mindfulness-Based Stress Reduction), 우울증 재발방지를 위한 MBCT(Mindfulness-Based Cognitive Therapy), 경계선 성격장애 환자들을 위한 DBT(Dialectical Behavior Therapy), 각종 스트레스 감소를 위한 ACT(Acceptace and Commitment Therapy), 관계 개선에 초점을 둔 MBRE(Mindfulness-Based Relationship Enhancement), 폭음 재발방지를 위한 MBRP(Mindfulness-Based Relapse Prevention for binge drinking), 섭식장애 환자를 위한 MB-EAT(Mindfulness-Based Eating Awareness Training), 트라우마 환자들을 위한 MBTT(Mindfulness-Based Trauma Therapy) 등이 있다(조옥경, 윤희조, 2013).

마음챙김의 요소는 대체로 주의나 자각이라는 인지적 요소와 비판단 및 수용이라는 태도의 요소로 구분된다(Bishop et al., 2004). 비판단과 수용의 태도는 경험에 대한 특정 지향성으로서 매 순간 새롭게 드러나는 경험에 개방되어 있는 마음 상태를 말한다. 이런 상태는 만사를 포기하는 소극적 태도가 아니라, 일어나는 것은 무엇이든 거기에 대해 마음을 열고 기꺼이 받아들이겠다는 적극적인 행위가 포함된 태도를 말한다. 마음챙김이란 결국 내적·외적 사건들에 지속적으로 주의를 기울이면서, 어떤 경험이라도 스스로에게 허용하겠다는 일종의 의지 표현이라고 할 수 있다. 이런 마음챙김은 치료현장에서 매우 중요하게 작용한다. 왜냐하면 심신의 장애란 결국 과거에는 적합하게 기능했던 어떤 패턴이 이제 무용지물이 되어 기능장애를 일으키는 것이기 때문이다. 따라서 치료에는 무의식적으로 진행되는 조건화된 패턴을 의식화시켜 의도적으로 바꾸는 것이 포함된다. 무의식 속에 잠겨 있는 일정한 행동 패턴을 요가에서는 습기(와사나, vāsanā)라고 하는데, 요가수뜨라에서는 와사나를 두 번 언급하고 있다(4장 8절, 4장, 24절). 이것은 보통 무의식적으로 일어나기 때문에 우리는 이것을 쉽게 알아차리기 어렵다. 따라서 마음챙김 훈련을 통해 이를 알아차릴 수 있으며 이를 통해 마침내 변화가 시작된다.

아자야(2015)는 마음챙김은 무집착과 매우 유사한 개념이라고 하였다. 요가심신테라피스트는 자기 자신의 수행을 위해서 마음챙김을 꾸준히 수련함은 물론 치료 장면에서도 이를 놓치지 말아야 한다. 치료 상황에서 테라피스트는 마음챙김을 어떻게 훈련해야 할까? 우선 테라피스트는 내담자가 보이는 언어적·비언어적 행위를 무집착의 태도로 세심하게 알아차릴 필요가 있다. 이와 더불어 테라피스트는 자신 안에서 일어나는 감각, 느낌, 생각들도 알아차릴 수 있어야 한다. 즉, 테라피스트의 주의는 내담자와 자기 자신에게 반씩 나누어 배분될 필요가 있다. 주의는 테라피스트가 치료에 활용할 수 있는 정신적 자원이다. 이 자원을 현명하게 배분할 때 치료 효과가 높아진다. 테라피스트가 자신의 주의를 백퍼센트 내담자에게 줄 경우에는 과도한 공감으로 인해 테라피스트의 마음이 쉽게 동요할 뿐 아니라 소진도 쉽게 일어날 수 있다. 그러나 절반 정도의 주의를 테라피스트 자신에게 되돌릴 때, 내담자의 부정적 정서의 영향을 덜 받을 수 있을 뿐 아니라 테라피스트 자신의 상태를 금방 알아차려 빠르게 평정심을 회복할 수 있다.

(2) 역전이 해결

프로이트는 내담자가 테라피스트의 무의식적인 감정에 영향을 줄 때 역전이(countertransference)가 일어난다고 하였다. 전이(transference)란 "한 사람의 어린 시절에 중요했던 관계가 현재에 부적절하게 반복되는 것"을 말한다(Kapelovitz, 1977, p. 66). 내담자의 심리적 문제 대부분은 그 사람이 어린 시절에 경험했던 관계로부터 발생한다. 어릴 적 자신을 돌볼 책임이 있는 부모로부터 폭력, 학대, 방치, 무관심을 겪으면 이것이 아이의 마음에 상처로 남아 그 사람은 일생 동안 심리적 고통을 겪는다. 치료장면에서 내담자는 관계에서 생겼던 상처를 무의식적으로 테라피스트에게 투사하는 경향이 있는데, 역전이의 경우에는 투사의 방향이 반대이다. 즉, 테라피스트 내면에 쌓인 해소되지 못한 감정이 내담자의 반응으로 인해 촉발되어 내담자에게 투사되는 것이다. 이런 역전이는 내담자를 향한 무의식적 적대감이나 성애적 감정으로 드러날 수 있다. 이런 역전이 현상은 테라피스트의 치료적 효율성을 낮추고 치료 상황을 종종 혼란스럽게 만든다.

연구자들은 역전이가 오히려 치료에 도움이 될 수 있다고 주장하기도 한다. 야코비(Jacoby, 1990)는 치료에 도움이 되는 역전이와 테라피스트의 해결되지 못한 이슈로부터 발생하는 신경증적 역전이를 구분해야 한다고 하였다. 내담자를 향한 테라피스트의 반응이 내담자의 심리 상태에 대해 말해 주는 정보와 테라피스트 자신의 심리 상태의 단순한 표현 사이를 구분할 수 있어야 한다. 전자의 경우에는 치료에 도움을 주지만 후자의 경우에는 치료를 방해할 수 있다. 이러한 차이를 구분하기 위해서 테라피스트는 치료 경험이 더 많은 선임 테라피스트로부터 자신의 치료 내용에 대해 지도감독을 받아야한다.

신체를 다루는 요가심신테라피스트에게는 특히 신체 중심 역전이(body-centered countertransference)에 대한 이해가 필요하다. 이는 특히 여성 테라피스트에게 흔히 나타나는 역전이 현상으로, 내담자가 느끼는 신체적 고통을 테라피스트가 그대로 느끼는 현상을 말한다. 이는 "신체 역전이(somatic countertransference)"라고도 불리며(Egan & Carr, 2008), 여성들의 탁월한 공감 능력이 신체까지 확장되어서 나타나기도 하고, 최근 뇌과학에서 발견된 거울 뉴런의 역할이 그 원인이 되기도 한다(Rothschild, 2006). 신체에서 일어나는 이런 역전이를 통해 내담자의 다양한 신체 증상 및 신체질환을 테라피스트가 그대로 경험하는데, 테라피스트가 온전히 내담자에게 주의를 기울이거나, 테라피스트와 내담자 간의 기질적 유사성이 높을수록 그 가능성은 커진다. 몸 중심 역전이가 일어나는 상황에서 신체적 고통이 비록 내담자로부터 온 것이긴 하지만 마치 테라피스트 자신의 고통처럼 생생하게 느껴지기 때문에, 이럴수록 테라피스트는 내담자를 탓하기보다는 기꺼이 자비의 마음을 내서 수행의 기회로 삼을 필요가 있다.

(3) 저항을 다루는 방법

치료가 진행될 때 치료자는 내담자의 이런저런 형태의 저항을 만나게 된다. 물리학의 작용-반작용 법칙처럼 치료 상황에서는 불가피하게 저항이 일어나는데, 저항은 치료가 일어나는 과정에서 치료를 지연시키거나 치료를 방해하는 힘으로 나타나기 때문에 이를 효과적으로 다룰 필요가 있다. 이는 보통 건강을 향한 내담자의 의지가 꺾이거나, 자발성이 떨어지거나, 내담자가 좌절할 때, 심지어는 불건강한 몸과 마음의 습관에 대한 집착의 형태로 나타난다. 이런 저항은 의식적일 수도 있고 무의식적일 수도 있다. 테라피스트에 대한 저항 또한 그 양상이 다양한데, 테라피스트에게 노골적으로 반감을 표시하거나 이와는 반대로 테라피스트에게 지나친 애정과 찬사를 보내기도 한다. 테라피스트가 제시하는 자율수련 과제를 실시하지 않거나, 치료 시간에 자주 늦거나, 약속된 날짜에 나타나지 않는 것도 흔히 볼 수 있는 저항들이다.

지지적이고 효과적인 피드백은 중요한 치료 역량에 속한다. 어깨가 움츠

러들고 가슴이 꺼져 있으며, 횡격막이 단단히 수축된 내담자의 예를 들어 보자. 요가심신테라피를 통해 자신의 신체 모습을 분명하게 알아차린 내담자는 평소에도 자신이 위축감과 두려움에 휩싸여 있음을 인식하게 되었다. 횡격막에 쌓인 긴장을 완화시키기 위해 테라피스트는 마까라사나(makarāsana)를 취하도록 안내했으며 등 뒤쪽 횡격막 부위에 주의를 두고 천천히 부드럽게 호흡하도록 유도하였다. 이렇게 하는 동안 내담자는 하품을 연발하였는데, 이런 하품이 호흡에 집중하는 것을 방해하였다. 하품이 지루함을 표현하는 저항임을 알아차린 테라피스트는 그런 무의식적 저항을 내담자가 의식할 수 있도록 의도적으로 크게 하품하도록 요청하였다. 무의식적 행동을 의도를 갖고 의식적으로 하는 것 자체가 치료적인 경우가 있다. 테라피스트의 지지를 받고 하품을 몇 차례 시도하자 내담자는 곧장 자신 안에서 슬픔이 올라온다고 호소하였다. 위축감과 두려움 아래 깔린 슬픔의 감정은 내담자가 평소에 억압하고 있던 감정이었던 것이다.

치료과정에서 자주 일어나는 저항을 매우 진지하게 다루었던 프로이트는 자아의 훼방으로 말미암아 내담자는 치료에 저항하는 여러 형태의 방어를 보인다고 하였다. 이런 자아의 훼방을 뚫고 가는 것이 치료 효과를 볼 수 있는 중요한 요인이다. 저항에 대한 이런 전통적인 관점과는 달리, 아자야는 저항을 내담자의 반응이 아닌 성장의 과정에 있는 정상적인 반응으로 보았다. 아자야(2015)에 따르면, "저항이라고 불리는 것은 사실상 내담자 자신 안에 존재하는 두 측면 사이의 경험에서 온 내적 갈등이 표면화된 것이다"(p. 105). 치료 목표의 달성이라는 측면에서 볼 때, 이런 내적 갈등은 일종의 지연 전략으로 보인다는 것이다. 이런 관점에서 보면, 저항이란 내담자 측에서의 저항이 아니라 오히려 자연스러운 치료 과정에 대한 치료자의 저항이 된다. 내담자 안에서 일어나는 두 가지 반대되는 힘, 즉 치료를 향해 가는 힘과 치료에 저항하는 힘을 다루기 위해서 아자야는 치료자가 둘 중 어느 힘의 편에도 서지 않기를 권하고 있다. 그는 "양극단에 있는 힘은 우열이 없이 동등하기 때문에, 영원히 어느 쪽도 이길 수는 없다"라고 말하였다(Ajaya, 2015, p. 102). 이처럼 중립적 태도를 유지하는 테라피스트는 내담자가 보이는 저항의 행동이 분명하게 드러나도록 증상과 관련된 행동을 강화하여 내담자의 의식에 통합되도록 안내한다. 이런 관점에서 보면, 저항은 극복되거나 해체시킬 대상이 아니라 수용되어야 할 대상이다. 따라서 치료 목표를 향한 테라피스트의 요구가 사라지면 저항 또한 사라지기 마련이다.

(4) 치료관계를 위한 자기수련

요가심신테라피가 효과적으로 진행되기 위해서 테라피스트는 마음챙김 역량을 향상시키고, 역전이를 해결하며, 저항을 제대로 다룰 수 있어야 한다고 이미 언급하였다. 테라피스트에게 주어진 이런 과제들은 하루아침에 달성되지 않는다. 충분한 임상 경험과 더불어 일생에 걸친 지속적인 자기수련이 수반될 때 테라피스트의 인격은 성숙되며, 이에 따라 자질과 역량도 지속적으로 발전한다. 예를 들어, 마음챙김 수준과 깊이가 증가하기 위해서 테라피스트는 치료현장은 물론 일상생활에서도 꾸준히 마음챙김을 수련할 필요가 있다. 며칠, 몇 주, 때로는 몇 달간의 집중수련이 필요한 때도 있다. 역전이를 제대로 해결하기 위해서 테라피스트는 자신의 내면에 쌓인 심리적 콤플렉스를 상당 정도 해결해야 한다. 왜냐하면 테라피스트의 콤플렉스가 내담자에게 투사되어 치료를 자주 방해하기 때문이다. 저항을 제대로 다루기 위해서는 지혜와 연민이라는 덕성이 필요한데, 모건(Morgan, 2014)은 테라피스트에게 필요한 "지혜와 연민의 배양은 집중, 통찰, 도덕적 행동이라는 세 가지 범주에서의 훈련을 필요로 한다"(p. 483)라고 하였다. 자기수련은 테라피스트의 자질 향상으로 이어지고 이는 곧바로 치료 효과로 연결되는 것이다.

2. 바디리딩을 통한 내담자 파악

1) 척추 중심의 신체 모습

수백 개에 이르는 요가자세는 크게 다섯 가지 자세군, 즉 전굴, 후굴, 비틀기, 측면 늘이기, 중심축 확장으로 구분할 수 있다(Salmon, Lush, Jablonski, & Sephton, 2009, p. 64). 이 자세군들은 주로 척추를 중심으로 분류한 것이다. 요가의 신체적 · 생리적 효과가 주로 척추 건강과 관련된 질환에 집중되어 있다는 사실은 이 점을 잘 드러내고 있다(Raub, 2002). 따라서 내담자의 신체 구조를 올바로 파악하기 위해서는 척추를 중심으로 파악할 필요가 있다.

척추는 경추 7개, 흉추 12개, 요추 5개, 천추 5개, 미추 4~5개의 총 33~34개의 척추 뼈로 구성되어 있다. 생명에너지가 흐르는 공간의 관점에서는 두개강, 흉강과 복강, 골반강으로 크게 3개의 강(腔)으로 뚜렷하게 구분되지만, 실제로는 횡격막을 중심으로 흉강과 복강으로 나뉘어져 전체적으로는 4개의

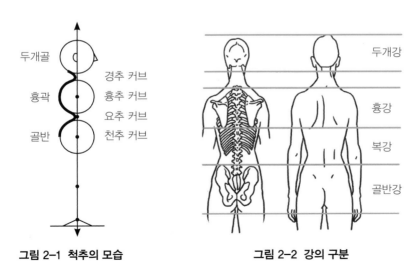

그림 2-1 척추의 모습   그림 2-2 강의 구분

강으로 구분된다. 커브가 형성된 곳에서 움직임이 주로 일어나는데, 경추 커브와 요추 커브가 그 대표적인 예이다. 여기에 흉추 커브와 천추 커브를 추가하면 총 4개의 커브가 되며, 그 모습은 그림 2-1과 같다.

(1) 뒷모습 관찰

① 척추의 전체 모습을 관찰하기 위해 다음의 사항을 체크한다
- 척추는 똑바른가?
- 척추를 중심으로 좌우 균형이 잡혀 있는가?
- 어깨가 한쪽으로 기울지 않았는가?
- 골반이 한쪽으로 기울지 않았는가?

② 강(腔)을 구분해서 관찰한다
- 4개의 강으로 구분할 때, 강의 크기는 고르게 배치되었나?
- 확장되거나 축소된 강은 어디인가?

(2) 옆모습 관찰

① 척추 정렬 패턴

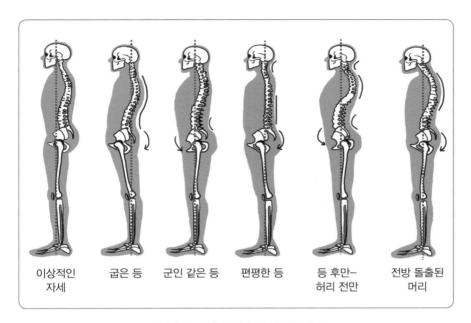

그림 2-3 척추 옆모습의 다양한 패턴

척추 커브를 관찰하기 위해서 내담자의 옆모습을 세밀하게 관찰한다. 그
림 2-3은 옆모습의 다양한 패턴이다. 내담자가 이러한 모습 중 어느 유형에
속하는지를 파악한다.

② 척추커브의 모습

그림 2-4는 척추의 주요 커브를 나타낸 것이다. 내담자의 척추를 관찰하여 다음의 사항들을 체크한다.

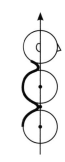

그림 2-4 척추의 주요 커브

- 경추 커브의 모습은 어떤가?
- 흉추 커브의 모습은 어떤가?
- 요추 커브의 모습은 어떤가?
- 천추 커브의 모습은 어떤가?

③ 골반의 전방경사와 후방경사

골반 상태의 체크는 중요하다. 엉덩이가 뒤로 빠져 복부가 튀어나오는 것을 골반의 전방경사, 이와는 반대로 치골이 튀어나오고 허리가 일자형으로 되는 상태를 골반의 후방경사라고 한다. 그림 2-5는 전방경사와 후방경사의 모습을 나타낸 것이다.

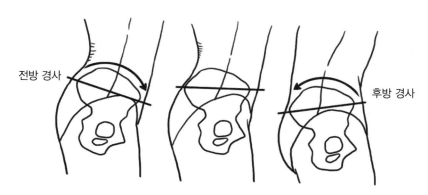

전방 경사

후방 경사

그림 2-5 골반의 전방경사와 후방경사

옆모습을 통해 내담자의 골반 상태를 체크하여 다음을 확인한다.

- 전방경사인가 또는 후방경사인가?
- 그 정도는 어떤가?

(3) 기타 관찰사항
- 움직임은 어떤 느낌을 주는가? 이때 가벼운(sattvic), 활기찬(rajasic), 무겁고 둔한(tamasic)으로 구분한다.
- 테라피스트가 받은 전체적인 인상은 어떤가?

2) 오버바운드와 언더바운드

우리 몸에는 지난 세월 우리가 경험한 것들이 담겨 있다. 삶의 경험을 통해 쌓인 정보들이 각 개인의 독특한 몸의 형태를 만든다. 흐르는 강의 모습을 예로 들어 보자. 강의 모양은 고정되어 있지 않고 강물의 흐름을 따라 그 모습이 형성된다. 즉, 강물이 흐르는 패턴이 일정 시간 동안 지속되면 그 패턴이 강의 겉모양이 되는 것이다. 에너지체로서의 인간은 각 개인마다 특정한 에너지 패턴을 갖는데 그 패턴이 지속적으로 반복되면 몸의 구조로 고착된다. 일정한 행동 패턴이 쌓인 것을 요가에서는 까르마라고 부른다. 즉, 우리의 신체구조란 습관적인 행동 패턴, 즉 까르마의 표현인 것이다.

우리 몸의 구조에 영향을 미치는 중요한 요인으로는 외부로부터 오는 자극을 들 수 있다. 생물체는 자극에 대해 반응하는데 이 자극이 강할 경우 충격이 되고 이런 충격이 유기체의 적응 및 방어 능력을 넘어설 경우 스트레스가 되며, 스트레스는 유기체의 정상적인 기능을 방해한다. 스탠리 켈리먼(Stanley Keleman, 1989)은 "확장과 수축은 존재에 절대로 필요한 펌프이다"

(p. 63)라고 하였다. 즉, 생명 유지를 위해서는 미시 수준에서의 확장과 수축이 필요하지만, 이런 맥동은 거시 수준의 신체에도 여전히 일어난다. 외부에서 오는 충격은 인간의 직립성에 영향을 주는데, 영향을 주는 방식을 켈리먼은 크게 오버바운드(overbound)와 언더바운드(underbound)로 구분하였다. 외부 충격으로 인해 신체구조가 확장되는 쪽으로 반응하는 것을 오버바운드라 하고, 이와는 달리 수축되는 쪽으로 반응하는 것을 언더바운드라고 한다. 오버바운드와 언더바운드의 척추 모습을 그림 2-6에 나타내었다.

오버바운드의 경우, 그 사람은 외부 충격에 대해 더 단단해지는 쪽으로 기울어 신체 모습이 견고해지고 조밀해지면서 형태가 강화된다. 이때 여러 기관이나 근육계의 활동이 높아지고 대사기능의 속도가 빨라지며 두뇌 회전도 빨라진다. 신체구조는 이런 과도한 흥분을 조절하기 위해 경직되거나, 버티거나, 내부로 압축된다. 이때 각 개인은 그런 반응에 해당하는 정서를 느끼기 쉬운데 분노, 격노, 반항, 통제, 자기의심 같은 불건강한 정서가 그 예이다. 이와는 달리 언더바운드에서 개인의 구조적 모습은 전반적으로 형태를 잃는

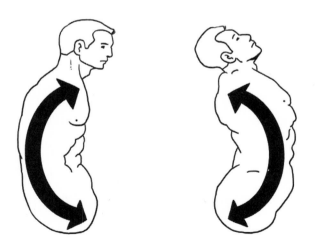

그림 2-6 오버바운드와 언더바운드의 척추 모습

경향이 있다. 자신의 고유 형태를 잃으면서 지나치게 부풀거나 쪼그라드는 것이다. 그럴 경우 기관의 활동성은 줄어들고, 장의 연동운동도 감소하며, 근육의 탄력성도 떨어진다. 흥분 에너지는 피부 표면에만 머물거나 재처럼 사그라들어 속이 빈 자루처럼 축 처진다. 이런 현상에 종종 수반되는 감정으로는 과장된 느낌, 침해받은 느낌, 거드름이나 쇠약한 느낌, 절망, 무기력이 있다(Keleman, 1989).

내담자의 신체를 파악할 때 일차적으로 오버바운드-언더바운드로 구분하는 것이 필요한 이유는 이런 구분이 에너지 상태를 파악하기 위한 기초가 되기 때문이다. 이런 에너지의 거시 패턴을 파악해야만 그 사람의 신체구조와 정서 상태가 어떻게 관련을 맺는지를 파악할 수 있다. 물론 이런 일차적 구분으로 심신의 상관관계를 모두 파악할 수 있는 건 아니지만, 이는 더 구체적으로 신체구조를 분석해 볼 수 있는 가이드라인을 제공한다.

3) 호흡 패턴을 통한 내담자 파악

호흡은 몸과 마음을 연결해 주는 교량의 역할을 한다. 빤짜 꼬샤 모델이 제시하는 하위 3개 껍질, 즉 육체(안나마야 꼬샤), 호흡(쁘라나마야 꼬샤), 마음(마노마야 꼬샤)에서 호흡은 물질체인 육체와 정신체인 마음의 중간에 위치해서 육체와 마음 사이의 소통을 담당한다. 현대 의학과 심리학에서는 호흡에 큰 의미를 부여하지 않지만, 요가에서는 인간을 구성하는 요소로서 호흡에 중요한 위치를 부여한다. 왜냐하면 호흡은 육체라는 가시적 세계를 통해 정신과 영혼이라는 비가시적 세계로 진입할 수 있는 통로이기 때문이다. 따라서 요가심신테라피에서는 내담자의 호흡 패턴에 세심하게 주의를 기울일 필요가 있음을 강조한다. 요가는 쁘라나를 조절하고 확장할 수 있는 다양한 호흡기법을 제시하지만, 테라피 현장에서는 고도의 호흡기법보다는 내담자의 정상적인 호흡 패턴의 회복이 중요하다. 왜냐하면 빠른 속도를 특징으로 하는 현대생활에 적응하기 위해서 사람들은 대개 교감신경계의 과도한 활성화를 종종 경험하며 이는 종종 정상적인 호흡 패턴의 파괴로 이어지기 때문이다.

따라서 테라피스트는 무엇보다도 먼저 내담자의 일상적인 호흡 패턴을 관찰하고 측정할 필요가 있다. 특히 호흡이 일어나는 몸의 위치는 어디인지, 들숨과 날숨의 길이는 어떤지, 분당 호흡 수는 얼마인지, 호흡의 질은 어떤지 등을 관찰한다. 다음은 호흡을 관찰할 때 주로 주의를 기울일 필요가 있는 사항들이다.

- 호흡의 흐름이 완만한가? 불규칙하고 덜컥거리지는 않는가?
- 몸통의 어느 부위에서 호흡이 주로 일어나는가?
- 호흡이 연속적으로 흐르는가, 아니면 중간에서 끊어지는가?
- 호흡 리듬의 패턴은 어떤가?
- 날숨과 들숨 중 어떤 숨이 더 길거나 짧은가?
- 날숨과 들숨 중 내담자가 어떤 숨을 더 편하게 느끼는가?
- 호흡을 하는 도중이나 호흡 후에 어떤 느낌이 드는가?
- 호흡을 하는 도중이나 호흡 후에 떠오르거나 연상되는 이미지나 생각이 있는가?
- 1분당 호흡 수는 몇 회인가? 정상인의 평균 호흡 수(12~20회)보다 많은가, 아니면 적은가?

내담자의 호흡 패턴은 내담자의 정서 상태를 측정하는 데 중요한 기준이 된다. 내담자의 습관적인 정서 패턴을 파악할 때 일차적으로 불안형 내담자와 우울형 내담자를 구분할 필요가 있다(Forbes, 2011). 특히 불안과 우울은 요가테라피의 효과가 과학적으로 입증된 대표적인 심리장애로서 요가테라피는 불안과 우울을 일관성 있게 개선시킨다고 보고되고 있다(조옥경, 왕인순, 2016). 크래프트소우(2011)는 요가적 관점에서 불안과 우울을 진단하면서, 불안의 경우에는 어렵고 불쾌한 상황에서 에너지가 과도하게 활성화되는 라자스 정서라고 보았으며, 움직임이 없고 동기가 낮은 우울은 마음의 따마스 성질이 우세한 정서라고 하였다.

　라자스가 우세한 불안의 경우에는 심박률이 증가하고, 혈압이 높아지며, 신체 움직임도 증가할 뿐 아니라 생각의 속도도 빨라져 한 자리에 고요히 머물지 못하고 안전부절하기 쉽다. 이럴 경우 내담자의 호흡 수는 정상 호흡 수보다 증가하며, 호흡의 깊이도 얕을 뿐 아니라 특히 날숨에 어려움을 느끼는 경향이 있다. 이와는 달리 따마스가 상대적으로 우세한 우울의 경우에는 호흡의 속도가 느려지며 호흡의 횟수도 정상 호흡 수보다 적다. 우울증을 앓는 내담자들의 생각은 비교적 천천히 흘러가며, 이미 지나간 과거를 끝없이 반추하면서 부정적일 뿐 아니라 자신을 비난하는 방식으로 흐르는 경향이 있다. 이에 따라 가슴도 푹 꺼지고, 무기력해지고, 힘이 없으며, 자주 피곤을 느낀다. 보통 이 경우에는 들숨보다는 날숨이 길어지는 경향이 있으며, 날숨 후에 한동안 숨을 멈출 수도 있다. 우울증을 앓는 내담자들은 대체로 숨을 잘 쉬지 못하는데, 숨을 죽이고 있다는 사실을 스스로 인지하지 못하는 경우가 흔하다(Kraftsow, 2011).

3. 테라피의 목표 설정

1) 목표 설정의 중요성

요가심신테라피에서 목표 설정은 중요하다. 일반적으로 요가를 처음 접하는 사람들은 "얼마나 해야 효과가 있나요?"라는 질문을 자주 한다. 심신의 장애로 고통을 받는 사람들은 누구나 하루빨리 고통으로부터 벗어나길 원하고, 본격적인 치료를 받기로 결정한 사람들은 치료를 얼마 동안 받아야 장애나 고통이 완화되거나 사라질지에 가장 관심이 높다. 이러한 상황은 요가심신테라피 현장에서도 자주 일어난다. 그러면 치료가 효과를 내기 위해서는 시간이 얼마나 걸릴까? 요가나 명상을 활용한 치료법에 대한 연구들은 대략 6~8주가 걸린다고 보고하고 있다(Forbes, 2011). 이때 매일매일의 꾸준한 수련과 정확한 목표 설정이 무엇보다 중요하다. 어떻게 목표를 설정할지 결정하는 일은 생각보다 쉽지 않다. 우선 테라피스트가 내담자를 관찰하고 첫면접을 통해 내담자가 안고 있는 고통의 내용과 수준을 파악하는 것이 필요하다. 그런 파악을 토대로 어떤 수준에서 목표를 설정할지는 테라피스트 혼자서 결정할 사항이 아니다. 테라피스트는 반드시 내담자와 소통하면서 적절한 목표를 설정해야 한다.

2) 목표 설정 방법

첫면접을 통해 내담자의 몸과 마음 상태는 물론, 호소증상을 통해 중점을 둘 사항이 무엇인지를 파악한 테라피스트는 내담자와 함께 테라피의 목표를 설정한다. 목표는 내담자의 호소증상을 중심으로 설정하는 것이 바람직하다. 내담자의 주 호소증상은 신체적 호소증상과 심리적 호소증상으로 구분되는데, 요가심신테라피에서는 가능하면 신체적 호소증상에 초점을 두는 것이 좋다. 3년 전부터 어깨 통증이 있으며 팔꿈치와 손가락 마디까지 아프다고 호소하는 내담자를 예로 들어 보자. 이 내담자에게는 어깨 통증이 주된 신체 증상이지만, 척추는 서로 연결된 기관이기 때문에 테라피스트는 다른 부위에도 통증이 있는지 살펴볼 필요가 있다. 다른 부위에는 별다른 통증이 없다면 내담자의 증상은 척추에서 만성적으로 진행된 문제가 아닐 수 있다. 그러나 이 내담자는 허리 중앙에 강한 눌림이 있으며, 천골 주변에 뭉친 느낌이 있고, 오른쪽 무릎에도 통증이 있다고 호소하였다. 척추 전반에 걸쳐 일어나는 증상들은 보통 오랫동안 지속된 만성적인 문제일 가능성이 높다.

이런 경우 테라피스트는 어디에서부터 치료를 시작할지 결정해야 한다. 실제로 척추는 그 뿌리가 시작되는 천추부터 정렬을 시작하는 것이 좋지만, 내담자는 어깨에서 일어나는 강한 통증으로 일상생활에 어려움을 겪고 있었다. 따라서 단기목표와 장기목표로 구분할 필요가 있다. 이 내담자의 경우, 장기목표는 척추 전반에 걸친 정렬의 회복이지만, 척추에서의 문제가 만성적으로 진행된 점을 고려한다면 일단 어깨 통증을 해소하는 데 초점을 두는 것이 적절하다. 왜냐하면 이 내담자의 주 호소증상이 어깨의 통증에 집중되어 있기 때문이다. 물론 그 부위의 통증이 해소되면 다른 부위에서 진행되고 있는 통증이 인식될 수 있다. 설사 그것이 더 근원적인 문제라 할지라도 처음에는 어깨 통증의 완화와 해소를 목표로 설정하는 것이 바람직하다.

목표를 설정할 때는 반드시 내담자와 소통하고 의견을 나누어야 한다. 테라피스트가 파악한 내용과 내담자가 현재 문제 삼고 있는 내용에서 차이가 있을 수 있는데, 이럴 경우 내담자의 요구를 우선시해야 한다. 왜냐하면 내담자의 내적자원이 치료 효과에 매우 중요하게 작용하며, 그 자원을 끌어내기 위해서는 내담자의 적극적인 협력이 필요하기 때문이다. 따라서 내담자가 원하는 것에 우선권을 두어 치료 목표의 방향을 잡는다. 때때로 내담자가 자신의 심신 상태를 제대로 인식하지 못해서 엉뚱한 곳에서 해결책을 찾거나 비현실적인 목표를 고집할 경우가 있다. 테라피스트의 관점에서 그런 내담자의 태도가 문제 해결과 동떨어진 경우, 테라피스트는 자신의 관점을 내담자에게 진솔하게 표현하고 두 사람 간에 타협점을 찾을 필요가 있다. 이때 테라피스트는 자신이 세운 목표에 지나치게 집착하지 말아야 한다. 이것이 테라피스트가 반드시 지녀야 할 무집착의 태도이다.

3) 목표 설정의 예

다음은 요가심신테라피에서 참고할 수 있는 목표 설정의 예를 척추와 관련된 문제를 중심으로 열거한 것이다.

(1) 요통
- 요통을 완화한다.
- 요통을 완화하고 척추에서 느껴지는 과도한 긴장을 줄인다.
- 요통을 경감시키고 옆구리의 긴장감을 완화하고 유연성을 높인다.
- 요통을 완화하고 어깨의 통증을 줄인다.
- 요통과 목, 어깨의 통증을 줄인다.

(2) 목, 어깨 통증
- 목과 어깨의 통증을 완화한다.
- 목과 어깨의 통증을 감소시키고 운동성, 가동범위, 또는 유연성을 향상시킨다.
- 어깨 긴장을 완화하고 신체의 안정성(또는 근육의 활성화, 근력, 관절이나

안정성)을 높인다.

- 목과 어깨의 긴장을 완화한다.
- 목, 어깨에서 일어나는 감각을 더 잘 자각하고 조화로운 움직임 패턴을 습득한다.

(3) 척추측만

- 몸의 좌우 균형을 회복하여 어깨와 골반에서 느끼는 불편감을 해소한다.
- 어깨와 허리 통증을 감소시킨다.
- 허리의 가동범위를 높이거나 안정성을 강화하고 허리 통증을 개선한다.
- 등의 긴장을 줄이고 호흡 역량을 강화한다.
- 신체감각에 대한 자각을 높여 목과 골반의 불균형 상태를 개선한다.

(4) 척추 후만

- 등의 긴장과 가슴 주변의 불편감을 해소하며, 들숨 역량을 강화해서 피로감을 줄이고 체력을 키운다.
- 흉곽의 움직임을 개선하고 들숨 역량을 강화한다.
- 목, 어깨 및 등의 불편감을 해소한다.
- 등의 긴장을 해소하고 복부의 힘을 강화한다.
- 후만된 등 부위를 자각하게 하여 조화로운 몸통 움직임 패턴을 회복한다.

(5) 골반, 고관절, 무릎

- 골반과 무릎의 통증을 줄인다.
- 다리와 무릎의 통증을 완화하고 하체의 안정감을 높인다.
- 천골 부분의 긴장을 완화하여 불편감을 줄인다.
- 천골 부위의 긴장을 완화하고 척추의 안정화를 높인다.

- 고관절 부위의 통증을 감소시킨다.
- 발의 올바른 사용법을 훈련하여 무릎과 다리를 강화한다.

(6) 그 밖의 복합통증
- 만성 통증이 있는 경우: 이완훈련을 통해 통증과 편안한 느낌의 차이를 자각할 수 있게 함으로써 일상에서 편안한 감각을 느낄 수 있도록 돕는다.
- 손, 발을 원활하게 사용하지 못하고 똑바로 눕지 못하는 경우: 척추를 이완시키는 신체감각에 대한 자각을 높이고, 척추를 점차 늘여 준다.
- 복부에서 일어나는 불편한 느낌을 해소하고 그라운딩 강화를 통해 신체의 안정감을 익히도록 돕는다.
- 다리의 가동범위를 점차 넓혀 가고 목, 어깨의 통증을 줄여 준다.
- 전반적인 자각의 힘을 길러 신체 움직임을 향상시킨다.

4. 테라피스트-내담자 간의 신뢰 형성

1) 치료적 신뢰

신뢰를 바탕으로 한 테라피스트와 내담자 간의 치료관계는 요가심신테라피가 효과를 내는 데 근원적으로 작용하는 요소이다. 테라피스트의 마음 상태나 영적 성숙도가 내담자에게 의미 있는 변화를 가져오는 데 결정적인 역할을 하기 때문에, 테라피스트가 비록 요가의 이론과 실제에 대한 풍부한 지식과 경험을 갖추었다 해도 내담자를 향한 관심, 동정심, 신념, 정직성, 감수성이 부족한 경우 치료로 이어지기는 어렵다. 특히 내담자의 마음을 다룰 때는 이런 경향성이 더욱 분명하게 나타나므로, 내담자를 심신의 온전한 건강으로 이끌기 위해서는 테라피스트의 성숙한 인격이 선행되어야 한다. 내담자의 감정, 사고, 경험을 공감적으로 이해할 수 있는 테라피스트의 자질에 기초를 두고 일어나는 테라피스트와 내담자 간의 상호 협조적 신뢰관계를 라포(rapport)라고 한다(김정규, 2015). 고통에 처한 내담자가 자신의 문제를 솔직히 털어놓을 수 있으려면 라포 형성이 필수적이다. 라포가 형성되면 치료가 본격적으로 진행되는데, 라포는 치료 초기에 형성될 수도 있지만 보통은 치료 중반 이후에 일어난다.

2) 치료적 신뢰가 일어나는 과정

아자야(2015)는 요가테라피에 대해 다음과 같이 언급하였다.

> 요가는 치료법이라기보다는 전일적 훈련 프로그램이다. 요가치료사는 내담자를 치료하지 않는다. 대신 그는 인생이라는 게임에서 가르치고, 코칭하고, 안내하거나 동료 선수들을 지원할 것이다. 그의 교수법은 설교적이라기보다 내담자와 진행 중인 대화로 구성된다. 그는 안내를 해 줄 수는 있지만, 자기변용의 기술을 연습하는 것은 내담자에게 달려 있다(p. 91).

요가심신테라피는 아자야 관점을 백 퍼센트 공유한다. 요가심신테라피에서 치유에너지가 흘러나오는 일차적인 장소는 내담자 자신이다. 테라피스트는 내담자에게 일방적으로 치료수단을 강요하거나 강제하는 것이 아니라 내담자 스스로 치유의 여정을 가도록 '가르치고, 코칭하고, 안내하거나 지원'한다. 따라서 테라피가 진행됨에 따라 내담자 측에서의 적극적인 참여와 협력이 필요하다. 이때 테라피스트와 내담자 간에는 단단한 신뢰가 구축되는 것이 중요한데 이런 신뢰관계가 바로 라포이다.

라포란 돌봄과 이해가 필요한 장면에서 일어나는 타인과의 긍정적 연결감을 말한다(Angelo, 2015). 테라피스트와 내담자 간의 이런 긍정적 연결감은 쉽게 생기지 않는다. 신체적·심리적인 이런저런 골칫거리로 시달리는 내담자들은 보통 자신의 문제를 노출하기를 꺼리는데, 왜냐하면 그들은 보통 누구도 자신을 이해하지 못할 거라는 인간에 대한 불신과 더불어 속내를 털어놓을 경우 또다시 거절당해 오히려 상처가 깊어질지도 모른다는 두려움을 안고 있기 때문이다. 그 사람이 깊은 심리적인 상처를 안고 있는 경우에는 이런 경향성이 더 강하게 나타난다. 따라서 내담자가 의식적·무의식적 거부감이나 두려움을 극복한 후 테라피스트와의 신뢰를 구축하여 자발적으로 협력하는 일은 결코 쉽지 않다. 요가심신테라피의 성패는 라포 형성의 여부에 달려 있다고 해도 지나치지 않다. 테라피스트라는 낯선 사람을 처음 대하는 내담자는 과연 상대방을 믿어도 좋을지 확신하지 못하기 때문에 여러모로 테라피스트를 탐색하고 시험하게 된다. 이런 탐색의 과정에는 보통 3~6주의 시간이 필요하다.

라포는 상호 간의 관심 집중, 긍정성, 상호 조정의 기본 요소를 포함한다(Angelo, 2015). 치료장면에서 테라피스트는 내담자의 말과 행위에 관심을 집중하고, 친절함과 배려심을 갖고 긍정적인 태도로 내담자의 말에 주의를 기울일 뿐 아니라 내담자의 에너지 수준, 신체 언어, 말하는 톤과 속도에 맞추어 스스로를 조정할 필요가 있다. 내담자 측에서도 이러한 세 가지 요소가 일어나서 이들을 서로 주고받을 때 라포가 형성되었다고 할 수 있다. 내담자와의 일대일 개인 테라피를 진행하는 요가심신테라피에서 치료의 성과는 라포 형성에 달려 있기 때문에 테라피스트는 이 세 가지 요소가 충족되도록 온 힘을 기울여야 한다. 이때 테라피스트가 적극적으로 모범을 보일 필요가 있다. 실제로 테라피스트가 말하는 내용보다는 테라피스트의 존재와 존재방식이 내담자에게 직접적인 영향을 주기 때문에 스스로 모범을 보임으로써 내담자가 의식적 · 무의식적으로 테라피스트의 태도나 행동을 모방하도록 촉진한다. 부모나 교사, 테라피스트가 모범을 보임으로써 다른 사람이 그 사람의 행동을 모방하는 모델링(modeling)은 학습이 일어나는 중요한 기전으로서(오경기 외, 2014) 라포 형성에서도 결정적인 역할을 한다.

라포 형성을 위해 테라피스트가 익혀야 할 가장 중요한 기법은 반영(mirroring)이다. 이는 위에서 언급한 상호 조정에 해당하는 것으로서, 신체 수준, 정서 수준, 심리 수준에서 테라피스트가 내담자와 주의 깊게 조율해 가는 것을 말한다. 테라피스트는 우선 신체 수준에서 내담자를 반영해 준다. 이는 내담자의 신체 자세나 제스처를 그대로 따라 하는 것이 아니라 내담자의 자세나 에너지 수준이 던져 주는 메시지를 정확하게 반영하는 것을 말한다. 두 번째로, 내담자의 정서 상태를 그대로 반영해 준다. 이를 위해서 테라피스트는 우선 훌륭한 청취자가 되어야 한다. 내담자가 털어놓는 이야기 내용보다는 내담자가 지금 어떤 감정으로 말하고 있는지에 주의를 기울임으로써 그 감정을 올바로 포착하여 반영해 준다. 세 번째로, 심리적 수준에서의 반영이 필요하다. 즉, 내담자가 털어놓는 고충의 핵심 메시지와 말 뒤에 숨겨진 진짜 문제를 파악하여 이를 정확하게 전달한다. 이 밖에도 내담자가 말하는 톤이나 속도, 그 사람 고유의 특징을 포착해서 반영하는 것도 중요하다. 이렇듯 다차원적으로 일어나는 반영을 통해 내담자는 테라피스트가 자신을 진정으로 이해하고 있다는 느낌을 받으며, 이로써 마음을 활짝 열 수 있다.

3) 치료적 신뢰의 예

요가심신테라피는 몸에 주로 초점을 두기 때문에 올바로 접근할 경우 이야기 중심의 심리치료보다는 라포를 더 쉽게 형성할 수 있다. 몸과 마음에 오랫동안 긴장이 축적된 내담자의 예를 들어 보자. 이 내담자는 만성적인 긴장으로 인해 잠도 잘 이루지 못하고, 해야 할 이런저런 일들로 끊임없이 시달리고 있었다. 이완이 절대적으로 필요한 이 내담자에게 일차적으로는 이완훈련이 필요했다. 따라서 볼스터를 이용해 가슴을 열어 준 상태에서 사바사나를 하도록 안내하였다. 긴장이 심한 내담자는 새로운 자세를 어색하게 느꼈으며 누운 상태에서도 계속 눈을 깜빡거렸다. 이때 눈 베개의 사용은 내담자를 편하게 해 준다. 적당한 무게로 눈을 눌러 주는 것은 심리적 안정에 매우 도움이 되기 때문이다. 도움을 줄 때 테라피스트는 내담자의 팔과 다리, 손과 발의 상태를 살펴보는 것이 중요하다. 만성적인 긴장으로 인해 손과 발을 쉽게 이완하지 못하는 경우가 흔하기 때문이다. "손이 좀 불편해 보이는데, 손 아래에 소형 쿠션을 받쳐도 되겠어요?"라고 내담자에게 물을 수도 있다. 이런 권유 자체가 내담자를 편안하게 하는 데 도움을 준다. 팔과 손이 이완되니 신체에 쌓인 긴장이 쉽게 풀리면서 내담자는 빠른 속도로 이완감에 젖었다. 몸에서의 이런 이완감은 곧장 내담자의 심리적 이완으로 이어진다.

눈을 감은 채 이완한 상태에 있는 내담자의 호흡을 관찰하는 것은 중요하다. 호흡 패턴은 내담자가 심리적으로 안정되어 가는지를 가늠할 수 있는 좋은 지표이기 때문이다. 내담자의 호흡을 반영해 주는 것도 좋다. "호흡이 점점 느려지는 것 같은데, 어떻게 느끼세요?"라고 물으니 내담자는 "네, 몸도 편안해지고 마음도 느긋해지는 것 같아요"라고 대답했다. 이때 테라피스트는 "마음이 편안해지시는군요"라고 내담자의 정서 상태를 반영한다. 잠시 후 내담자는 문득 "이러고 있으니 어릴 적 가족과 함께 갔던 호숫가가 생각이 나요. 그때 나는 배를 타고 있었고 가족들은 저 멀리 돗자리를 깔고 놀고 있었어요"라고 말했다. 내담자가 어릴 적 기억을 떠올려서 테라피스트에게 말하는 것은 라포가 형성되었다는 중요한 신호이다. 왜냐하면 우리는 보통 누군가를 신뢰할 때 지나온 과거에 대해 이야기를 털어놓고 싶기 때문이다. 이때 테라피스트는 내담자가 가족과의 즐거운 경험을 회상하며 그 시절을 그리워하고 있다는 메시지를 포착해야 한다. 기억은 무질서하게 떠오르는 것이 아니라 항상 어떤 상황적 · 정서적 맥락에서 떠오르기 때문이다. 따라서 테라피스트는 "편안해지면서 그런 기억이 떠오르는 거 보니 그 시절을 그리워하나 봐요"라고 반영해 주었다. 그러자 내담자는 "네, 그런 거 같아요"라고 담담한 톤으로 대답했지만 목소리는 가늘게 떨고 있었다. 이런 반응은 정서적 카타르시스가 일어나는 좋은 예이다.

5. 자율수련의 중요성

1) 꾸준한 수련의 중요성

요가수뜨라 1장 12~14절은 꾸준한 수련의 중요성을 다음과 같이 강조하였다(Satchidananda, 2006).

> 12절: 이러한 마음작용들은 수행과 무집착에 의해서 제어된다.
> 13절: 이러한 두 가지 가운데서 마음의 확고함을 위한 노력이 수행이다.
> 14절: 수행은 오랜 기간 쉬지 않고 열성을 다해 잘 견뎌 냈을 때 확고하게 수립된다.

지속적인 수련을 압히야사(abhyāsa)라고 하는데, 꾸준한 수련은 테라피 상황에도 그대로 적용된다. 내담자 측의 수련은 테라피스트와의 치료회기에만 국한되지 않고 일상생활로 돌아가서도 실시될 필요가 있는데, 이것이 바로 자율수련이다. 보통 일주일에 3~4회 이상의 자율수련을 꾸준히 실시할 경우, 경험상 보통 약 6주 정도가 되면 뚜렷한 치료 효과가 나타나기 시작한다.

2) 자기자각의 중요성

일반적으로 심신의 질병은 무의식적으로 반복되는 몸과 마음의 습관으로 인해 생긴다. 집중(다라나, dhāraṇa), 명상(디야나, dhyāna), 삼매(사마디, samādhi)라는 내면의 요가가 진행될수록 자각(awareness)의 힘이 증가한다. 최근 심리학 및 정신건강 분야에서 키워드로 떠오르는 마음챙김과 일맥상통하는 자각은 무의식적인 심신의 습관을 극복하고 올바르고 건강한 습관을 구축하는 데 핵심적인 역할을 한다. 불건강을 초래했던 무의식적인 자세, 움직임, 호흡을 자각하는 것만으로도 종종 치료가 일어난다. 게슈탈트 심리치료를 창시한 프리츠 펄스(2013)는 내담자가 자신이 행동하고 경험하는 것을 자각하는 것만으로도 치료가 일어난다고 하였다. 불량한 자세는 신체의 활력을 떨어뜨리며 경직되고 비효율적인 움직임으로 이어진다. 증진된 자각의 힘으로 이런 습관들(와사나, vāsanā)을 알아차림으로써 건강을 해치는 데 기여했던 일상의 자세들, 예를 들어 서고, 앉고, 걷고, 일할 때 무의식적으로 반복했던 낡은 습관들을 더 효율적이고 우아한 자세로 대체할 수 있다. 따라서 자기자각은 자기조절로 안내하는 열쇠이다.

3) 자기조절의 중요성

요가호흡은 자율신경계의 균형을 이루는 데 효과가 있다고 알려져 있다 (Brown & Gergarg, 2005). 과도한 스트레스에 노출된 현대인들은 교감신경계가 지나치게 활성화되어 스트레스 주요 반응인 투쟁-도피 반응(fight-fleight response) 또는 부교감신경계의 지나친 활성화로 인한 얼어붙기 반응(freeze response)을 종종 경험한다. 스트레스 반응에 수반되는 정서적 각성을 진정시키기 위해서는 요가기법을 통한 자기조절 훈련이 필요하다(Simpkins &

Simpkins, 2011). 이런 자기조절 훈련은 정서적 균형뿐 아니라 자세의 수정에도 적용된다. 올바르지 않은 생활습관은 신체구조의 변형으로 이어지기 때문에 이를 자각함으로써 개인 각자가 스스로 수정할 필요가 있다. 이런 자기조절은 장기간에 걸친 꾸준한 자율수련을 통해 가능하며, 살아가면서 부딪히는 여러 문제를 스스로 극복하여 삶을 주도적으로 통제할 수 있는 자기역량 강화를 돕는다.

6. 요가지도자에서 요가테라피스트로

1) 요가지도자에서 요가테라피스트로의 전환

집단을 대상으로 일방적으로 지시하는 데 중점을 두는 요가지도자에서 개인을 대상으로 상대방의 불편함과 고통을 덜어 주는 데 초점을 둔 요가테라피스트로의 전환은 하루아침에 일어나지 않는다. 요가테라피스트가 되기 위해서는 다음과 같은 기술이나 태도를 장시간에 걸쳐 익힐 필요가 있다.

(1) 집단지도에서 개인별 맞춤식 테라피로의 전환

대부분의 요가지도자들은 집단을 대상으로 요가를 지도하는 데 익숙해 있기 때문에 요가의 다양한 테크닉을 내담자 개인의 신체적 · 심리적 조건에 맞게 변형하고 적용하는 데 어려움을 겪는다. 타고난 기질, 신체 구조, 에너지 상태, 주된 정서 상태, 사고 패턴 등이 개개인마다 다르기 때문에 각 개인의 신체 및 심리적 조건을 제대로 평가하고 적절한 요가테라피 프로그램을 제시하기 위해서는 오랜 시간의 훈련과 경험이 필요하다. 모한 부부(Mohan & Mohan, 2004)는 요가 테크닉을 개인에게 적용할 때 다음과 같은 사항들을 고려해야 한다고 하였다.

- 개인의 출발점과 그 사람이 도달해야 할 목표를 결정한다.
- 출발 지점에서 목표 지점으로 이끄는 균형 잡힌 단계를 선택한다.
- 그런 단계들을 개별화시켜 그 사람에게 맞춘다.

(2) 일대일 요가지도 기술

그렇다면 내담자 개인에게 요가 프로그램을 안내할 때는 어떤 사항을 고려해야 할까? 내담자를 요가에 맞추는 것이 아니라, 요가를 내담자에게 맞추기 위해서는 첫째, 내담자 수준에 맞게끔 요가자세의 다양한 변형을 활용해야 한다. 예를 들어 내담자의 등 긴장을 해소하기 위해 웃따나사나(uttānāsana)를 제시했다고 가정해 보자. 만성적으로 등이 긴장된 사람은 완성된 웃따나사나를 실시하기 어렵다. 따라서 그림 2-7과 같이 상체를 반쯤만 내리는 변형자세를 적용한다(Desikachar, 1999). 둘째, 동일한 요가자세라 할지라도 호흡방식을 어떻게 적용하는가에 따라 그 효과가 달라진다. 예를 들어 자율신경계가 불균형한 내담자의 경우 보통은 들숨과 날숨의 길이가 다르다. 이때 동일한 요가자세를 실시할 때 들숨과 날숨의 길이를 동일하게 하도록 안내한다. 필요에 따라서는 날숨의 길이를 조절할 수도 있다. 셋째, 연속적으로 이어지는 요가자세 시리즈의 리듬을 개인에 맞게 변화시킨다. 내담자의 날숨이 비교적 짧아서 빠스치마따나사나(paścimatānāsana)를 한 호흡에 실시할 수 없는 예를 들어 보자. 이 경우 그림 2-8에서처럼 호흡을 중간중간에 끊음으로써 단계를 나누어 호흡하는 끄라마(krama) 기법을 도입하는데, 이때 한 호흡에 상체를 반쯤만 내린 후에 잠시 숨을 멈추었다가 다시 내쉬도록 안내한다(Desikachar, 1999). 넷째, 우리의 주의는 에너지 방향을 전환하는 방향키 역할을 한다. 따라서 주의의 방향을 바꾸도록 안내함으로써 치료의 효과를

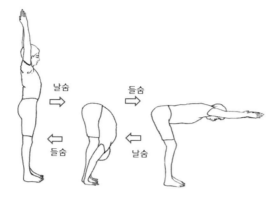

그림 2-7 웃따나사나(uttānāsana)의 변형자세

그림 2-8 빠스치마따나사나(paścimatānāsana)의 변형자세

높일 수 있다. 예를 들어 전굴할 때 뒤 넙다리근에서 통증이 일어날 수 있다. 이때 통증이 없는 부위에 주의를 두도록 안내함으로써 통증으로 인한 고통에서 일시적으로 벗어나게 할 수 있다.

(3) 집단테라피 프로그램

내담자나 환자의 개별적 특성에도 불구하고 집단을 대상으로 테라피 요가를 실시할 경우가 있다. B. K. S. 아엥가(2001)는 요가는 "물리치료, 심리치료, 영적 치료가 결합된 것이다"(p. 240)라고 언급하여, 요가수련만으로도 다양한 질병을 치료할 수 있다고 하였다. 그러나 수련으로서의 요가가 아니라 테라피로서의 요가를 집단에 적용할 때는 주의를 기울일 필요가 있는데, 가능하면 내담자나 환자가 앓고 있는 질병에 따라 집단을 구분하는 것이 좋다. 과학적 연구들은 요가가 각종 통증, 심혈관계 질환을 완화하고 면역기능을 향상시킨다고 보고하고 있다(조옥경, 왕인순, 2016). 또한 불안과 우울 증상을 앓는 환자들에게 요가가 효과를 보인다는 연구 결과가 쌓이고 있다(Kirwood, Rampes, Tuffrey, Richardson, & Pilkington, 2005; Pilkington, Kirkwood, Rampes & Richardson, 2005). 따라서 증상이나 질환별로 적절한 요가테라피 프로그램을 개발하여, 유사한 증상을 앓고 있는 사람들을 대상으로 집단테라피를 시행할 것을 권한다.

최근 들어 짜증이 자주 일어나고 마음이 쉽게 불안해지며 밤에는 잠도 이루지 못하는 사람들이 늘어나고 있다. 이렇듯 불안 증상으로 고통받는 사람들에게 요가테라피는 실질적인 도움을 제공할 수 있다. 요가테라피 관점에서 볼 때 호르몬계는 마음과 신경계에 직접적인 영향을 미친다. 교감신경과 부교감신경의 균형을 회복하여 자율신경계를 안정시키는 데 요가는 탁월한 효과를 보이기 때문에(Pascoe & Bauer, 2017) 각종 요가기법을 적절하게 결합하여 적용한다면 이런 증상들을 쉽게 가라앉힐 수 있다. 아엥가는 신경계를 안정시키고, 긍정적인 정서를 함양하기 위해 볼스터, 블록, 담요, 의자, 벨트, 압박붕대 등 주변에서 쉽게 볼 수 있는 도구를 활용할 것을 권하고 있다(Iyengar, 2001). 이와는 달리 포브스(Forbes, 2011)는 불안이나 우울 같은 정서장애의 경우 요가자세보다는 호흡과 이완에 강조점을 두어 안내할 필요가 있다고 지적하면서 불안, 우울, 또는 불안과 우울이 결합된 상태를 구분하여 각각의 치료법을 제시하고 있다. 이런 구체적인 테크닉들을 집단을 구성하는 모든 참여자에게 일괄적으로 제시하되, 통증이 일어나거나 몸이 불편해지는 경우에는 수련을 중단하도록 안내한다. 그리고 집단 세션이 끝난 후 테라피스트는 가능하면 소감 나누기 시간을 가져 각자 어떤 어려움을 겪고 있는지 살펴보고, 개별적인 어려움을 해소하는 데 각별한 노력을 기울여야 할 것이다.

2) 요가테라피스트에게 필요한 지식과 기술

현재 전 세계적으로 요가테라피 분야를 선도하는 국제요가치료사연맹(IAYT)은 2012년 요가테라피스트를 위한 표준 교육기준의 기초를 정립하고 2016년 개정된 내용을 공표하였다(http://www.iayt.org/?page=AccredStds, 검색일 2017. 07. 13.). 약 3년 동안의 집중적인 노력의 결과로 탄생한 이 기준은 현재 자격과 역량을 갖춘 요가테라피스트가 되기 위해서는 어떤 지식과 기술을 갖추어야 하는지 잘 보여 주고 있다. 우리나라의 요가테라피스트들도 이 기준에 부합할 수 있도록 공부하고 훈련할 필요가 있을 것이다. 다음은 그 내용을 일부 정리한 것이다.

(1) 몸과 마음에 대한 요가 고전의 교육

베다시대, 후기 베다시대에 요가가 탄생한 배경과 요가의 기본 틀을 이해하고, 딴마뜨라(tanmātra), 부따(bhūta), 인드리야(indrya) 개념을 습득한다. 또한 요가테라피가 바라보는 질병 모델인 빠짜 꼬샤 패러다임(pañcamaya kośa paradigm)을 이해할 필요가 있다. 요가의 철학적 바탕이 되는 상키아 철학, 즉 뿌루샤(puruṣa)와 쁘라끄르띠(prakṛti) 이원론에 바탕을 둔 요가의 기본 세계관과 인간관을 배운다. 쁘라끄르띠의 3요소인 구나(guṇa)를 이해하고 두카(duḥkha)의 종류와 그 발생 원인을 공부하는 것도 중요하다.

마음은 빠딴잘리 요가수뜨라에서 본격적으로 다루고 있는 주제이다. 마음의 구조와 상태를 요가적 관점에서 이해하는 것은 내담자의 심리적 조건과 상태를 이해하는 데 도움이 된다. 마음의 기능과 조건에 대한 요가적 이해 또한 요가테라피를 통해 내담자를 돕는 데 필요하다. 산만한 마음은 불건강하고 부정적인 심리적 습관을 만들고 이는 수많은 질병을 일으키는 조건이 된다. 따라서 빠딴잘리 요가쑤뜨라와 바가바드 기따(Bhagavad Gītā)에서 언급한 산만한 마음에 대한 설명과 이를 제어할 수 있는 방법을 공부한다.

요가와 아유르베다는 인도의학을 떠받치는 두 개 기둥이다. 따라서 요가 테라피스트로 성장하길 원하는 사람은 아유르베다에서 보는 건강과 질병에 대한 관점을 익힐 필요가 있다. 세 가지 구나, 세 가지 도샤(doṣa)는 물론 짜끄라 시스템으로 대표되는 정묘체의 해부학, 아마(ama)와 아그니(agni)에 대한 이해, 다섯 가지 와유(vayu)에 대한 이해도 필요하다. 또한 요가테라피의 기본 패러다임이 되는 브름하나와 랑가나의 이해, 신체에서 열을 일으키거나 식히는 데 도움이 되는 수리아(sūrya)와 짠드라(candra) 에너지의 이해도 중요하다. 여기에 더해서 질병이 전개되는 방향, 테라피에서의 단기 전략과 장기 전략에 대한 공부도 필요하다. 〈표 2-1〉에서 이들 주요 개념들을 요약하여 제시하였다.

〈표 2-1〉 요가테라피스트들을 위한 기본 개념(IAYT 권장)

테라피 용어	요약된 설명
딴마뜨라 (tanmātra)	에센스, 잠재력으로 존재하는 정묘한 요소. 우리에게는 다섯 가지 감각, 즉 시각, 청각, 미각, 후각, 촉각이 존재하는데, 이러한 감각을 일으키는 에센스를 말한다. 딴마뜨라가 서로 다른 방식으로 결합되어 거친체인 지, 수, 화, 풍, 공을 만든다
부따 (bhūta)	다섯 가지 딴마뜨라, 즉 색, 성, 향, 미, 촉을 이루는 정묘요소가 결합되어 나타나는 거친체, 즉 물질계를 형성하는 기본 요소를 말한다. 지, 수, 화, 풍, 공의 다섯 요소는 우리가 사는 물질계를 만든다.
인드리야 (indrya)	우리로 하여금 대상을 인식하게 하는 다섯 가지 감각기관, 즉 시각, 청각, 후각, 미각, 촉각의 기관들을 말한다.

빤짜마야 꼬샤 (pañcamaya kośa)	우리의 본성인 아뜨만을 감싸고 있는 다섯 가지 껍질을 말한다. 따이띠리야 우빠니샤드(Taittirya Upanishad)에서 언급되고 있는 베단따 철학의 인간관으로서, 안나마야 꼬샤, 쁘라나마야 꼬샤, 마노마야 꼬샤, 위갸나마야 꼬샤, 아난다마야 꼬샤로 구분된다.
뿌루샤 (puruṣa)	베다와 우빠니샤드 시기에 발전된 세계관과 인간관에서 나온 개념으로서, 우주적 참자아, 절대 의식, 또는 보편적인 원리를 말한다. 상키아 철학에 따르면 세계는 기본적으로 뿌루샤와 쁘라끄르띠의 이원성을 띤다.
쁘라끄르띠 (prakṛti)	'자연'을 의미하는 용어로, 상키아 철학이 말하는 근본물질이다. 쁘라끄르띠에는 세 가지 기본 성질(guna)이 내재되어 있는데, 이런 성질들의 조합으로 우리가 볼 수 있는 실증적인 세계가 만들어진다.
구나 (guṇa)	상키아 철학에서 나온 개념이지만 여러 힌두철학이 채용하고 있는 물질적 우주를 바라보는 개념이 되었다. 세 가지 구나, 즉 삿뜨와(밝은, 가벼운, 선한), 라자스(활동적인, 열정적인), 따마스(어두운, 둔한, 무거운)로 구분된다. 모든 사물과 인간 속에는 이 세 가지 구나가 서로 다른 비율로 존재한다.
두카 (duḥkha)	불편한 느낌, 통증, 고통을 말한다. 빠딴잘리 요가경은 고통에 빠뜨리는 다섯 가지 원인(klesha)을 언급하고 있는데, 그것은 아위디야(무지), 아스미따(에고), 라가(애착), 드웨사(혐오), 압히니웨샤(삶에의 애착)이다.
도샤 (doṣa)	아유르베다의 기본 개념으로서 인간 몸에 존재하는 질료를 말한다. 세 가지 질료, 즉 와따(공기의 요소), 삐따(불의 요소), 까파(물의 요소)가 있다. 이 세 가지 질료가 사람에 따라, 계절에 따라, 하루의 시간에 따라, 섭취하는 음식에 따라 달라진다고 말한다. 아유르베다는 이를 바탕으로 질병을 진단하고 치료한다.
아마 (ama)	아유르베다 개념으로, 인체에 유입된 음식물이 완전히 소화가 안 된 채 남아 있는 독성이 있는 부산물을 말한다.
아그니 (agni)	'불'을 의미하는 싼스끄리뜨어. 인체에서 소화와 대사과정을 담당한다. 그 기능에 따라 자타라그니(소화를 담당), 부따그니(5 부따로 유입된 물질을 조직으로 흡수하는 일을 담당), 다뜨와그니(조직수준에서의 대사를 담당)로 구분된다.
빤짜 와유 (pañca vayu)	'공기' 또는 '바람'을 의미하는 싼스끄리뜨어. 쁘라나(호흡순환계를 담당), 아빠나(배설계를 담당), 우다나(머리 쪽 담당, 목소리 담당), 사마나(소화계를 담당), 브야나(온몸에 퍼진 에너지 담당)의 다섯 가지로 구분된다.

브름하나 (bṛmhaṇa)	'강화' 또는 '구축'을 의미하는 용어로 시스템에 자양분을 주는 작용을 말한다. 허약하거나, 에너지가 적거나, 쇠약한 환자에게 주로 사용하는 요가테라피 방법이다.
랑가나 (laṅghana)	'감소' 또는 '정화'를 의미하는 용어로, 시스템에 무언가 과도해서 이를 감소시킬 필요가 있을 때 주로 쓰는 요가테라피 방법이다. 과체중, 과다한 독소, 과잉행동, 분노가 그 예이다.
수리야 (sūrya)	'태양'을 의미하는 용어. 요가테라피에서는 주로 양에너지의 의미로 쓰인다.
짠드라 (candra)	'달'을 의미하는 용어. 요가테라피에서는 주로 음에너지의 의미로 쓰인다.

(2) 해부학과 생리학

임상장면에서 요가테라피를 실행하기 위해서는 인체의 해부학과 생리학에 대한 기본 지식이 필요하다. 왜냐하면 현대 사회에서 인간의 구조와 기능은 서구 의학이 밝혀 놓은 해부학과 생리학을 바탕으로 설명되기 때문이다. 이를 심도 있게 이해하기 위해서는 많은 시간과 노력이 필요하지만, 요가테라피스트 지망생들은 기본적인 근골격계의 구조와 기본 생리학을 습득하는 것으로도 충분하다. 여기에 더해서 요가자세를 테라피적으로 적용하기 위해서는 생체역학과 움직임에 관한 지식이 필요할 뿐 아니라 요가테라피 작업을 위한 일반적인 병리학과 다양한 질환의 증상, 관리, 병의 추이 및 부작용에 대한 이해 또한 필요하다.

(3) 심리학에 대한 기본 지식

요가테라피는 몸과 마음을 통합적으로 다룬다. 따라서 테라피스트 훈련 과정에서 통상적으로 일어나는 정신건강 조건에 대한 기본 지식을 습득할 필요가 있으며, 심리학적 개념 및 전문용어를 익히는 것도 중요하다. 또한 건강을 유지하고 웰빙을 향상시키기 위해서 몸, 호흡, 정서, 지성이 어떻게 상호작용하는지에 대한 기본 이해를 바탕으로 몸과 마음의 통합적 건강과 웰빙을 위해 요가테라피가 어떻게 적용되는지도 익혀 둘 필요가 있다. 여기에 인간 발달에 대한 이해와 건강 및 힐링에 미치는 사회·문화적 영향에 대한 이해가 추가된다면 요가테라피스트로서의 역량 증진에 많은 도움이 될 것이다.

(4) 몸과 마음의 관계에 대한 기본 지식

아유르베다의 주요 경전인 짜라까 상히따(caraka-saṃhitā)에서는 치료를 세 가지 유형, 즉 첫째로 현대 의학에 상응하는 합리적(rational) 치료, 둘째는 영적 치료, 셋째는 심리적 치료로 구분하고 있다(Kimura, 2016). 이런 구분에서 알 수 있듯이 요가는 몸과 마음, 영혼의 상호관련성을 일찍부터 이해하고 있었다. 그러나 서구 근대 세계관에 영향을 받은 서구 정통의학은 몸과 마음을 별개로 보는 이원론적 인간관에 근거하고 있다. 다행히도 최근 들어 이런 이원론적 관점에 변화가 일어나고 있다. 즉, 마음이 신체를 조절한다는 전통적인 하향식(top-down) 조절 개념에서 벗어나 몸과 마음은 상호적인 피드백 순환을 통해 자기조직(self-organization)하고 자기조절한다는 관점으로 전환되고 있는 것이다(Marlock & Weiss, 2006).

보완요법 중 심신중재법(mind-body intervention)에 속하는 요가테라피는 서구의 의학과 동양의 수련전통이 만나는 교차점으로서 몸과 마음을 단일한 통합체로 보고 이를 근거로 적절한 치료방법을 모색한다. 따라서 요가테라피는 고전요가에서 언급하는 몸과 마음에 대한 기본 관점에 대한 이해와 더불어 몸과 마음의 상호관계에 대한 최근의 과학적 연구 성과에 대한 기본 지식을 요구한다. 이를 위해서는 신체심리학, 신체심리치료, 신체 지향의 심리치료 등 새롭게 부상하는 학문분야에 대한 기초적인 지식을 공부할 필요가 있다.

특히 미국의 경우 9·11 테러 사태 이후, 우리나라의 경우에는 세월호 사건 이후로 대중들의 관심의 초점이 되고 있는 외상후 스트레스 장애(Post Traumatic Stress Disorder: PTSD)는 몸과 마음의 긴밀한 연결성을 선명하게 보여 주는 대표적인 증상이라고 하겠다. 트라우마에 관한 세계적인 전문가 베셀 반 데어 콜크(Bessel van der Kolk, 2016)는 "자기조절을 위해서는 자신의 몸과 친밀한 관계를 형성해야 한다"(p. 164)라고 말하면서 신체감각의 회복을 트라우마 치료의 핵심에 두었다. 요가가 자연재해로 인해 심각한 피해를 입은 경우는 물론 만성적인 고통에 처한 사람들이 보이는 불안, 공포, 슬픔, 수면장애, PTSD를 유의미하게 감소시킨다는 연구 결과(Cabral, Meyer, & Ames, 2011)는 심신통합체에 대한 최근의 연구 성과에 대한 관심을 불러일으키고 있다.

(5) 치료적 의사소통 기술

크래프트소우(2014)는 요가지도자와 요가테라피스트의 역할을 구분하면서, 요가지도자는 다양한 스타일의 요가를 정확하고 적절하게 안내하고, 회원이나 학생들의 흥미와 역량에 맞추어 지도하는 것이 중요하다고 하였다. 반면에, 요가테라피스트는 내담자의 욕구에 초점을 맞추어, 경청, 질문, 관찰을 통한 의사소통 기술이 필요하다고 하였다. 이를 위해서 미래의 테라피스트는 치료적 의사소통 기술을 익힐 필요가 있다. 왜냐하면 이런 의사소통 기술을 통해 내담자의 내적·외적 자원을 이끌어 냄으로써 증상을 완화하거나 조절하는 방향으로 나아가는 데 내담자의 적극적인 협력이 필요하기 때문이다. 이를 위해서 IAYT의 교육기준은 다음과 같은 역량을 갖추도록 권장한다.

- 적극적 듣기, 현존의 체화, 비지시적 대화 등 의사소통 기술을 습득하고 체화한다.
- 치료적 관계에서 내담자의 특정 요구를 인식하고, 조절하며, 이를 치료에 적용할 수 있는 능력을 개발한다.

- 테라피스트-내담자 관계에서 진행되는 미묘한 역동을 인지하고 조절할 수 있는 능력을 습득한다.
- 지지적이면서 효과적인 피드백을 제공하여 내담자의 자원을 끌어낼 수 있는 역량을 기른다.
- 테라피 과정에서 내담자의 자기자각과 자기책임의 가치를 올바로 전달한다.
- 내담자 상태에 알맞은 자율수련 전략을 개발하고 적용하는 능력을 습득한다.
- 요가테라피의 범위를 벗어난 경우, 이를 즉각적으로 인지하여 질병치료를 위한 여타 전문적 서비스에 의뢰한다.

(6) 도구의 올바른 사용

어린 시절부터 병약해서 신체적으로 어려움을 겪는 사람들의 처지를 누구보다도 잘 이해했던 아엥가는 오토바이 사고로 척추를 다치자 장애인들이 요가를 수련할 수 있도록 다양한 도구를 사용하는 기법들을 개발하였다. 요가심신테라피가 필요한 많은 사람은 대부분 신체적으로나 심리적으로 취약한 상태에 있기 때문에 테라피스트는 도구를 적절하게 사용하는 방법을 익힐 필요가 있다. 다음은 도구 사용을 위해 아엥가 자신이 권장한 것이다(Iyengar & Iyengar, 2002, p. 20).

- 주변에서 흔히 볼 수 있거나 활용 가능한 것들을 도구로서 적극 사용한다(예: 벽, 창문, 계단, 탁자, 책상 등).
- 담요, 블록, 벨트, 로프, 웨이트, 눈베개, 벤치, 나무 박스, 의자, 볼스터 등은 즐겨 사용할 수 있는 도구들이다.
- 다음과 같은 목적을 위해 도구를 사용한다.

– 자세를 할 때 유지 시간을 늘려 준다.

– 수련생(내담자)에게 자신감을 높여 준다.

– 정확한 정렬에 대한 주관적 지식을 높인다.

– 가동범위를 확장시킨다.

– 도구 없이는 불가능한 자세를 성취하는 데 도움을 준다.

3) 테라피스트의 자세

다음은 요가심신테라피스트가 갖출 필요가 있는 내면의 자세들이다.

• 자신이 테라피를 수행하는 스스로의 동기를 파악한다.

• 자신의 행위가 요가의 기본 정신에 어긋나지 않게 한다.

• 테라피를 위해 필요한 기술과 지식을 습득할 열의를 갖는다.

• 테라피 회기를 진행하는 중에 기본 에티켓을 준수한다.

• 매 세션의 분위기는 가능하면 밝고 가벼운(사뜨빅, sattvic) 상태가 되도록 한다.

• 테라피 효과를 높일 수 있는 기타의 자세를 익힌다.

4) 테라피스트의 언어와 목소리

요가심신테라피에서 테라피스트의 언어와 목소리는 치료 효과에 영향을 미치는 중요한 요소이다. 의사소통은 대부분 언어를 통해 이루어지므로, 어떤 언어를 쓸지, 소통의 질을 결정하는 목소리는 어떤지가 의사소통의 효과에 크게 영향을 미친다. 집단 요가지도 경우도 마찬가지지만, 의사소통이 치료의 핵심을 이루는 요가심신테라피에서는 이것이 훨씬 중요한 요소로 부각된다.

따라서 테라피스트에게는 다음과 같은 점이 요구된다.

- 언어와 목소리 톤은 목적에 부합되어야 한다. 이완훈련 시에는 부드럽고 섬세한 단어를 사용하고, 힘이 필요한 경우에는 단호한 톤으로 말한다.
- 요가자세를 마무리할 때 자신도 모르는 사이 목소리 톤을 낮추지 말고 처음부터 끝까지 일정한 톤을 유지한다.
- 특정 요가기법을 안내할 때 가능하면 짧으면서도 분명한 동사형 단어를 쓰고 지나치게 많은 단어는 피한다.
- 요가기법들을 안내할 때 내담자 스스로가 몸과 마음을 탐색할 수 있도록 가능하면 청유형 표현을 쓴다. 예를 들어 "아기자세를 해 보시겠어요?" "이제 호흡하는 방법을 알려 드릴 테니, 한번 해 보실래요?"라고 묻는 것이 좋다.
- 내담자가 특정 요가기법을 실시한 후에 느낀 경험들을 잘 알아차리고 기술할 수 있도록 하기 위해 "이 훈련을 해 보니 어떤 느낌이 드세요?" "몸에서 가장 강한 감각이 올라오는 곳은 어디인가요?" "지금 특별히 연상되는 기억이 있나요?" 등과 같은 질문을 던진다.
- 목소리는 부드럽고 안정되며 애정을 담은 톤이어야 한다.
- 내담자가 알아차린 내용을 말할 수 있도록 안내할 때, 캐묻거나 다그치는 언어나 목소리 톤을 사용하지 않도록 주의한다.
- 무집착 훈련을 격려할 수 있도록 고르고, 이완된 톤이 좋으며, 말 사이사이에 적절하게 침묵을 둠으로써 마음이 고요하고 안정되도록 유도한다.
- 내담자가 부정적인 정서에 싸이거나 카타르시스가 일어나면 침묵을 지킨다.
- 테라피스트는 자신이 사용하는 언어와 목소리 톤을 모니터링하기 위해

녹음해서 들어보는 것도 좋다.

7. 요약

이 장에서는 요가심신테라피를 준비하기 위해 필요한 내용들을 다루었다. 테라피를 본격적으로 시작하기 전에 테라피스트로서 가져야 할 태도가 있는데 이를 열거하면 첫째로 관심, 공감, 자비가 수반된 치료적 소통, 둘째는 내담자는 궁극의 존재라는 인식, 셋째는 현존, 넷째는 비지시적 대화, 다섯째는 창조적 대응이다. 이런 태도를 갖춘 테라피스트에게는 몇 가지 과제가 주어진다. 즉, 마음챙김의 역량을 높이고, 자신의 심리적 문제를 해결함으로써 역전이를 방지하고, 내담자 측의 저항을 다루는 방법을 익혀야 한다. 여기에 더해서 꾸준한 자기수련이 추가된다면 훌륭한 테라피스트가 될 기초를 갖추었다고 할 것이다. 내담자를 파악할 때는 우선 그 사람의 신체 모습을 살펴볼 필요가 있는데 척추를 중심으로 뒷모습, 옆모습을 세밀히 관찰하고 내담자에게서 받은 전체적인 인상을 자세하게 기록한다. 호흡은 내담자의 정서를 파악할 수 있는 또 다른 지표이다. 신체 모습과 호흡 패턴을 파악한 후에는 문제 해결을 위한 테라피의 목표를 설정한다. 이때 내담자의 호소 증상을 중심으로 목표를 설정하되 급성 증상부터 다루고 만성적인 증상은 계획을 세워 단계적으로 접근한다. 테라피의 목표를 설정할 때는 반드시 내담자와 소통하면서 의견을 나누어야 한다. 테라피스트-내담자 간의 신뢰, 즉 라포는 테라피에서 매우 중요한 요소이다. 보통 라포는 시간을 두고 서서히 일어나며 라포가 형성되기 위해서 테라피스트는 신체 수준, 정서 수준, 심리 수준에서 내담자의 상태 및 수준과 조율해 가면서 적극적으로 반영해 줄 필요가 있다. 요가지도자에서 요가테라피스트로 전환하는 일은 결코 쉽지 않다. 국제요가

치료사연맹(IAYT)은 요가테라피스트를 위한 표준 교육기준을 공표하면서 요가테라피스트가 되기 위한 구체적인 교육과 훈련 내용을 공표하였는데 이 또한 이 장에서 자세히 기술하였다. 그 밖에 테라피스트에게 필요한 사항으로는 올바른 도구의 사용, 적절한 내면적 자세, 테라피 효과의 증진을 위한 언어 사용과 목소리 등이 있다.

제2부

요가심신테라피
실제

제3장

요가심신테라피의 초기단계

강화

1. 요가심신테라피의 초기단계

요가심신테라피는 크게 초기단계와 발전단계, 종결단계로 구분된다. 초기단계는 첫면접과 도입단계인 2~3회기 정도를 말한다. 테라피스트는 첫면접에서 내담자를 만나 시진과 문진 등 다양한 방법으로 내담자에 관한 정보를 파악하고 현재 호소하는 증상과 그 증상을 개선할 수 있는 목표를 설정한다. 또한 요가 기본자세들을 활용하여 내담자가 가진 움직임의 습관과 범위, 고유한 호흡방식을 관찰한다. 이렇게 수집한 정보를 바탕으로 호소증상의 개선을 위해 적절하고 안전한 테라피 프로그램을 구성하게 된다. 도입단계인 2회기부터 테라피스트는 내담자의 목표에 따른 테라피 프로그램과 호흡을 적용하여 회기를 진행한다. 테라피 프로그램이 효과적일 수 있도록 내담자의 현재 심신 상태를 살피며 신체 움직임의 가동범위를 점차 확대할 수 있게 안내한다. 테라피스트는 내담자가 안전한 방법으로 자세를 익힐 수 있도록 필요하다면 보조도구를 활용하기도 한다. 내담자의 움직임에서 반복적으로 관찰되는 비효율적인 습관을 내담자 자신이 알고 있는지 확인한 후 점차 움직임이 효율적이도록 하기 위해 움직임의 전 과정에 주의를 기울이도록 안내한다.

또한 내담자가 자기의 들숨과 날숨을 알아차리고 호흡과 자세를 연결하여 움직일 수 있도록 안내하며 필요한 경우 호흡의 위치와 길이에 변화를 주어 점진적으로 조정하는 단계이다.

2. 첫면접 기술

테라피스트는 내담자와 처음 만나 그가 요가심신테라피를 통해 무엇을 원하며 어떤 것을 기대하는지 파악한다. 첫면접인 1회기는 이후 이어지는 일반 회기와는 구성과 진행 과정이 다르다. 테라피스트는 첫면접에서 내담자의 기초사항과 주 호소문제에 대해 듣고, 사진 촬영과 움직임 관찰을 통해 바디리딩한 구체적 정보를 기록하는 '첫면접 일지'를 작성한다. 이를 기반으로 내담자의 증상에 대한 평가를 하게 된다.

1) 면접하기

첫 만남에서 테라피스트는 내담자에 관한 정보를 여러 측면으로 파악한다. 첫면접 일지를 활용해 기초사항과 주 호소문제가 무엇인지 질문하고 대화를 통해 알게 된 내용과 내담자의 모습이나 움직임 등을 관찰해서 알게 되는 부분을 종합적으로 검토하여 적절한 테라피의 계획을 세우게 된다.

첫면접에서 테라피스트는 내담자에게 요가심신테라피의 진행 과정과 일지 작성을 설명하고 사진 촬영에 대한 사전 동의를 구한다. 회기 기록지와 테라피 현장에서 나누는 이야기를 비롯한 테라피 과정에서 습득한 모든 개인정보는 비밀 유지가 됨을 명확히 안내한다. 이런 상세하고도 친절한 설명은 내담자가 테라피스트를 신뢰할 수 있는 기반을 제공하여 테라피 과정에서 자신의 이야기를 편안하게 하는 데 도움이 된다.

일반 요가수업의 요가지도와 달리 요가심신테라피 회기는 일대일로 진행하는데 이러한 개별적이고 집중화된 만남은 내담자가 자신의 감각이나 느낌을 충분히 탐색할 수 있게 한다. 또한 테라피 과정에 내담자의 선택과 의견이 충분히 반영될 것임을 설명하여 능동적으로 테라피에 참여하도록 안내한다.

(1) 기초사항

1회기에 활용하는 첫면접 일지에는 이름, 성별,연락처를 비롯해 키와 몸무게, 나이와 종교, 가족관계 등 인적사항과 직업과 근무시간, 학력, 수면 및 식습관 등을 기록한다.

내담자의 기본 정보와 내담자의 외형과 환경 요인들을 살펴볼 수 있는 키, 몸무게, 나이를 기록하고 가족관계, 학력, 종교 등의 인적사항을 기록한다. 가족 구성원과 가족 간 관계를 통해 주고받을 수 있는 영향을 확인하기 위해 독립 가구인지, 내담자를 챙겨 줄 가족이 있는지, 아니면 돌봐야 하거나 신경을 써야 하는 다른 가족이 있는지를 파악한다. 종교를 미리 알 경우 특정 종교의 영향을 받아 생기는 불편함을 미리 예방할 수 있고 종교적인 의식이나 환경을 테라피 회기에서 활용할 수도 있다. 예를 들어 불교 신자인 내담자 **추**는 평소 절에서 명상을 해 왔던 터라 명상과 호흡 수련에 친숙한 반응을 보였다. 또 다른 내담자 **신**은 기독교 신자로 심상화가 있는 명상에서 '고요하게 앉아 새벽기도 드릴 때 감사함이 올라오는 순간'을 떠올리며 이를 자원으로 사용하였다. 또한 테라피에서 만뜨라를 사용할 때 종교적으로 불편함이 없으면 전통 만뜨라를 그대로 사용하거나 일상에서의 신념이나 생각으로 변경할 수도 있고, 심상화에서 종교적인 상징 등을 활용하기도 한다.

내담자의 직업에서 근무시간과 근무 형태는 일상에서 많은 부분을 차지하기 때문에 내담자의 문제를 이해하는 데 도움이 된다. 내담자 **류**는 서비스직으로 하루 8시간씩 고객을 응대하는 업무를 했다. 밝고 활기찬 인상을 위해 등을 반듯이 펴고 정면을 향해 미소 띤 얼굴로 팔을 들어 고객을 호출하였다. 이때 어깨와 팔의 각도는 직각을 유지해야 했는데 이 자세가 유지되지 않으면 재교육을 받아야 했다. 테라피스트는 **류**가 호소하는 목과 어깨의 통증과 두통이 등에 힘을 주고 팔을 직각으로 들어 올리는 근무자세가 반복되면서 발생한 만성적 긴장에 따른 것이라 추측했다.

내담자의 일상 습관으로 수면습관과 식습관, 배변습관을 확인한다. 수면습관은 잠자리에 드는 시간과 기상 시간을 통해 수면 시간과 패턴을 알 수 있다. 또한 잠들기까지 걸리는 시간, 도중에 잠이 깨는 횟수, 아침에 일어날 때 컨디션을 통해 수면의 질을 확인한다. 내담자의 식사습관은 일일 식사 횟수와 시간, 선호하는 음식이나 제한하는 음식이 있는지, 어디서 누구와 어떻게 식사하는가를 통해 일일 필요 열량과 영양소 섭취가 적절한지 등을 파악할 수 있다. 이는 내담자의 생활방식과 잠재적 건강 상태를 알 수 있는 부분으로 식사습관의 변화가 증상의 변화로 이어질 수 있는 여지가 크다.

직장에 다니는 **박**은 대학교에 입학하면서부터 자취를 시작해 10년 정도 혼자 생활하고 있다. 어깨와 허리 통증이 있어 잠을 깊이 자지 못하고 자다가도 몇 번씩 깨다 보니 아침에 일어나면 늘 피곤함을 느꼈다. 30대 초반의 나이임에도 몸이 무겁고 무기력해서 굽이 높은 신발을 신고 활기찬 모습으로 거리를 다니는 또래들을 볼 때 부러운 마음이 들었다. 소화불량과 속 쓰림이 있는 그는 아침은 거르고, 점심은 요구르트나 빵 등을 먹고 저녁 식사는 일이 끝난 뒤 회식하면서 야식이나 술안주로 대신하는 경우가 대부분이라고 했다. 테라피스트는 **박**의 신체적 증상들을 개선하기 위해 요가심신테라피 자세를 적용하며 식습관을 바꾸어 매일 한 끼 이상 식사를 하는 것을 제안하였고 **박**도 이에 합의하였다. 그의 직업 특성상 오후에 출근하고 늦게 퇴근하기 때문에 집에서 아침 겸 점심을 먹는 것이 가능하였다. 그는 초기에 매일 식사 하는 것이 익숙하지 않아 어려워했지만 2주 후에는 매일 점심을 먹게 되었다. 저녁 식사를 하는 날도 늘어나면서 심신에 활력이 생기며 무기력을 호소하던 증상과 속 쓰림이 줄어들었다. 이렇듯 개인의 습관을 알면 평상시 라이프스타일에서 약간의 조절만으로도 긍정적인 변화를 이룰 수 있다.

기초사항 중에 간혹 키나 몸무게를 말하기 꺼리는 경우가 있는데, 이는 반드시 확인해야 하는 것은 아니다. 내담자가 대답하기 불편해하거나 꺼리는 질문에 대한 대답은 생략해도 무방하다. 그 부분에 대한 불편함이 있다는 사실을 아는 것으로도 충분한 정보가 될 수 있다.

(2) 병력사항

테라피스트는 내담자가 현재 치료 중인 병이나 복용하고 있는 약과 가족력이 있는지를 확인하고 여성의 경우 출산과 생리주기도 확인한다. 현재 치료 중이거나 치료가 완료되었지만 이전에 치료받은 병의 이력과 치료 시기를 아는 것은 현재 상태를 이해하는 자료가 된다. 이전에 사고가 났거나 치료받았던 기억은 완치가 된 이후에도 내담자의 심신에 영향을 끼칠 수 있다. 때로는 완치가 되어 현재 아무 불편함 없이 생활하고 있다고 생각하지만, 그 병이나 증상으로 인해 생긴 몸의 보상작용과 이로 인한 습관이 신체의 불균형을 형성하기도 한다.

내담자 **장**은 목과 어깨에 있는 오래된 긴장과 불안정한 호흡을 개선하고 싶어서 테라피스트를 찾아왔다. 테라피스트가 선 자세에서 두 발을 바닥에 밀착하고 양팔만 들어 올리며 호흡을 하도록 안내하자 두 발의 안정된 착지가 어렵다는 것을 알아차렸다. 그는 10여 년 전 운동 중 부상으로 무릎수술을 하고 석 달간 오른쪽 다리에 부목과 보조기를 착용하고 있었다. 두발의 불균형한 상태는 상체의 긴장으로 이어져 편안하고 안정된 호흡을 어렵게 했다. 이처럼 우리는 상처를 입거나 불편했던 신체 부위가 완치된 후에도 그 부위를 보호하기 위해 무의식적으로 활동에 제한을 주는 경우가 종종 있다. 또한 신체적으로는 완치가 되었다 하더라도 건강에 대한 염려와 걱정이 남아 있어 심리적으로 아직 영향을 받고 있을 가능성도 열어 두어야 한다.

테라피스트는 내담자가 여성인 경우 임신과 출산 여부와 출산 횟수, 출산 방법도 확인한다. 임신과 출산은 몸에 전체적인 영향을 주고 자궁과 골반뿐만 아니라 척추 정렬에도 영향을 미친다. 몸에 큰 변화를 가져오는 임신과 출산을 몇 번 했는지, 최근의 출산 경험이 언제였고, 어떤 형태였는지는 중요한 정보가 된다. 자연분만으로 출산할 때보다 제왕절개로 출산했을 경우 복부의 근력이 약화되었을 가능성이 크다. 그리고 생리주기와 생리통의 정도를 확인하는 것도 도움이 된다. 만일 생리가 불규칙한 경우 언제, 어떠한 상황이 영향을 주는 요인인지 확인한다.

내담자가 불편함을 호소하는 증상이 현재 치료 중인 병증이 원인이거나 그와 관련이 있는 경우 신중하게 접근해야 하는데, 요가심신테라피에서 처방할 수 있는 범위를 넘어서는 중증의 증상이라면 먼저 의사의 처방과 판단이 필요하다. 또한 복용 약 여부를 확인하며 내담자 임의로 투약을 조절하지 않도록 하고 만일 조절을 원하는 경우 반드시 의사의 상담과 처방을 따르도록 안내한다. 내담자의 증상이 심하거나 병원 치료를 받고 있더라도 요가심신테라피를 경험하고 싶어 한다면 적용범위를 제한하고 조심스럽게 접근하는 것이 바람직하다.

(3) 호소증상 파악

요가심신테라피 내담자는 신체적으로든 심리적으로든 생활의 불편함이 있어 이를 해결하기 위해 온다. 테라피스트는 신체적·심리적 증상을 구체적으로 질문하는데, 불편함을 느끼는 곳의 구체적인 위치와 통증의 형태와 강도를 확인한다. 처음 불편함을 느끼기 시작한 시기는 언제이며, 그 불편함의 정도가 같은지 변화가 있는지, 통증주기와 지속시간 등도 알아본다. 또한 특정 동작이나 활동 중에 불편함을 느끼는 부분에 대해 상세히 질문한다. 또한 심리적 호소 역시 어떤 불편한 감정이나 느낌을 갖는지, 불편을 느끼는 시기와 지속하는 시간에 관해 구체적으로 질문한다. 내담자가 자신의 증상이나 상황 등을 이야기할 때 말의 내용에도 귀를 기울이지만 표정, 목소리의 활력, 손짓이나 몸짓을 유심히 살피며 언어적 표현과 비언어적 표현이 일치하는지 관찰한다. 특히 내담자가 호소하는 증상이 심리적인 문제와 연결되어 있는 경우 한숨이라든가 몸짓이 더해지기도 한다. 다음에 소개하는 사례는 테라피스트를 찾아온 **차**의 호소증상에 관한 것이다.

테: 현재 몸이 불편한 곳이 어디인지 말씀해 주실 수 있을까요?

차: 허리도 아프고 어깨가 무겁고 무릎이 아파 계단으로는 다닐 수가 없어요. 그리고 늘 피곤하고요.

테: 괜찮다면 통증에 대해 좀 더 구체적으로 말씀해 주시겠어요?

차: 글쎄요? (힘이 없는 듯한 표정으로 한숨을 쉬며) 뭘 말해야 하는지 잘 모르겠어요.

테: 허리라면 어느 부분에 통증을 느끼는지. 찌르는 듯한 통증, 누르는 듯한 통증처럼 통증의 형태나 느낌을 느끼는 대로 말해 주시면 됩니다.

차: 허리는 가운데 부분에 시큰거리는 통증이 있어요. 구부려서 바닥을 닦거나 할 때 너무 아파서 오래 구부릴 수가 없어요. 그리고 바닥에 앉았다 일어날 때마다 저도 모르게 '에구구' 소리를 내면서 일어요. 허리 전체가 묵지근하다고 해야 하나.

테: 그렇군요. 어깨는 어떠신가요?

차: 어깨는…… (오른손을 왼팔 위에 올려 주무르듯이 만지며) 전체적으로 무겁고 누르는 것 같은 통증을 거의 매일 느껴요. 요즘은 통증 정도가 더 심해져 아침에 일어나면서부터 등과 팔이 저려서 늘 주무르고 있어요.

테: 지금도 팔을 주무르고 있으시네요. 알고 계셨나요?

차: (살짝 웃으며) 습관이 된 것 같아요.

테: 또 다른 증상이 있으신가요?

차: 늘 피곤하고 몸이 무겁고 하니까. 조금만 일을 해도 힘들다는 소리를 입에 달고 사는 거 같아요. (한숨을 작게 쉬면서) 무릎도 아프고. 온몸이 다 아프고 무겁고 그래요.

테: 그렇군요. 지금 말씀하신 허리와 목과 어깨, 무릎과 관련해서 선생님께서 생각하시는 통증 정도는 얼마나 될까요? 전혀 안 아픈 게 0이고 움직일 수 없어 당장 병원에 가서 치료를 받아야 할 정도가 10이라고 하고 점수를 주신다면 얼마나 될지 생각해 보시겠어요?

차: 글쎄요. 허리는 늘 불편하고 신경 쓰이긴 하는데 요즘엔…… 5, 6 목과 어깨는 음…… 요즘엔 좀 더 심해졌어요. 한 7, 8. 무릎은 늘 불편하긴 한데 다른 데보단 덜 불편해요. 음…… 4, 5 정도.

테: 그렇군요. 현재 목과 어깨를 가장 불편하게 느끼고 있으시군요. 그렇다면 심리적인 불편함은 어떤 게 있을까요?

차: 음(잠시 생각하다가 한숨을 쉬고 나서) 뭘 해도 의욕이 없고 무기력한 거 같아요. 그래서 그런 제가 또 답답하고요

테: 의욕이 없고 무기력한 거 같고 답답함을 느끼고 있군요. 어떤 부분에서 그런지 괜찮으면 조금 더 자세하게 말씀해 주실 수 있을까요?

차: (한참을 곰곰이 생각하다 한숨을 내쉬며) 음…… 예전엔 제가 누구보다 열정적이었고, 일 처리도 빨라서 밀리거나 하진 않았던 것 같고 아이들…… 우리 반 아이들과도 제가 좋은 선생님인지는 모르겠지만 아이들에게 관심도 있고 괜찮은 선생님이라고 생각했

어요. (고개를 살짝 흔들며) 근데 요즘은 동료 교사들에 비해 업무적으로도 무능한 것 같고, 다른 교사들은 아이들을 잘 통솔하고 잘 지내는 것 같은데 저는 좀 그렇지 못한 것 같아 속상해요. (잠시 말을 멈추고 생각하는 듯하다 다시 숨을 내쉬면서) 집에서도 아내랑 엄마잖아요. 근데 늘 피곤해서 집안일도 잘 못하는 것 같고 아이가 뭘 해 달라고 하면 이따가, 이따가 해 줄게 하고 미루고…… (어두운 표정으로 고개를 끄덕거리며) 그러니까 늘 미안하죠. 또 속상하고요.

테: 직장에서도 열정이 없어진 것 같고 업무적으로 다른 선생님들과 비교해서 무능한 것 처럼 느끼고 계시네요. 집에서도 역할을 다하지 못하는 것 같아 미안함과 속상함을 느끼시는군요.

차: 네. (잠시 말이 없다가 숨을 들이마시면서) 그리고 저희 부부가 결혼하고 얼마 안 돼 교통사고가 났어요. 저와 남편 둘 다 많이 다쳐서 같이 입원했을 때가 있었거든요. 근데 그때 일이 불현듯 떠오르며 나나 남편이 또 사고를 당할 수도 있고 어떤 일이 있어 아이를 혼자 두고 죽으면 어쩌지 하는 생각이 나면서 갑자기 막 불안해져요. (두 손을 모아 쥐었다가 가슴을 가볍게 두드린다.)

(4) 그 외 고려해야 할 사항

① 사전 인터뷰

첫면접을 하기 전 전화 통화를 하거나 한 번 정도 만나 요가심신테라피에 대한 대략적인 설명을 하고 내담자의 증상이나 불편함을 느끼는 문제에 대해 듣기도 한다. 다음은 내담자가 자신에게 적합한 테라피인지를 알기 위해 전화를 걸어온 사례이다.

고: 안녕하세요. 지인을 통해서 이야기 듣고 전화 드렸어요. 요가로 심신을 치료한다고 이야기 들었는데요.

테: 예. 일주일에 한 시간씩 10번 정도 만나 개인이 무의식적으로 반복하는 건강하지 않은 습관을 자각하도록 안내하고 요가자세나 호흡, 명상 등 요가의 여러 기법을 이용하여 건강한 새로운 습관으로 안내하는 작업을 합니다.

고: 제가 좀 여러 가지 문제가 있는데요. 여기저기 아프기도 하고 문제가 많은데 이게 요가로 될까요?

테: 요가심신테라피에서 어떤 도움을 받고 싶으세요?

고: 제가 잘 잊어버려요. 그러니까 매일 쓰는 볼펜 뭐 이런 거 말고는 가지고 다니거나 하면 다 놓고 오고 암튼 뭐든 다 잘 잊어버려요. 이런 것도 나아지려나요?

테: 그 외 더 도움 받고 싶은 게 있으신가요?

고: 등은 옛날부터 아팠고, 머리도 아프고 목도 아파요.

테: 요가심신테라피가 등의 통증을 다루는 데 도움이 될 것 같습니다. 그러면 목과 머리 통증도 감소할 수 있을 것 같습니다.

고: 에이, 10년 동안 아팠는데 될까요?

테: 신체감각과 느낌을 자각하고 내부에서부터 조절하며 조금씩 더 나은 상태로 바꾸는 작업입니다. 해 보시면 도움이 된다는 걸 느끼실 겁니다.

고: 그래요? 뭐 치료가 되지 않더라도 신체자각이 뭔지는 좀 궁금하네요.

테: 그럼 시간이 언제 가능하세요?

고: 제가 지금은 좀 바쁜 일이 있는데 한 달 뒤쯤 봤으면 해요. 그때 다시 연락드릴게요.

이처럼 테라피스트는 요가심신테라피에 대한 전반적인 설명과 함께 회기 진행은 어떻게 이루어지고 어떤 효과를 기대할 수 있는지에 대해 간략하게 설명하고 내담자의 불편함에 대해 듣는다. 사전 인터뷰를 통해 요가심신테라피에 대한 긍정적 인상을 주기도 하지만 반드시 회기로 연결되지는 않는다. 또 전화 통화를 통해 대략의 사항을 안내받고도 만나서 더 구체적인 방법이나 설명을 듣기를 원하여 첫면접 전에 사전 면접을 하는 경우도 있다. 이때 내담자의 문제점을 자세히 들으면서 요가심신테라피를 통해 다룰 수 있는 부분에 대해 설명한다. 내담자는 자신이 테라피에서 어떤 도움을 받고 싶은지에 대해 말할 수 있고 이 부분에 대한 확신을 얻거나 부분적인 도움이 되겠다는 판단 아래 테라피 여부를 결정하는 계기가 된다.

② 안정화가 필요한 경우

내담자가 약속 시간을 맞추기 위해 서둘러 오거나 다른 이유로 숨가쁘게 들어와서 산만하거나 흥분해 있다면 우선 안정화가 필요하다. 흥분한 내담자는 그 상황에서 벗어나지 못하고 이야기를 계속하고 싶어 한다. 이럴 때 테라피스트는 짧게 그의 말을 들어 준 다음 잠시 말을 멈추어 보도록 한다. 그리고 자기 호흡을 알아차릴 수 있게 안내한다. 내담자는 호흡하면서 바닥에 닿아 있는 자기 신체 부위의 감각을 느끼는 것만으로도 안정화가 일어난다.

또 내담자의 병력이나 치료 내력을 확인하기 위해 질문하다 보면 과거의 일이지만 아직도 그 기억과 아픔 속에 머물러 있는 경우가 있다. 어떤 내담자는 감정이 격해지며 고통스러웠던 예전의 감정을 다시 느낄 수도 있다. 이런 순간에도 안정화가 필요하다. 격해진 내담자에게 잠시 이야기를 멈추고 호흡에 주의를 두게 한다. 들숨과 함께 신체감각을 느껴 보고, 날숨과 함께 움직임이 있는 몸을 알아차리도록 안내하며 바닥에 닿아 있는 신체 부분을 알아차리도록 안내한다. 내담자의 호흡이 안정되었을 때, 주변을 둘러보고 나서 자신의 신체감각과 느낌이 어떤지 물어보면 대부분의 내담자는 현재 앉아 있는 장소와 자신의 몸으로 주의가 돌아온다.

또한 테라피 현장에서 내담자와 테라피스트는 일반적으로 마주 앉아서 인터뷰를 하지만 내담자가 불편해하거나 어색해하는 모습이 보이면 테라피스트가 움직여 내담자가 안정감을 느끼는 정도로 거리를 조정할 수도 있고, 내담자에게 앉고 싶은 자리를 선택하게 할 수 있다.

2) 바디리딩

테라피스트는 처음 내담자를 만나면 신체 비율과 균형 정도를 파악하고 척추 정렬 상태, 움직일 때 관절의 가동범위, 움직임의 습관, 활기를 보게 된다. 또한 내담자의 첫인상과 걸음걸이, 앉아서 이야기를 나눌 때 특이하거나 눈에 띄는 점, 긴장하거나 활성화된 신체 부위, 습관이나 반복되는 행동을 주의 깊게 관찰한다.

보다 정확한 신체 상태의 분석은 바디리딩을 통해 실시한다. 이를 위해 내담자에게 사전 동의를 구하고 내담자의 전신을 사진 촬영하여 함께 확인한다. 바디리딩은 내담자의 몸에 남아 있는 반복적인 일상의 활동과 삶의 태도와 의도가 만들어 낸 몸의 상태를 읽는 것이다. 내담자가 테라피스트와 함께 자신의 신체 사진을 보며 몸의 상태와 습관으로 형성된 자세를 읽는 것만으로도 자각이 시작된다. 바디리딩을 통해 알게 된 불건강한 자세를 형성하는 습관화된 움직임을 새로운 건강한 습관으로 조정해 가는 과정에서 불편함은 줄어들고 치유로 연결된다. 이렇듯 다양한 몸의 모습과 형태, 습관 등을 드러내는 내담자의 신체 특성을 제대로 보고 올바르게 해석해 낼 수 있다면 그에 맞는 적절한 테라피 프로그램을 구성할 수 있다.

(1) 바디리딩을 위한 사진 촬영

내담자의 척추 정렬 상태와 형태 및 특징을 관찰하고 분석하기 위해 첫면접에서 전면과 후면, 양 측면과 등심대[1]를 촬영한다. 사진을 찍을 때는 척추의 정렬과 몸의 형태를 파악하기 쉬운 복장이 바람직하다. 테라피스트가 사

---

1) 척추의 좌우 균형이 한쪽으로 휘어진 측만을 검사하는 간단한 방법으로, 검사는 두 발을 모으고 똑바로 서서 허리를 구부렸을 때 좌우의 이상 유무를 관찰한다.

전에 내담자에게 신체가 잘 드러나고 무늬나 색이 단순한 옷을 착용하도록 안내하는 것도 좋다. 여성의 경우 머리카락이 길어 어깨를 덮으면 목과 어깨의 선을 보기 어렵고 등의 회전 여부를 파악하기 쉽지 않아 머리를 올려 묶는 것이 좋다. 내담자 분석을 위해 사진 촬영을 할 때 테라피스트는 촬영하는 위치와 바닥과의 수평을 맞추는 것에 주의를 기울여야 한다. 내담자는 정면을 향해 서서 두 다리를 모으거나 골반 너비로 벌린 채 자기가 생각하는 바른 자세를 취하고 몇 번의 심호흡을 한다. 이어지는 측면과 후면 촬영 역시 테라피스트는 한 지점에 고정해 있고 내담자가 몸의 방향을 돌려 자세를 취하여 같은 방식으로 사진을 찍는다. 간혹 테라피스트가 사진을 찍는 지점이 내담자보다 높아 내담자의 모습을 위에서 아래를 향해 촬영한 경우 머리와 상체 부위는 크게 나오고 다리 길이는 짧게 보여 다리의 모양이나 무게중심을 구별하기가 어렵다. 반면, 테라피스트가 자세를 낮춰 밑에서 위를 향해 사진을 찍게 되면 내담자의 다리가 길게 보이고 상체는 짧게 보여 체강의 크기와 신체 정렬을 파악하기가 어렵다. 또한 바닥의 수평을 맞추지 않으면 몸이 한쪽으로 기울고 무게중심이 한쪽으로 쏠린 것으로 보여 정확한 바디리딩을 할 수 없다. 바디리딩을 위한 사진 촬영이 익숙하지 않을 경우 바닥과 벽에 가로 세로 선이 있는, 기준이 될 만한 지점을 찾아 사진 촬영 장소로 이용하고 선을 찾기 어려우면 바닥에 요가 매트를 깔아 기준을 잡고 벽의 모서리나 주변 가구 등을 이용해 수직과 수평을 맞추는 연습이 필요하다.

(2) 바디리딩

사진을 보면서 척추의 기울기, 회전 정도, 만곡의 크기와 근육의 긴장 정도, 골반의 높낮이와 두 다리의 형태와 방향을 통해 신체 정렬 상태를 관찰한다. 신체구조 측면에선 체강의 크기와 활성 정도를 확인하며 주요 짜끄라와 연결된 신체 부위도 함께 관찰한다.

전면사진에서 척추 정렬을 확인할 때 머리와 어깨의 기울기, 좌우 회전 정도, 팔과 몸통 사이의 간격, 손과 팔의 각도와 높낮이, 무릎과 발의 방향을 주로 살핀다. 우선 머리와 어깨 부위부터 살펴보자. 머리가 한쪽으로 기울었다면 얼굴이 향하는 방향을 살피고 턱이 들리거나 당겨짐의 정도를 통해 수축한 부위와 늘어난 부위를 알 수 있다. 몸통과 팔을 살펴볼 때는 몸통과 팔 사이의 간격을 확인한다. 간격의 넓이를 통해 몸통이 신장되고 수축된 정도를 확인하고, 양팔과 손의 방향을 확인한다. 골반은 장골극의 높이를 확인하고 골반의 좌우 균형과 회전이 있는지를 살펴본다. 다리와 무릎의 모양과 무릎뼈의 방향을 통해 O 다리와 X 다리를 확인한다. 또한 발의 방향은 나란히 전면을 향해 있는지 확인하며 한 발이 밖이나 안으로 방향이 돌려져 있는지, 한 발이 앞으로 나와 있거나 뒤쪽에 위치해 있는지 확인한다.

후면사진은 전면사진에서 확인한 척추 정렬을 점검하는 역할을 한다. 우리는 일상적으로 사진을 찍거나 거울을 볼 때 대부분 앞모습을 점검한다. 그렇기 때문에 보이는 앞모습은 일정 정도 조절이 가능하다. 반면, 뒷모습은 자기가 볼 수 없기 때문에 조절이 쉽지 않아 우리의 모습을 있는 그대로 드러낸다고 볼 수 있다. 후면사진 역시 척추의 기울기와 양쪽 어깨나 골반의 높낮이와 회전 정도를 통해 정렬 상태를 확인한다. 어깨의 양쪽 높낮이를 관찰할 때 한쪽 어깨가 올라와 있는 경우 손끝의 위치를 확인하고 몸통과 팔과의 간격도 함께 본다. 또한 어깨가 굽어 있거나 젖혀 있는지를 살피면서 팔과 손의 위치와 각도 방향을 확인하여 등의 조임과 활성화 상태를 함께 확인한다. 골반의 높낮이와 함께 엉덩이의 좌우 크기와 높이를 살펴보고 오금을 어느 정도 펴고 있는지 발목의 모양과 뒤꿈치의 위치도 함께 확인한다. 전면사진과 연결하여 오른쪽 어깨가 높았다면 후면사진 역시 오른쪽 어깨가 높은지를 확인하고 골반의 회전 여부는 엉덩이의 위치와 넓이를 통해 확인하여 전면에서 보였던 정렬 상태를 재확인한다.

측면사진을 통해서 귀에서부터 복사뼈까지 가상의 줄을 일직선으로 그었을 때 그 선에 귀와 어깨, 종아리가 들어 있는지, 아니면 앞뒤로 벗어나 있는지를 확인한다. 좌측과 우측 사진을 비교하여 머리와 어깨의 기울기와 회전 정도를 살필 수 있다. 내담자의 얼굴이 어느 쪽에서 더 보이고 덜 보이는지, 어깨와 턱의 간격과 넓이, 어깨와 귀 사이 간격에 차이를 보이면 전면과 후면 사진으로 확인했던 기울기나 회전방향을 다시 점검한다. 목과 등, 허리 만곡을 확인하여 만곡이 깊거나 얕은지 여부를 확인하고, 평상시 통증이나 불편함이 있는지도 함께 확인한다.

등심대 사진은 척추 모양이 한쪽으로 휘거나 굽어 있는지를 확인하고 척주와 함께 날개 뼈가 위치한 등의 높낮이와 좌우 등 근육의 크기를 통해 회전 여부를 살핀다.

신체구조를 관찰할 때는 네 방향의 사진을 입체적으로 활용한다. 체강을 어깨와 가슴, 복부, 골반으로 나누어 확장하고 조인 모습을 관찰하고 그 크기의 차이는 어느 정도인지 확인한다. 신체의 물리적인 크기뿐 아니라 신체에 너지가 확장하고 수축하는 것을 관찰하고, 팽창하는 지점과 수축해서 모이는 곳이 어디인지도 파악한다. 다음은 바디리딩을 통해 척추정렬과 신체구조를 기반으로 내담자의 특성을 파악하는 예이다.

신은 왼쪽 어깨가 올라가 있고 고개는 오른쪽으로 회전되어 있다. 오른쪽 턱과 어깨 사이 간격이 가깝고 왼쪽 귀와 어깨 사이의 간격이 넓다. 등의 오른쪽 날개뼈 부분이 후면에서 봤을 때 더 두껍게 보이는 것으로 보아 몸통이 오른쪽으로 회전되어 있으며 몸의 무게중심은 오른발에 있다. 오른쪽 옆구리의 수축이 보이고 오른손이 왼손보다 아래에 있다. 골반은 왼쪽이 높으며 약간의 회전이 보인다. 골반의 회전 각도에 비해 어깨의 회전 각도가 더 크다. 측면에서 볼 때 왼쪽 아래팔과 손등이 앞으로 나와 있고 손등이 앞으로 향해 있어 어깨와 등을 늘려 사용하는 것으로 추측되었다. 함께 사진을 보며 이런 사항을 확인하고 난 후 **신**은 "제가 치킨집을 하는데 조리대에서 기름 솥이 오른쪽에 있어요. 그래서 오른쪽으로 몸을 돌려 기름 솥에 닭을 넣고 뒤적이는 일을 반복하지요. 근데 그게 몸에 그대로 남아 있는 줄은 몰랐어요"라며 놀라워했다.

신의 신체구조는 오버바운드 특성을 보인다. 상체는 크고 확장됐지만 골반은 조여져 있고 다리는 가늘다. 체강은 어깨 강이 가장 크고 넓으며 어깨를 끌어 올리고 가슴을 앞으로 밀어 역삼각형으로 보인다. 실제 남편과 함께 가게를 운영하지만 실질적인 가게 일은 **신**이 주로 한다. 직원에게 주방과 홀, 배달하는 일을 맡기지만 많은 시간 자신이 직접 주방 일을 하고 직원들의 식사를 직접 준비한다. 일이 힘들어 쉬고 싶은 마음도 있지만 자신이 직접 해야 마음이 놓인다.

(3) 호소증상과 신체구조의 관계

바디리딩을 할 때 전반적인 몸의 상태를 관찰하며 내담자의 신체적 호소와 심리적 호소 내용을 연결해 파악하는 것이 도움이 된다.

어깨의 통증이나 불편함을 호소하는 경우, 목과 어깨의 좌우 높이와 머리의 위치, 목과 등의 만곡을 주의 깊게 살펴보고 팔의 모양과 흉곽이 수축하거나 확장되어 있는지도 살펴본다. 허리에 통증을 호소하는 경우, 허리의 만곡과 등이나 골반의 회전 여부와 허리 주변 근육의 긴장도를 살피고 상·하체의 크기와 균형을 관찰한다. 또한 두 다리의 무게중심과 골반의 평형 상태를 살펴보는 것도 도움이 된다.

다음 사례처럼 바디리딩은 특이한 점이 보이지 않지만, 일상 모습에서 더 특징적인 모습을 발견하는 경우도 있다.

송은 어깨가 끊어질 것 같은 느낌과 짓눌리는 것 같은 통증을 가끔 느낀다. 통증이 느껴질 때면 일을 할 수 없을 정도로 아프다. 한의원에 가서 침도 맞아 보고 물리치료도 받았지만 그때뿐, 어깨가 아프기 시작하면 힘이 들고 통증 때문에 업무를 볼 수 없다. 첫 만남에서 호소증상을 이야기할 때 오른쪽 어깨를 툭 떨어뜨린 채로 오른팔을 왼쪽 무릎 위에 올려놓고 손을 마주 잡은 채 이야기하는 모습을 관찰할 수 있었다. 신체 사진을 보면 양쪽 어깨 높이는 비슷하지만 왼쪽으로 회전되어 있다. **송**은 하루 8시간 이상을 사무실에서 근무하며 컴퓨터를 이용해 업무를 본다. 모니터가 왼쪽에 놓여 있어 근무시간 대부분 몸을 왼쪽으로 비튼 상태에서 컴퓨터 작업을 한다. 평상시에도 왼쪽으로 회전하거나 왼쪽으로 기울이는 것이 익숙한 느낌이 있다. 이런 업무 환경과 습관이 **송**의 호소증상인 어깨 통증과 연관되어 있을 가능성이 높다.

심리적 호소가 주를 이루는 내담자의 경우 전반적인 척추 정렬 상태와 함께 신체 활력도를 확인한다. 체강 중에 확장된 곳과 수축된 부분을 관찰한다. 다음의 사례는 신체 수축이 평상시 자세와 호소증상과 연관된 것을 보여 준다.

안의 호소증상은 허리 통증과 소화기의 불편함이다. 그는 또래들보다 발육이 빨라 키가 크고 몸집이 좋았다. 2차 성징 또한 친구들보다 빨리 나타나 사춘기 때 부끄러운 마음에 어깨와 등을 움츠리며 가슴을 작게 보이려고 하였다. 남 앞에 서는 것을 즐기지 않는 성격으로 성장 후에도 구부정한 습관을 지속하게 되었다. 의자에 앉을 때도 엉덩이를 앞으로 밀어 허리가 바닥에 닿을 정도로 낮추며 어깨를 당겨 등을 구부정하게 만들어 실제보다 훨씬 작아 보였다. **안**의 호소증상과 평상시 자세를 연결해 보면 구부정한 등과 수축한 가슴은 명치와 복부를 압박하여 얕은 호흡 패턴을 만들고, 눌린 위와 장은 소화와 배변에 어려움을 일으킬 뿐만 아니라 지속적으로 등과 허리를 구부리는 자세는 허리의 통증으로 연결될 수 있다.

(4) 바디리딩에서 고려사항

① 입체적이고 유기적인 몸

사람의 몸은 평면이 아니고 입체적이며 각 부분은 유기적으로 연결되어 있다. 이것이 바디리딩을 할 때 앞과 뒤, 오른쪽과 왼쪽, 위와 아래를 함께 살펴보아야 하는 이유이다. 몸 전체의 조화와 연결을 생각하지 않고 한 부분만으로 척추의 정렬상태나 신체구조를 단정하면 중요한 단서를 놓칠 수 있다. 앞에서 볼 때 가슴을 앞으로 밀어 확장된 경우 체강의 앞뒤가 함께 팽창해 있는지, 앞쪽 가슴은 확장되었지만 등이 긴장하여 수축해서 앞으로 밀고 있는지를 관찰한다. 반대로 가슴은 수축하여 꺼져 있지만 등은 확장된 경우도 있다. 이처럼 표면의 형태는 비슷하지만 저마다 척추와 주변 근육의 경직 정도가 다르고 활성화되는 지점이 다르며 내부의 에너지 압력도 다르다. 또한 어깨의 높낮이가 다를 경우, 척추가 한쪽으로 기울어져 있는 C자형 측만이거나 역 C자형 측만인 경우, 혹은 S자형 측만을 보일 경우에도 어깨 높낮이가 다르기 때문에, 척추 전체의 상태와 골반이나 어깨의 회전 정도, 높낮이를 함께 관찰하는 것이 효율적이다.

② 인지적 오류

호소증상과 바디리딩을 통해 알게 된 정보와 실제 몸을 쓰는 모습을 관찰하면서 드러나는 내담자의 인지적 오류도 있을 수 있다. 우리 몸은 부상이나 다른 이유로 한쪽의 기능이 약해졌을 때 보상작용으로 반대쪽을 주로 사용한다. 이후 부상이 회복되어도 예전의 습관이 남아 지속해서 한쪽을 과하게 사용하는 경우도 있다. 반면, 신체의 불균형을 알고 이를 조정하는 과정에서 단편적인 접근으로 어느 한 부분을 사용하는 방법에 변화를 주지만 통증이나 불편함이 개선되지 않는 경우도 있다. 다음은 보상작용은 있지만 인식하지 못하는 사례와 단편적인 신체 조정으로 불균형을 개선하려는 내담자의 사례이다.

최는 오른손잡이로 몇 년 전 오른팔과 왼팔의 근육 크기가 다르고 근력의 차이가 나는 것을 알게 되었다. 그때부터 왼쪽 팔과 어깨가 왜소하고 약한 것이 신경 쓰여 왼쪽을 더 많이 사용하려 의식적으로 노력했다. 그러다 보니 현재 왼쪽 팔의 근육이 더 크고 강해졌지만 아직도 왼쪽이 약하다고 생각한다.

문은 두통과 어깨 통증이 거북목 때문이라는 의사의 소견을 들었다. 자세를 바로 하면 개선될 수 있다는 말에 거북목을 만드는 자신의 습관을 고치려는 의도에서 턱을 들어 올리며 어깨에 힘을 주어 머리를 당기는 노력을 지속했지만, 두통과 어깨 통증은 개선되지 않아 요가심신테라피를 하게 되었다.

③ 의도적 자세

우리는 무의식중에 신체의 움직임에 의도를 반영하는 경우가 있다. 어떤 의도를 갖고 몸의 움직임을 반복하다 보면 자세는 고착되고 이 고정된 자세가 특정 부위의 긴장을 높이는 경우가 있다. 예를 들어, 키가 작은 것이 콤플렉스인 사람은 늘 높은 신발을 신고, 의자나 바닥에 앉을 때도 더 커 보이려고 등을 꼿꼿하게 세우는 노력을 한다. 그리고 어려서부터 자세가 구부정하니 등을 펴라는 말을 지속해서 들은 사람은 '등을 펴고 자세를 바르게 해야 한다'는 생각에 허리와 척추 전체에 힘을 주어 곧추세우게 된다. 이들이 척추를 긴장시키며 곧추세우는 자세를 지속하는 시간이 길어지면 등과 허리에 만성적 긴장이 생기며 통증 등으로 생활에 불편을 겪게 된다. 이렇듯 한번 생긴 신념과 습관은 몸의 형태에 영향을 주어 불편한 방향으로 고정되기도 한다.

④ 임산부의 체형 변화

임산부의 경우 배가 나오면 몸의 무게중심 축이 바뀐다. 걸음걸이도 바뀌고 서거나 앉아 있는 모습도 평상시와 다르게 되어 신체적 특성을 쉽게 파악하기가 어렵다. 때문에 다음에 제시한 내담자처럼 호소증상에 대한 원인을 찾는 데 어려움을 겪기도 한다.

임산부인 **전**은 배가 불러 옴에 따라 허리를 앞으로 밀고 있었다. **전**의 신체적 호소는 허리 통증이었다. 처음 바디리딩에서 허리를 앞으로 밀고 있는 습관이 허리 통증의 원인일 것으로 판단하여 테라피를 몇 회기 진행하였다. 테라피를 진행하며 전의 실제 신체 모습과 움직임을 연결하여 살펴보는 과정에서 측만이 관찰되었다. 악기 연주자인 **전**이 한쪽 팔과 어깨를 주로 이용하여 하루 3~5시간을 연습하는 직업 특성이 측만을 촉진시키고 있었다. 중간에 좌우 불균형을 줄여 허리 통증을 경감시키는 것으로 테라피 목표를 수정하였고 이에 따른 테라피 자세를 수정하여 안내하였다.

이처럼 미처 보지 못했던 부분이 드러나고 간과했던 부분이 몸에 많은 영향을 미치는 것을 알게 되면, 자세를 유지하는 방법이나 주의를 두어야 하는 부분들은 언제든지 수정할 수 있다. 아무리 세심하고 세밀한 관찰을 바탕으로 한 바디리딩이지만 우리 몸이 유기체인지라 여러 조건에 따라 계속 변화한다는 사실을 기억해야 한다.

3. 테라피의 목표 설정과 요가프로그램 구성

첫면접에서 문진과 시진을 통해 호소증상을 확인하고 바디리딩을 통해 내담자의 신체적 특징 파악을 완료하면 요가심신테라피의 목표를 설정한다. 내담자와 테라피스트가 합의하여 목표를 설정한 후 기본 자세를 활용하여 움직이는 습관과 모습을 관찰하고 설정한 목표가 적절한지 판단한다. 이에 따라 내담자의 가동범위와 심신의 활력 정도를 고려하여 적절한 요가프로그램을 구성한다.

1) 목표 설정

앞서 호소증상을 구체적으로 질문하여 불편한 증상이 나타나는 위치와 정도, 간격과 주로 불편함이 나타나는 시기를 확인하는 과정을 설명했다. 그리고 현재 호소증상과 관련하여 받은 치료 내력도 확인할 필요성을 서술하였다.

내담자와 바디리딩 사진을 보며 신체적 특징과 척추의 정렬 상태를 함께 확인하고 호소증상과 관련하여 자세나 습관적인 움직임이 있는지 파악한다. 내담자가 지각하고 있는 신체감각과 사진에 나타나는 신체 특징이나 척추 정렬 상태를 비교해 보면 내담자가 느끼는 신체 상태와 사진으로 드러난 모습이 일치하지 않는 경우가 있다. 바로 이어지는 사례가 그 예이다.

테: 이 사진을 보면 목과 어깨를 수축하며 팔과 어깨를 끌어올리고 있어요.

박: 그래요? 이상한데 제가 생각하기에 팔이 너무 무거워 바닥에 질질 끌고 다니는 것 같은 느낌이에요. 무거워서 올릴 수 없는 것 같은데.

테: 바닥에 끌리는 것처럼 느끼세요?

박: 네. 제 느낌은 그래요. 그런데 제가 이렇게 올리고 있는지는 몰랐어요. (곰곰이 생각하다가) 제가 평소 오른쪽 어깨와 왼쪽 팔에 통증을 느껴 물리치료도 받고 주사도 맞고 그러거든요. 근데 조금 있으면 또 아프고. 그래서 힘들어요.

테: 치료를 받고 계시군요.

박: 네. 요즘은 잘 안 가요. 갈 때뿐이라서 너무 아프면 가끔 한 번씩 가요.

테: 보통 팔과 어깨를 언제, 주로 어떻게 사용하세요?

박: 제가 악기 연주를 하잖아요. 그러니까 매일 평균 네다섯 시간 이상 연습을 하는데 연
습할 때 팔과 어깨에 힘을 주어 누르고 당기는 동작을 많이 하니까 아마 그래서 아프
긴 할 거예요.

2) 목표 확정

호소증상과 바디리딩으로 내담자에게 필요한 부분을 확인하고 난 뒤 목표
를 설정하면 요가심신테라피에서 제공하는 기본 자세(〈표 3-1〉) 중에 필요
하다고 판단되는 일부 자세를 안내한다. 이때 내담자의 습관적 움직임이나
특징적인 모습이 있는지 주의를 기울여 보고 확인할 필요가 있다.

〈표 3-1〉 요가심신테라피 기본 자세

요가심신테라피 기본 자세	중요 관찰
	짜끄라와까사나(cakravākāsana) 척추의 움직임을 확인한다. 어느 부위가 주로 움직이고, 움직임이 제한되는지를 확인한다.
	와즈라사나(vajrāsana) 주로 어디를 이용하여 움직임을 만드는지, 몸의 무게 중심은 어디에 있는지를 확인한다.

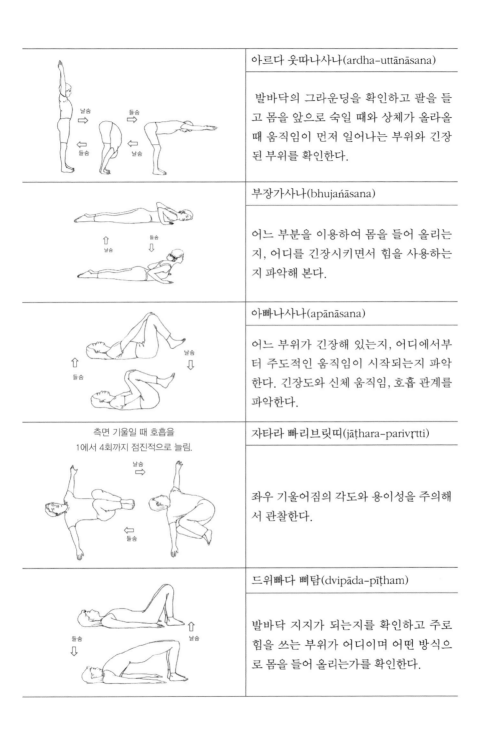	아르다 웃따나사나(ardha-uttānāsana)
	발바닥의 그라운딩을 확인하고 팔을 들고 몸을 앞으로 숙일 때와 상체가 올라올 때 움직임이 먼저 일어나는 부위와 긴장된 부위를 확인한다.
	부장가사나(bhujaṅāsana)
	어느 부분을 이용하여 몸을 들어 올리는지, 어디를 긴장시키면서 힘을 사용하는지 파악해 본다.
	아빠나사나(apānāsana)
	어느 부위가 긴장해 있는지, 어디에서부터 주도적인 움직임이 시작되는지 파악한다. 긴장도와 신체 움직임, 호흡 관계를 파악한다.
측면 기울일 때 호흡을 1에서 4회까지 점진적으로 늘림.	자타라 빠리브릿띠(jāṭhara-parivṛtti)
	좌우 기울어짐의 각도와 용이성을 주의해서 관찰한다.
	드위빠다 삐탐(dvipāda-pīṭham)
	발바닥 지지가 되는지를 확인하고 주로 힘을 쓰는 부위가 어디이며 어떤 방식으로 몸을 들어 올리는가를 확인한다.

3. 테라피의 목표 설정과 요가프로그램 구성

| 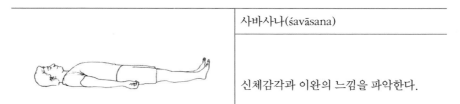 | 사바사나(śavāsana) |
| | 신체감각과 이완의 느낌을 파악한다. |

〈표 3-1〉에 있는 요가자세를 모두 실시할 필요는 없으며 내담자의 신체 상태를 파악하기 적당한 두세 자세를 선택하여 안내하는 것이 좋다. 몇 가지 자세수련을 통해 척추의 경직 상태와 신체 움직임의 패턴을 관찰하고 관절의 가동범위와 형태를 파악했다면 호소증상과 연결해 보며, 개선을 위해 조절할 수 있는 방향을 찾아본다.

내담자가 안고 있는 문제가 단순한 경우도 있지만 여러 증상이 결합한 복합적인 문제인 경우가 더 많다. 이럴 때는 우선순위를 정해 한 가지 목표에 집중하여 테라피를 진행한다. 호소증상은 1차 문제와 2차 문제로 나눌 수 있다. 좀 더 근원적인 불편함과 복잡한 통증의 원인은 순차적으로 다루어 나가야 한다. 순서를 정하는 원칙은 단순한 것에서 복잡한 것으로, 불편함을 느낀 시기가 최근에서 오래된 것으로, 가장 불편한 것에서 조금 덜 불편한 것으로, 사지 말단에서 중심부로 접근해 가는 것을 원칙으로 한다. 목표를 설정하고 테라피 기본 자세 중 몇 자세를 안내하면서 내담자의 움직임을 통해 척추의 가동범위와 움직임의 패턴을 살펴본 뒤 필요한 목표를 추가하거나 수정하여 목표를 확정한다. 간혹 테라피스트가 생각하는 우선순위와 내담자의 의견이 다른 경우 바디리딩과 테라피 기본 자세를 안내하며 나타나는 자세와 움직임의 습관에 근거하여 테라피스트의 견해를 내담자에게 설득할 수 있지만 가능하면 내담자의 의견을 존중하여 목표를 설정한다.

정은 인터뷰에서 두통과 목, 어깨 통증, 요통을 호소하고 심리적으로 불안과 강박을 호소하였다. 처음 척추의 움직임을 확인하기 위해 짜끄라와까사나와 와즈라사나를 안내하였다. 요가자세를 실시하는 과정에서 보이는 상체의 긴장과 척추 전체의 유연성 부족을 신체적 불편함을 일으키는 원인으로 추측하였다. 호소증상 중에 통증 정도를 물었을 때 내담자는 자가 통증 척도[2]를 어깨 통증은 6, 허리 통증은 4~5 정도라고 하며 최근에 가장 불편함을 느끼는 부분으로 어깨를 언급하였다. 따라서 테라피 목표를 '목과 어깨의 긴장 완화와 척추의 유연성을 향상한다'로 확정하였다.

3) 요가프로그램 구성

요가심신테라피 목표에 대한 합의가 이루어지면 내담자의 운동 가동범위와 체력, 증상을 고려한 테라피 프로그램을 구성한다. 테라피 자세를 구성할 때는 쉽고 단순한 자세에서 점진적으로 어렵고 복잡한 자세로 구성하고, 좌우, 전후 대칭 자세를 배치하여 신체의 보상작용을 적절히 활용하여 한 방향으로 치우치지 않도록 구성한다. 개인의 특성에 따라 들숨이나 날숨을 조절하거나 활성화하는 호흡법, 명상이나 만뜨라, 이완 등으로 구성한다. 내담자의 호소증상과 체력 정도에 따라 처음 자세를 선 자세, 앉은 자세 혹은 누운 자세로 할지도 고려한다. 젊고 활력이 넘치는 사람의 경우에는 서거나 앉은

---

2) 통증 정도는 단순한 조직 손상의 정도만으로 평가될 수 없으며, 정신적 상태와 개인적인 문화적 배경, 과거 경험 등이 복합적으로 작용하여 개인마다 통증을 다양한 강도와 양상으로 느끼게 된다. 이처럼 통증은 매우 주관적인 경험이므로 느끼는 정도가 개인마다 다양하며, 현재까지 통증을 객관적으로 정확하게 측정하기가 어렵다. 자가보고에 의한 통증척도 도구에는 구두숫자척도[Verbal Numerical Scale(VNS)] 숫자등급척도[Numeical Rating Scale(NRS)] 단어척도(Word Scale) 시각척도[Visual Analog Scale(VAS)] 도식화등급척도[Graphic Rating Scale(GRS)] 얼굴통증척도(Pain Face Scale) 등이 있다.

상태로 시작하여 점차 자세가 익숙해지면 변형 자세를 이용해 단조로움을 피한다. 나이가 많거나 활기가 부족한 사람의 경우 어려운 자세보다 앉거나 누운 자세에서 쉽게 할 수 있는 단순한 자세를 배치하고 조금씩 근력을 키워 나간다. 신체 활력이 높아짐에 따라 서서 하는 자세나 처음 배운 자세에서 한두 가지씩 추가하는 형태로 자세를 변형하고 확장해 나가는 프로그램 구성이 필요하다. 또한 자세 구성을 할 때 전굴자세 후에는 후굴자세를 배치하여 신체 균형을 이루게 하고 들숨을 강조하는 자세를 배치하였다면 호흡의 균형을 맞출 수 있도록 자세를 구성한다. 다음은 테라피스트가 만났던 내담자의 목표 설정방법과 테라피 자세를 구성할 때 고려해야 할 몇 가지 경우를 들어 제시한 것이다.

(1) 호흡역량 강화가 필요한 경우

내담자의 신체 활력이 낮고 근력이 약하다면 어떤 자세를 안내하기에 앞서 호흡역량을 높여 전반적인 활력을 끌어올리는 방법을 사용하기도 한다.

최는 최근 오른쪽 폐 수술 후 숨이 가쁘고 무게가 있는 것을 들어 올릴 때마다 명치 부근 가슴이 눌리고 아픈 것을 느낀다. 이젠 집안일 뿐 아니라 손자를 안아 주는 것도 힘겹다. 담배 냄새나 찌개를 끓일 때 나는 냄새만 맡아도 온몸으로 기침을 하게 된다. 오래 누워 있으면 머리 부분을 높여도 가슴 부분이 목 쪽으로 받쳐 올라오는 느낌이 들어 숨 쉬기 힘들고, 옆으로 돌아누워도 오른쪽 옆구리가 눌려서 한 자세로 오래 있지 못해 깊은 잠을 자기 힘들다. 테라피스트는 **최**가 호흡과 함께하는 가벼운 자세가 어느 정도 가능할지, 숨을 인식하는 능력과 호흡에 관련된 근육의 힘을 알아보기 위해 천천히 호흡하도록 안내하였다. **최**는 복식호흡을 하려면 명치가 긴장이 되고 숨이 깊이 쉬어지지 않았던 예전 경험을 떠올리며 호흡에 대한 부담을 이야기하였다. 이에 테라피스트가 복식호흡이 아닌 자연스럽게 숨이 들어오고 나가는 것을 느껴 보게 안내하고 그 느낌을 물으니 "복부를 부풀리지 않아도 된다는 말에 긴장하지 않고 숨 쉬는 것을 느껴 보니 가슴과 복부 모두 편안하고 가슴으로 숨이 들어가는 것이 느껴져요"라고 하였다. **최**의 요가심신테라피 목표는 '호흡 개선을 위해 호흡관련 근육의 안정성과 호흡역량을 강화'하는 것으로 설정하였다. 이에 따라 주요 방법은 호흡역량 강화를 위한 등 후만자세로 하였고 보조방법은 그라운딩으로 하였다.

(2) 그라운딩이 필요한 경우

그라운딩이 안 되는 내담자의 경우 그라운딩을 충분히 느낄 수 있는 자세를 먼저 구성하고 그 자세를 변용하여 확장하는 자세를 배치한다.

한은 어깨가 아파서 밤에 깨는 일이 잦았고 누워 있을 때 허리에 찌릿한 통증을 느끼기도 한다. 바디리딩을 위한 신체 사진으로 어깨는 둥글게 앞으로 말려 있고, 척추를 긴장시켜 앞으로 밀어 복부와 가슴을 내밀고 있는 것을 관찰할 수 있었다. 행동과 말이 빠른 **한**은 바쁘다는 말을 입버릇처럼 하며 많은 업무량을 소화하였다. 어린이집 운영 외에도 다른 일도 맡아 늘 분주한 생활 탓에 안정되지 않고 붕붕 떠다니는 느낌이 든다고 하였다. 움직임을 관찰하기 위해 아빠나사나를 안내했을 때 호흡 속도가 빨라 호흡에 맞추어 몸을 움직이는 것을 어려워했다. 테라피스트가 등의 감각을 알아차리도록 날숨에 등이 바닥에 닿는 느낌에 주의를 두며 다리는 천천히 움직이도록 안내하였다. 그가 바닥에 닿는 등의 감각을 잘 느낄수록 호흡의 길이도 점차 길어지고 이에 맞추어 다리의 움직임도 자연스럽게 느려졌다. 이어 사바사나에서 등과 골반이 바닥에 닿는 느낌을 알아차리며 잠시 쉬게 한 뒤 두 다리를 접어 바닥에 놓고 골반을 들어 올리는 자세인 드위빠다 삐탐을 안내하였다. 이때 바닥을 누르는 발바닥의 감각에 주의를 두며 골반을 들어 올리게 안내하였지만, 그는 발바닥과 다리의 누르는 힘을 이용하지 못하고 척추를 긴장시켜 허리를 들어 올려 어깨로 버티는 자세를 반복하였다. **한**은 지속적인 수련으로 발과 다리에 주의를 두게 되었고 허리와 골반을 긴장하지 않고 움직일 수 있게 되었다. 테라피스트는 이후 비틀기 자세인 자타라 빠리브리띠를 구성하여 안내하였다. 한쪽 옆구리의 단축이 있는 내담자의 특성을 고려하여 들숨의 확장을 통해 내부의 공간을 만들고 날숨은 편안하게 내쉬도록 하며 점진적으로 수축된 부위를 늘려 양쪽의 균형을 맞추어 나갈 수 있도록 안내하였고 다음 자세는 그라운딩에 기반을 두고 상체의 긴장 없이 움직이는 자세를 구성하였다.

(3) 목과 어깨 통증이 있는 경우

요가심신테라피의 목표를 목과 어깨의 통증이나 불편함을 개선하는 것으로 정하면, 척추 전체의 긴장을 줄이고 신체 움직임이 주변 근육과 조화를 이뤄 목과 어깨를 지지할 수 있게 도와주는 자세를 중심으로 구성한다. 이때 목과 어깨의 움직임을 부드럽게 할 수 있도록 팔을 활용하는데, 팔은 한쪽씩 움직여 목과 어깨가 안정되면 두 팔을 함께 움직이는 방법으로 가동범위를 확장해 나간다. 또한 내담자가 목과 어깨에 힘을 과하게 주어 만성적인 긴장이 있는 경우 날숨을 깊게 할 수 있는 자세를 구성하여 안내한다. 반면, 에너지가 약하고 기운이 없거나 지나친 이완으로 인해 무기력함이나 불편이 나타나는 경우 들숨을 강화하거나 보완할 수 있도록 하여 심신에 활력을 주는 방향으로 자세를 구성한다.

차는 목과 어깨의 통증과 허리 통증, 무릎 통증과 만성 피로를 호소하였다. **차**의 호소증상과 바디리딩, 기본 자세를 통해 움직임을 관찰한 결과를 고려해 볼 때 목과 어깨의 문제를 먼저 다루기로 합의하고 테라피의 목표를 '목과 어깨의 통증을 경감시키고 허리의 통

그림 3-1 와즈라사나

그림 3-2 드위빠다 삐탐 변형

증을 완화한다'로 정했다. 테라피스트는 테라피 프로그램을 구성할 때 우선 어깨와 목에 긴장 없이 팔을 움직이는 것을 고려하였다. 구성 자세 중에 와즈라사나를(그림 3-1) 안내하니 팔을 들어 올리는 것마저 힘들어했다. 들숨에 양팔을 벌리고 날숨에 고개를 숙이며 팔을 모으는 방식으로 단순화시켜 안내하였다. **차**는 이 자세를 반복해서 마치고 난 후 감각을 묻자 비로소 숨을 쉴 수 있게 된 것 같다고 하며 가슴이 조금 시원해졌다고 하였다. 이후 회기에서 팔의 방향을 위로 한쪽씩 들어 올리는 형태로 자세를 진행하고 이 자세가 익숙해진 후 두 팔을 함께 움직이도록 점진적으로 안내하였다. 다음 자세로 드위빠다 삐탐(그림 3-2)을 안내하였다. 이 자세에서 **차**는 골반을 들어 올리는 것을 힘들어했고 허리에 뻐근한 통증을 호소하였다. 테라피스트가 발바닥이 바닥에 닿는 감각을 물어보며 다리에 주의를 두고 골반을 조금씩 들썩이는 정도의 움직임을 안내하였다. 또한 발바닥을 누르는 힘으로 무릎을 조금씩 밀면서 골반을 들어 올리도록 안내하였다. **차**는 이때의 신체감각을 묻는 테라피스트에게 발바닥에 전기가 오는 것 같다고 하였다. 그 느낌을 자각하며 다리의 힘으로 골반을 움직이도록 하고 그 자세가 익숙해진 뒤에는 팔을 들어 올려 목을 움직이는 자세로 확장해 나갔다.

(4) 요통이 있는 경우

요통을 위한 테라피 프로그램은 허리 주변 근육을 풀어 주는 자세와 함께 두 다리가 바닥 면과 만나는 감각을 충분히 자각할 수 있는 자세를 구성한다. 요통이 있는 내담자는 상체나 허리를 과하게 사용하지만, 다리와 발의 감각은 약하거나 못 느끼는 경우가 있다. 발바닥과 다리의 감각을 느낄 수 있는 자세를 안내하고 그 느낌을 유지하고 지속적으로 반복하면서 신체의 힘을 골고루 분산시키도록 한다. 다리나 발로 내담자의 주의가 확장되면 몸을 움직일 때 편안한 범위를 자각하게 하고 그 알아차림을 기반으로 신체의 움직임을 조절하도록 안내한다. 테라피스트는 내담자의 신체에서 수축되고 조여져 있는 부분은 이완하여 풀릴 수 있도록 하고, 약해진 부분은 보강하는 자세를 구성한다. 또한 좌우, 상하, 내부와 외부의 균형을 맞추고, 허리 주변 근육의 긴장을 천천히 줄여 나갈 수 있는 자세를 구성한다.

4. 테라피의 시작

요가심신테라피는 내담자가 약속 장소에 도착하는 순간부터 시작된다. 테라피스트는 내담자가 한 주 동안 어떻게 지냈는지를 물어보며 내담자의 몸과 마음에 나타난 변화를 주의 깊게 관찰한다. 또한 일주일 동안 자율수련을 하며 어려웠거나 특이한 사항이 있었는지를 확인하며 수련 중에 경험한 감각이나 느낌에 대해서 이야기를 나눈다. 내담자가 현재 알아차린 자기 신체감각과 느낌, 심신의 컨디션을 확인하면서 회기를 시작한다.

1) 호흡 점검

보통 두 번째 회기부터는 첫면접을 통해 파악한 내담자의 문제에 도움이 될 수 있는 테라피 프로그램을 가지고 회기를 시작한다.

내담자가 몸과 마음의 긴장을 풀고 호흡을 편안히 하면서 자기의 신체감각과 느낌을 알아차리는 시간을 갖는다. 이것은 평상시 호흡 패턴을 알아보기 위한 시간이기도 하다. 사바사나로 눕거나 매트에 앉아 편안하고 자연스럽게 호흡을 하며 안정화 시간을 갖는다. 내담자가 누워서 이완할 것을 선택했다면 눈 베개 사용을 권장한다. 눈 베개는 눈의 피로감을 줄여 주고, 주변의 시각적 자극으로부터 자기 내면의 감각과 느낌으로 주의를 돌리는 역할을 하여 신경안정에 도움이 된다. 테라피스트는 이를 사용하기 전에 내담자의 동의를 받고 눈 위에 얹어 준다. 내담자가 누운 채 신체 각 부위에 주의를 두며 감각을 알아차리고 호흡을 자각하는 시간을 갖게 되는데 이때 테라피스트는 내담자의 호흡을 관찰하여 들숨과 날숨 시에 주로 움직이는 위치와 1분 동안의 호흡 수를 측정하고, 들숨과 날숨의 길이와 호흡 반복 패턴이 규칙적인지를 관찰한다. 또한 호흡이 부드러운지 혹은 거친지도 살펴 확인한 후 내담자가 자각한 호흡의 느낌이 어땠는지를 물어 스스로 자각하는 호흡 느낌과 테라피스트가 관찰한 느낌을 비교하기도 한다. 주의 깊게 호흡을 점검하는 것이 얼마나 중요한지 예를 하나 살펴보자.

문의 호흡을 관찰하던 중 호흡이 갑자기 빨라지는 것이 보였다. 회기 초반에 분당 호흡 수가 14회 정도였다가 갑자기 분당 20회에 육박하였다.

테: 지금 신체 느낌이 어떠세요?

문: 편안해요. 좋습니다.

테: 조금 전 누워 있을 때 중간에 호흡이 바뀌었는데 알아차리셨나요?

문: 네, 저도 갑자기 빨라져서 이게 뭘까 하는 생각이 들었어요.

테: 알고 계셨군요. 무엇 때문에 호흡이 빨라졌을까요?

문: 이게 그건지 모르겠는데요. 제가 누워 있는데 호흡이 갑자기 빨라져서 무슨 일이지 하고 있는데 멀리서 사이렌 소리가 들렸어요.

테: 아까 저쪽 큰 도로에서 들린 구급차 소리를 말씀하시는 건가요?

문: 네. 예전에 현장 근무할 때 늘 출동을 대비하거든요. 잘 때도 호출이 있으면 바로 일어나서 출동해야 하니까 긴장을 풀 수 없었는데 요즘은 현장근무 안 한 지 몇 년 됐어요. 그러니까 내근을 해서 출동이나 이런 게 없으니까 영향이 없다고 생각했는데. 저도 이렇게 호흡이 빨라질 줄 몰랐어요.

테: 예전에 현장 근무할 때는 출동에 대비해야 하니까 긴장하던 반응이 나타난 거군요.

문: 그런 거 같아요. 빨리 출동하려면 딱 튀어 나가야 하니까 늘 긴장을 유지하고 있어야 하거든요. 신기하네요. 요즘은 정말 현장 근무한 지 오래 돼서 전혀 이런 소리에 상관없다고 생각했거든요. 정말 신기하네요.

소방공무원인 **문**은 긴장을 늦출 수 없었던 현장 업무로 인해 생긴 습관이 업무가 바뀌고 몇 년이 지났기 때문에 현재는 전혀 영향이 없을 거라고 여겼다. 그러나 멀리서 들리는 소리를 자각하기도 전에 빨라지며 반응하는 자기 호흡을 알아차린 게 심신을 새롭게 바라보는 계기가 되었다.

사바사나가 이완을 위한 대표 자세이기는 하지만 불안이 높은 내담자들은 복부를 드러내고 눕는 사바사나를 불편해하기도 하고, 스스로는 자각하지 못하지만 불안을 증폭시켜 안정이 안 되는 경우가 있다. 이런 경우 엎드리거나 매트에 앉는 방법도 있고, 매트에 앉는 자세가 불편하다면 의자에 앉아 안정화의 시간을 갖기도 한다. 만일 어떤 이유로든 테라피스트가 호흡을 관찰하기가 어렵다면 요가자세를 하고 난 뒤 내담자가 잠시 이완하는 시간에 호흡을 관찰할 수도 있다.

2) 요가심신테라피 프로그램 안내

테라피스트는 내담자가 첫 회기에 실시했던 요가자세를 지난 일주일 동안 어떻게 자율수련을 했는지 확인하고 테라피 회기에서 자세를 실시하며 어떤 감각을 느끼는지 묻고 관찰한다. 요가자세를 안내할 때는 형상의 완성보다는 움직이는 과정에 주의를 두고, 호흡에 맞추어 움직이는지 살피며, 감각과 움직임의 의도를 알아차릴 수 있도록 안내한다. 내담자는 변화하는 감각과 그 감각에 따라 조금씩 움직임을 조절하며 느낌을 알아차려 보고, 자각한 것을 말로 표현해 본다. 테라피 자세는 간단하고 쉽게 할 수 있는 단순한 자세에서 시작한다. 자세가 복잡하거나 어려우면 내담자는 그 자신의 신체감각에 주의를 보내기보다 자세의 순서를 맞추고 형태를 완성하기 위해 애를 쓰게 된다. 단순한 요가자세를 반복하며 긴장하지 않고 편안하게 자세를 수련하는 과정에서 시시각각 변화하는 자기감각과 느낌을 지속해서 알아차릴 수 있다. 내담자는 신체자각력을 높이기 위해 바닥에 닿는 부분의 감각을 먼저 알아차려 본다. 그리고 그 자각을 확장해 나가며 호흡에도 주의를 둔다. 이후 몸을 움직일 때 변화하는 신체감각을 따라가며 자신의 의도를 알아차린다. 또한 자세를 하며 신체감각과 의도를 자각하고 조금씩 자세를 조절하면서 자신의 한계를 아는 것도 중요하다. 안전한 움직임의 범위 안에서 신체감각과 느낌을 편안하게 자각할 수 있고 이 자각을 기반으로 자기조절이 이루어져야 진정한 심신의 치유로 연결된다. 테라피스트는 내담자가 자세를 마친 후에 휴식을 취하며 잠시 멈추어 호흡과 신체감각을 알아차리도록 안내한다. 이때 내담자가 무엇을 경험하고 있는지 지금 현재의 감각과 느낌을 물어보며 확인한다. 다음의 사례는 내담자가 신체감각을 느끼고 이를 언어화하는 과정을 보여 준다.

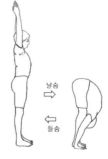

테라피스트는 **차**에게 두 발을 나란히 하고 서서 양팔을 들어 올려 앞으로 숙이는 자세인 웃따나사나(그림 3-3)를 안내하였다. 이때 **차**는 어깨와 팔

그림 3-3 웃따나사나

을 긴장하면서 한껏 들어 올렸고, 앞으로 숙이는 동작을 어려워하였다. 자세를 하면서는 숨을 멈추고 자세가 끝나고 나서 몰아쉬었다. 신체감각을 묻는 말에 **차**는 다음과 같이 대답했다.

차: 잘 모르겠어요. 뭐를 물어보는지. 뭐를 말해야 하는지도 모르겠어요.
테: 신체감각을 느껴 보는 겁니다. 예를 들어 어깨는 어떠셨어요?
차: 잘 모르겠어요.
테: 그러시군요. 그럼 자세를 조금 쉽게 나누어 볼까요?

테라피스트는 **차**에게 웃따나사나 자세 중의 일부인 양팔만 들숨에 올리고 날숨에 내리는 동작을 안내하였다. 처음은 서툴고 긴장했지만 천천히 발바닥과 호흡에 주의를 두고 상체에 힘을 빼고 움직일 수 있도록 반복적으로 안내하였다.

테: 이 자세를 하고 나니 지금은 어떠세요?
차: 숨을 쉬는 게 느껴지고요. 음…… 이건 좀 그런데…… 발바닥이 막 간질간질하고 따끔따끔한 거 같고 그래요. 이런 것도 말해도 되나요?
테: 그럼요. 숨을 쉬는 게 느껴졌고 발바닥의 느낌을 알아차렸네요. 지금처럼 자세를 하면서 신체감각을 다시 느껴 볼 수 있겠어요?

테라피스트는 익숙해진 자세에서 확장하여 들숨에 팔을 들어 올리고 날숨에 무릎을 굽히는 자세를 안내하고, 익숙해진 뒤 두 자세를 연결해서 마시는 숨에 팔을 들어 올리고 내쉬는 숨에 팔을 내리며 허리를 숙이는 자세를 안내하였다.

테: 지금 느낌은 어떠세요?
차: 발바닥이 엄청 커져서 바닥에 붙어 있는 느낌이 들어요. 이렇게 딱 붙어 있는 거 같아요.

테: 발바닥의 감각을 느끼시는군요. 그리고요?

차: 여기 가슴에 숨을 쉴 수 있는 구멍이 생긴 것 같아요. 이제 무슨 말인지 알겠어요. 아까는 몸이 안 따라 주니 모르겠더라고요. 이제 숨도 쉬는 게 잘 느껴지고 숨을 내가 마시고 있는지 내쉬고 있는지도 알겠고. 발바닥이랑…… 어…… (약간 무릎을 구부리며 발바닥의 접지를 다시 확인하면서) 선명한 감각이 느껴져요.

3) 자율수련 안내

내담자와 테라피스트는 보통 일주일에 한 번씩 만나 테라피를 진행한다. 매주 테라피 회기를 마치고 내담자에게 다음 번 테라피 회기 전까지 일상에서 한주 동안 수련할 수 있도록 자율수련 프로그램과 이를 기록할 자율수련 일지가 제공된다.

요가심신테라피는 통상 10회기에서 12회기로 진행된다. 꾸준하게 매주 회기를 진행하면 약 3개월의 시간이 소요된다. 이 기간은 개인이 가지고 있는 오래된 습관을 자각하고 균형을 위한 새로운 습관으로 바꾸는 최소한의 시간이기 때문이다. 내담자는 일상생활 중에 자율수련 훈련으로 새로운 요가자세, 호흡과 이완, 명상 등의 요가기법을 몸에 익힌다. 이때 떠오르는 생각과 신체에서 올라오는 느낌과 감정을 자각하고, 수련하며 변화하는 감각과 자신이 반복하고 있는 습관을 알아차려 자율수련일지에 기록한다. 이 일지를 작성하는 것은 내담자의 자각력을 높이는 데 도움이 되고 회기 시간에 테라피스트와 함께 나누고 다시 탐색하는 과정을 단축한다. 그뿐만 아니라 내담자 자신의 변화와 발전을 객관적으로 볼 수 있는 자료가 되기도 된다.

장은 매주 개인수련을 5회 정도하고 빼곡하게 자율수련 일지를 작성해 왔다. 처음엔 수련하기도 바쁜데 무엇을 적어야 할지 난감해했다. 테라피스트가 자율수련일지에 자세 후의 신체감각과 느낌 변화를 적도록 안내하였지만 '제대로 하고 있는지 모르겠다' '운동이 되는 느낌' 처럼 두루뭉술하게 서술하였다. 테라피스트가 회기 진행 중 자율수련일지에 적힌 내용을 보며 그때의 구체적인 감각이나 느낌을 묻고 내담자는 이에 대해 대답하다 보니 다음번 자율수련일지는 조금 더 세밀한 느낌을 적을 수 있게 되었다.

이후의 자율수련일지는 '아빠나사나: 들숨을 무릎까지 내리는 의도로 들이마셨다가 배꼽 아래까지 다 내뱉으며 자세를 하려고 함.' '와즈라사나: 몸을 세웠을 때 여전히 가슴에 힘이 들어가 있어서 의도적으로 힘을 빼야 했고, 얼굴을 바닥으로 돌릴 때 어깨에 힘이 들어감.' '드위빠다 삐탐: 평소 수월했던 자세인데 허리를 오르내리기가 무거운 느낌이 들고 자세를 하고 난 후 발바닥에 시원한 느낌이 든다'라고 기록하였다.

이렇게 수련하며 신체의 움직임과 감각, 느낌을 섬세하게 알아차리게 되고 감각느낌이 변화하는 것을 관찰하고 기록하는 과정에서 내담자는 습관적이고 무의식적으로 움직이는 패턴에서 벗어나 의도를 알아차리며 새로운 효율적 움직임으로 조절하는 것과 그에 따른 신체의 변화를 선명하게 경험하게 된다.

5. 초기에 테라피스트가 고려할 사항

테라피를 시작하면서 내담자에게 자주 관찰되는 모습이 있다. 처방된 요가자세에 대해 저항을 보이기도 하고, 테라피스트가 내담자에게 느낌이나 감각을 구체적으로 반복해서 물어보는 것에 대해 불편해하기도 한다. 이는 오랜 시간 자기도 모르게 지속했던 습관과 감각을 알아차리고 이를 바꾸는 것에 대한 저항으로 해석할 수 있다. 이런 저항이 치료적으로 해소되고 수용될 수 있도록 테라피스트의 상세한 안내가 필요하다. 다음은 테라피 초기에 내담자들이 보여 주는 여러 가지 모습 중에 테라피스트가 고려해야 할 내용을 사례와 함께 정리한 것이다.

1) 테라피 자세에 거부감을 보이는 경우

요가심신테라피 이전에 요가를 수련해 본 경험이 있거나 강한 자극에 익숙한 내담자들은 요가심신테라피의 구성자세에 불만족스러워하는 경우가 있다. 어떤 사람은 '자세가 너무 쉽다'거나 '너무 단순해서 운동이 되지 않을 것 같다'고 말하고 '이런 자세를 가지고 치료가 되겠냐'는 의구심을 보이기도 한다. 요가심신테라피는 최종 자세를 완벽하게 습득하는 것에 목표가 있는 것이 아니라 '내담자가 요가기법을 통한 자신의 호흡, 심신의 습관을 알아차리고, 문제가 되는 습관을 자각하고 조절해 나가는 과정에서 치유가 일어나도록 한다'는 것을 친절하게 설명할 필요가 있다. 다음은 테라피 자세로 와즈라사나를 수련하는 내담자의 사례이다.

요가 강사인 내담자 **송**에게 와즈라사나(그림 3-1)를 안내하였다. 테라피스트가 척추를 꼿꼿이 세우고 팔과 어깨에 힘을 주고 자세를 하는 **송**에게 신체감각이 어떤지 질문하였다. **송**은 신체감각에 대한 질문에는 대답하지 않은 채 "이 자세를 많이 해 봐서 잘 알아요"라며 자세 수련을 반복하였다. 테라피스트는 그런 **송**의 모습을 지켜보다가 팔과 척추의 힘을 빼고 호흡과 함께 움직여 보도록 안내하였다. 그러자 **송**은 "그렇게 하면 요가자세가 아닌 것 같은데요. 팔과 척추에 힘을 빼고 요가자세를 하면 운동 효과도 없을 것 같고, 엉터리로 움직이는 것 같아요"라며 거부감을 보였다. 테라피스트는 완강하게 거부하는 **송**에게 지금까지 수련한 방식이 틀린 게 아니고 약간 다른 방식을 적용해 보는 것임을 설명하고, 경험한 후에 다시 이야기하기로 설득하였다.

테: 천천히 숨과 함께 올라가서 날숨과 함께 숙이며 척추의 힘을 빼서 편안하게 내려올 수 있을까요?

송: 힘을 빼면 무너지는 거 같아서 너무 싫은데…….

테: 무너지는 것 같은 느낌이군요. 그럼 그 느낌은 신체 어디에서 느껴지나요?

송: 글쎄요? 그건 잘 모르겠고 제가 숙이는 게 좀 싫어서 버티는 것 같아요.

테: 그 버티는 느낌을 계속 주시해 보시고, 신체 어느 부분에서 그런 감각이 느껴지는지 찾아보세요.

송: 네. (몇 차례 자세를 반복하고 나서 혼자말하듯) 나 남한테 숙이는 거 너무 싫어하는데 …….

송은 2주 동안 자율수련과 회기 안에서 충분한 탐색의 시간을 가졌다. 와즈라사나를 수련할 때 팔과 어깨에 불필요한 힘은 빠지고, 척추를 부드럽게 굽힐 수 있게 되었다. 자기의 신체감각에 주의를 보내고 자세를 반복하던 그가 잠시 자세를 멈추고 긴 한숨을 토해 냈다. 눈에는 눈물이 맺혀 흐르고 잠시 호흡을 고르며 "그간 제가 너무 애쓰며 살아온 걸 알겠어요. (잠시 말을 멈추고 고개를 끄덕이며) 이제 그렇게 애쓰지 않아도 될 것 같아요"라고 말하며 호흡과 신체감각에 주의를 둔 채 머물러 있었다.

2) 몸을 움직이는 것을 두려워하는 경우

평소 몸을 움직이는 것 자체를 두려워하는 내담자가 더러 있다. 실제 움직여 보지도 않은 상태에서 '몸을 움직이면 다칠 것 같다'라거나 '나는 그런 자세는 할 수 없다'며 걱정한다. 이런 내담자의 경우 천천히 신체를 조금씩 움직여 보도록 안내하여 자기 몸이 움직일 수 있고, 움직여도 안전하다는 인식을 심어주는 것이 중요하다. 다음은 신체 움직임을 매우 싫어하는 내담자 **한**의 사례이다.

테: 요가자세(그림 3-4)를 좀 하려고 하는데요.

한: 저는 몸 움직이는 자체가 싫어요. 몸을 움직이면 힘
이 들어가고 삐그덕거리는 것 같아서 너무 싫어요.
그나마 물속에서 움직이는 건 좀 할 만한데.

테: 조금만 움직이는 자세를 해 볼게요. 누워서 골반을
살짝 들어 볼 겁니다. 할 수 있겠어요?

그림 3-4 드위빠다 삐탐

한: 어! 나 무서운데, 허리 삐끗할까 봐…….

테: 그래도 한번 아프지 않을 만큼 조금만, 아주 조금만 움직여 볼게요.

한: 어…… 무섭긴 한데. (주저하면서도 누워 자세를 취하고 골반을 들어 올린다.)

테: 말씀하시는 것 보다 편안하게 움직이는데요. 저는 아주 조금만 들어도 된다고 말했는
데…… 실제로 움직여 보니 어떠세요?

한: 하하. 잘 들어졌네요. 아까요 들기 전에…… 하기 전에 '윗몸 일으키기 시키면 안 되는
데.' 라고 생각했거든요.

테: 윗몸 일으키기를 하라고 할까 봐 걱정되었군요.

한: 네, 그런 생각을 했어요. 하하하.

테: 지금 신체 느낌이 어떠세요?

한: 내려오는 순간 등이 다 당기는 게 느껴졌어요. 허리에 신경을 많이 쓰고 있어서 힘들
고. 왼쪽 다리에 지지가 잘 안 되는 것 같아요. 하지만 지금은 한결 가볍네요.

테: 이제 다른 자세를 해 보려고 해요. 이 그림에 있는 웃타나아사나(그림 3-3)를 해 보실
수 있겠어요?

한: 어휴 나는 안 되는데…….

테: 어디까지 손이 갈 수 있는지 한번 내려가 볼까요? 반드시 바닥까지 내려가지 않아도 되요. 할 수 있는 만큼만 해 볼까요?

한: 안 될 거 같은데……. (움직이지 않고 고개를 젓는다.)

테: 그럼 이렇게 손을 무릎에 짚고 허리를 90도 정도만 구부려도 됩니다.

한: 어우…… (잠시 주저하며 손을 무릎에 짚고 약간 움직이다 말고 다시 올라온다.) 이것도 어려워요. 힘든데.

테: (의자를 가지고 와서) 그럼 손을 여기 의자의 등받이에 얹고 내려가면 할 수 있을까요?

한: 네. 그건 할 수 있을 거 같아요. 근데 아까 보여 준 그 그림대로 안 해도 상관없어요? 난 그렇게 못하는데.

테: 물론이죠. 할 수 있는 만큼만 하면 됩니다.

한: 그럼 할 수 있을 거 같아요. 해 볼게요.

테: 지금 신체감각이 어때요?

한: 다리 뒷부분이 많이 당겨요. 그래도 할 만하네요.

3) 단답형으로 대답하는 경우

테라피를 진행하면서, 테라피스트는 내담자에게 신체감각이 어떤지를 반복적으로 묻는다. 또한 그 감각이 어디에서 느껴지고 어떤 느낌인지도 묻는다. 이것은 테라피스트의 호기심 충족을 위한 것이 아니라 내담자가 계속해서 자신의 몸과 마음에 주의를 두도록 안내하는 방법이다. 내담자 중에 감각을 관찰하고 느낌에 주의 두는 것이 익숙하지 않아 당혹감과 불편함을 드러내는 경우가 종종 있다. 어떤 사람은 정답이 있어서 그것을 맞춰야 하는 것으로 오해하기도 한다. 간혹 자신의 신체감각과 접촉하는 것이 익숙하지 않거나 방법을 모르는 내담자도 있다. 이런 경우 아주 단순한 감각부터 느낄 수 있도록 감각 목록(부록 1 〈표 1〉)이나 느낌 목록(부록 1 〈표 2〉)에 있는 단어를 사용해 다시 느낌을 물어본다. 감각이나 느낌을 표현하도록 구체적으로 질문하기도 한다. 자기자각이 익숙하지 않은 사람들은 '괜찮다'거나 '좋아요' 등 단답형의 대답을 계속하는 경우가 있다. 예를 들어 **최**가 웃따나사나를 수련하는 모습을 보면 팔을 들어 올릴 때 어깨는 움츠린 채 당겨 올리고, 척추를 앞으로 구부릴 때 상체는 긴장되어 힘이 들어가 있고, 무릎이 밖으로 벌어져 있는 모습이 눈에 띄었다. 테라피스트는 호흡과 함께 팔의 움직임을 올렸다 내리는 것을 반복하며, 신체를 긴장하고 움직이는 것과 힘을 빼고 움직이는 것의 차이를 경험하며 자세를 반복하도록 안내하였다.

테: (웃따나사나를 한뒤) 자세를 하고 난 지금 신체감각은 어떤가요?

최: 괜찮습니다.

신체감각을 묻는 질문에 '괜찮다'는 대답을 하는 최에게 '괜찮다'는 말을 조금 더 설명해 달라고 부탁하자 한참 생각한 후 몸과 마음에 불편함이 없는 상태라고 대답했다.

테: 어디에 변화가 생겼는지 더 구체적으로 말씀해 주시겠어요?

최: …….

테: 어깨…… 등…… 다리는 어떠세요? (천천히 간격을 두고 질문한다.)

최: ……글쎄요(고개를 갸웃거린다).

테: 그럼 이걸 보고 느껴지는 신체 느낌과 비슷하거나 적절한 느낌의 단어가 있는지 찾아 보겠어요?

최: 네. 어깨는 힘이 빠져서 가볍고 커졌나? 아니 아니고. 부드러운. 이게 맞는 거 같아요.

가볍고 부드러워진 거 같아요. 그리고 등이랑 다리는…… 등은 잘 모르겠고요. 다리는 묵직한 아니 아니고 단단한…… 그래요 단단하게 발바닥이랑 딱 잡아 주는 거 같아요.

4) 약속을 지키지 않는 경우

요가심신테라피의 내담자는 신체적 통증이나 심리적 고통 등 삶의 문제를 해결하기 위해 도움이 필요한 사람이 대부분이다. 내담자는 간혹 약속된 시간에 사전 통보도 없이 나타나지 않거나 약속 시간보다 늦게 나타나는 경우가 있다. 이런 일이 일어나는 데에는 다양한 이유가 있을 수 있으므로 테라피스트는 선입견을 버리고 상황을 적절히 다룰 필요가 있다. 테라피스트는 내담자가 테라피를 통해 해결하고자 하는 것이 무엇이었는지 다시 확인하고 요가심신테라피의 목표를 다시 환기해 내담자로 하여금 시간 약속을 지키도록 독려한다. 별다른 이유 없이 약속시간에 습관적으로 늦을 수도 있다. 만일 같은 문제가 반복된다면 사전에 양해되지 않은 일방적인 약속 취소나 약속 시간의 변경에 대한 책임이 따른다는 것을 알리는 것도 좋은 방법이다.

5) 중도 포기하는 경우

요가심신테라피를 찾는 대부분의 내담자는 10회의 테라피 회기를 마쳤을 때 어떤 형태로든 치유를 경험하고 기대했던 효과를 일정 정도 얻을 수 있다. 그렇지만 테라피 초기에 몸이 더 불편해졌다거나, 시간이 없어 테라피를 지속하지 못한다고 통보해 오는 경우가 있다. 내담자가 테라피를 중단하면 테라피스트는 자기의 부족함을 탓하거나 회기 중에 어떤 실수가 있었는지 자책하기도 한다. 내담자는 자유롭게 자기의 치료 방법과 시기를 선택할 수 있고 그 치료법을 지속할지 혹은 중단할지를 결정할 수도 있다. 테라피스트는 내담자의 선택의 결과를 존중하고 테라피 중단에 대해 좌절하거나 자책하지 않고 담담하게 바라볼 수 있어야 한다. 우리가 안내하는 테라피 자세와 요가기법은 안전하고 편안한 방법으로 구성하지만 이를 적용하는 과정에서 개인의 고유한 특성에 맞춰 안정적이고 적절하게 대처하였는지에 대한 점검은 반드시 이루어져야 한다. 또한 내담자의 개별적인 특성과 한계를 고려하여 적절한 접근방식을 끊임없이 고민해야 한다. 이와 더불어 테라피스트는 지속적인 자기성장을 위한 수련과 정기적인 슈퍼비전을 통해 역량을 강화하고, 자신의 사례 경험을 객관화시키는 훈련과 테라피 목표에 적합한 프로그램을 구성하고 적절하게 안내하였는지에 대한 점검을 통해 요가심신테라피의 방향성을 유지하도록 한다.

6. 요약

요가심신테라피의 초기단계는 첫면접과 도입단계로 나뉜다. 첫면접은 내담자와 처음 만나는 시간으로 기초사항과 병력, 호소증상을 파악하고 바디리딩과 함께 호소증상과 신체구조의 관계를 파악하는 데 중점을 둔다. 첫면접을 통해 관찰하고 파악한 내용을 바탕으로 요가심신테라피의 목표를 설정한 후 목표를 염두에 두고 요가프로그램을 구성한다. 요가프로그램은 요가자세, 호흡법, 명상과 이완, 만뜨라 등으로 이루어진다. 내담자의 통증 부위가 어디이고 어떤 형태로 드러나는지, 호흡 역량은 어떠한지, 그라운딩 정도를 참고하여 구성한다.

도입단계는 테라피를 본격적으로 시작하는 회기로 내담자의 심신 상태와 현재조건에 맞추어 설계한 프로그램을 점진적으로 안내한다. 테라피스트와 함께 하는 회기 사이에 내담자는 한 주 동안 자율적으로 수련을 지속해 나갈 수 있도록 요가자세와 호흡을 안내받는다. 초보자의 경우 테라피의 형식이나 방법이 익숙하지 않아 불편함을 느낄 수도 있고 습관적으로 지속했던 태도나 움직임을 바꾸는 것에 거부감을 보일수도 있다. 테라피스트는 내담자의 불편함이나 저항의 경우를 고려하여 치료적으로 수용되고 해소할 수 있는 적절한 대처와 주의깊은 안내를 할 필요가 있다.

제4장

요가심신테라피의 발전단계

김안나

1. 내담자와 상호작용하기 위한 대화기술

테라피 초기와는 달리 5~7회기가 진행되는 중반은 내담자들이 테라피스트와의 관계와 요가심신테라피의 과정에 익숙해지는 시기이다. 이 시기가 되면 내담자는 보다 수월하게 자신의 신체감각이나 움직임 패턴을 알아차리고, 내담자 스스로 혹은 테라피스트의 질문을 통해 심신의 오래된 습관과 관련한 다양한 성찰을 경험한다. 테라피스트가 내담자와의 상호작용을 어떻게 이어 가느냐에 따라서 내담자는 좀 더 깊은 수준에서 자신을 돌아볼 수 있다.

일반 집단 요가수업과는 달리 요가심신테라피는 일대일로 진행되는 특성을 가지고 있다. 따라서 테라피의 중반뿐만 아니라 전 회기에 걸쳐 테라피스트가 구사하는 대화법은 내담자와 효과적인 상호작용을 만드는 기본 요소가 된다. 내담자의 편안한 참여를 유도하고 안정적인 상태에서 테라피를 이끌어가기 위한 대화법을 살펴본다.

1) 청유형 언어와 개방형 질문

요가심신테라피를 주도적으로 이끌어 가는 주체는 테라피스트가 아니다. 테라피스트는 내담자가 요가자세를 진행하는 동안 어떤 신체감각을 느끼고 어떤 습관적 패턴이 있는지 자각하도록 안내하는 역할을 한다. 안내자 역할을 하는 테라피스트들은 내담자가 자신의 감각, 느낌, 움직임 습관, 생각 등을 알아차릴 수 있는 질문과 대화법에 익숙해져야 한다. 테라피스트는 내담자가 테라피에 적극적으로 참여할 수 있도록 초대하고, 지금 현재의 신체감각과 행동 패턴을 알아차리도록 질문한다. 그리고 내담자가 그것을 알아차릴 수 있게 충분한 시간 여유를 제공하는 과정은 내담자에게 새로운 성찰의 공간을 열어 준다.

따라서 요가심신테라피에서 내담자와의 대화는 약간 느리고 부드러운 말투를 사용하며, 지금 이 자리로 내담자를 초대하는 청유형 언어를 활용한다. 예를 들면 "~해 보실 수 있을까요? ~해 보려고 하는데 어떠세요? 이렇게 하는 것이 괜찮을까요?" 등 의견을 묻고 내담자의 의견을 충분히 존중하는 태도를 보여 주어 내담자가 테라피의 주체임을 알게 한다.

예를 들어, 골반이 약간 틀어져 있는 내담자에게 짜끄라와까사나 변형자세(그림 4-1)를 진행하는 동안 골반이 왼쪽으로 틀어지는 모습이 관찰되었다. "골반이 왼쪽으로 틀어지네요"라고 단정적으로 말한다면 내담자는 '내가 무엇인가 잘못됐다'는 신호로 받아들이게 되고, "그런가요? 어떻게 하지요?"라고 질문하게 된다. 테라피스트는 "다시 한 번 하시면서 왼쪽 골반에 새로운 감각이 나타나는 지점이 어디인지 찾아볼 수 있을까요?"라며 내담자의 주의가 자세의 완성이 아니라 왼쪽 골반의 감각에 머물 수 있도록 청해 본다. 그

러면 내담자는 움직임 범위를 줄이고 왼쪽 골
반의 움직임에 주의를 기울이면서 새로운 감
각이 일어나는 지점을 자기 움직임 범위 내에
서 탐색할 수 있다.

그림 4-1 짜끄라와까사나 변형

    몇 차례 테라피 회기를 거치면서 오랜 자세
습관을 자각한 내담자는 종종 "어떻게 서 있
는 게 맞는 건지 모르겠어요"라며 자세를 새
롭게 조절해 가는 과정에서 겪는 혼란을 호소하기도 한다. 그런 경우 테라피
스트는 '맞다/틀리다'보다는 "어떻게 서 있는 것이 편하신가요? 천천히 움직
여 보면서 그 위치를 찾아보실 수 있을까요?"라고 하여 내담자가 스스로 '편
안함' 또는 '불편함'이라는 느낌을 중심으로 신체감각을 탐색해 보도록 안내
한다.

    또한 요가자세를 실시한 후에 테라피스트가 "허리가 시원하시지요?" 혹은
"여기가 당기지요?"라는 방식으로 질문을 하면 많은 내담자가 "예" 또는 "아
니요"로 대답한다. 이처럼 내담자로부터 '예' 또는 '아니요'라는 답이 나오게
되는 질문방식은 내담자를 자기탐색으로 안내할 수 없다. 때문에 우리는 내
담자가 충분히 자기 상태를 살필 수 있도록 개방형으로 질문한다. "지금 감각
은 어떠신가요?" "움직이고 난 다음에 신체에 어떤 느낌이 있는지 살펴볼 수
있을까요?" "자세 전과 후에 어깨 감각은 어떤 차이가 느껴지시나요?" 테라피
스트는 내담자가 일어나는 모든 신체감각과 반응을 자유롭게 살펴볼 수 있도
록 질문하고, 내담자의 반응에 맞춰 이후 회기를 진행한다.

2) 신체자각을 위한 안내

    테라피스트와 어느 정도 익숙해진 내담자들은 "지난 한 주 동안 어떻게 지

내셨어요?"라는 질문에 자연스럽게 지난 한 주 동안 자율수련에서 느꼈던 특이점이나 생활 속에서 알아차린 습관, 혹은 불편했던 심신 관련 에피소드를 이야기한다. 이러한 대화는 내담자와 설정한 치료 목표로 나아가는 과정에서 해당 회기의 진행 목표가 되기도 한다.

목과 어깨에 만성 통증을 가지고 있는 **윤**은 테라피스트를 만나러 오기 직전에 상사와 기분이 언짢은 통화를 했다. 바로 직전에 일어난 일이었기 때문에 **윤**은 전화 통화를 하던 상황에 계속 머물러 있는 듯하였다.

윤: 너무 속상해서 울었어요. 계속 같은 말만 반복하고…….

테: 지금 그 말씀을 하실 때 몸에서 어떤 감각이 느껴지는지 살펴보실 수 있을까요?

윤: 가슴이 답답하고 등과 목이 뻣뻣해요.

테: 지금 경험하시는 신체감각을 오늘 회기를 통해서 가볍게 다룬 후 끝날 때 다시 한 번 이 주제를 살펴봤으면 하는데 괜찮으시겠어요?

윤: 네, 그렇게 해 보지요. 정말 왜 이렇게 힘들게 하는지…… 그만둬야 할까 봐요.

테: (테라피는 **윤**에게 제시된 목과 어깨 프로그램을 활용하여 날숨과 전굴 중심의 랑가나 기법을 적용하여 진행하였다. 마무리 이완을 한 후) 지금 몸의 감각은 어떠신가요?

윤: 몸이 가벼워요. 어깨와 목의 긴장도 거의 없고 마음이 편안한 상태예요.

테: 괜찮으시다면 오늘 테라피를 시작할 때 상황을 다시 한 번 떠올려 볼 수 있을까요?

윤: (잠시 생각을 한 후) 내가 욕심이 있었네요. 아까는 생각이 닫혀 있었는데 열어 두니 다른 방도들이 생각나네요. 그만두는 게 아니라 시간을 어떻게 조절할 수 있을지 내일 가서 의논해야겠어요.

이처럼 테라피스트는 내담자가 불쾌한 사건에 주의가 고정되어 있고 그 감정과 연결되어 있는 신체감각 속에 머물러 있는 경우를 종종 만난다. 테라피스트는 내담자가 그러한 상황에서 빈번하게 간과하고 있는 신체감각을 알아차리도록 안내한다. 그리고 요가자세법과 호흡, 이완 등 요가심신테라피의 기법을 적절히 활용하여 내담자의 불편한 감각을 다루고 신체감각으로 주의를 가져갈 수 있도록 안내함으로써 내담자가 사건으로부터 한걸음 떨어져서 객관화할 수 있는 계기를 마련할 수 있다.

이미 요가수련 경험을 가지고 있는 내담자 **정**은 그의 허리 통증과 관련된 테라피 프로그램을 한 주 동안 열심히 수행하고 수련 중에 느꼈던 의문을 꼼꼼히 적어서 질문하고 이해하려고 노력하였다. 그러나 **정**의 주의는 자세를 정확하게 수행하는 것에 집중되어 있었다.

정: 아빠나사나(그림 4-2)는 복부에서 독소를 제거하려고 하는 거지요?

테: 요가자세는 사람에 따라 다른 경험을 할 수 있습니다. 집에서 수련하실 때 어떻게 하셨는지 한번 보여 주실 수 있을까요?

정: (무릎을 가볍게 당기다가) 꼬리뼈가 들리면 안 되나요?

그림 4-2 아빠나사나

테: 움직이면서 일어나는 감각에 주의를 기울여 보시면 어떨까요?

정: 배에 힘이 들어가요? 맞나요?

테: 맞고 틀린 감각은 없습니다. 이번에 하실 때는 숨이 나간 자리로 다리를 천천히 당기면서 바닥으로 닿아지는 허리와 복부에 어떤 느낌이 있는지 살펴보실 수 있을까요? 지금은 어떤 감각들이 느껴지시나요?

정: 복부에 집중하다 보니 허리 감각을 알아차리지 못했네요. 이렇게 하니 왼쪽 골반과 고관절 부위가 느껴져요. 그렇군요. 이제 뭔지 알겠어요.

요가심신테라피에서는 어떠한 자세를 하는가보다는 어떠한 의도와 지향을 가지고 자세를 취하는가가 더 중요하다. A자세는 B효과가 있다라는 접근 방식은 모든 요가자세, 그리고 모든 사람들에게 동일하게 적용되는 공식이 아니다. **정**을 비롯한 많은 요가수련자가 신체에서 일어나는 감각보다는 자세의 성취나 기존에 제시된 효과가 일어날 것이라는 기대를 가지고 수련을 한다. 그러다 보니 정작 내 몸 안에서 일어나는 감각과 느낌을 놓칠 수 있다. 내담자는 호흡과 연결된 요가자세의 부드러운 움직임을 알아차리는 과정을 통해 '지금 여기'에서 일어나는 현상을 충분히 경험할 수 있다. 수많은 생각과 판단에 익숙한 내담자의 경우에는 신체감각으로 주의를 가져오는 것만으로 이완될 수 있다. 다음과 같은 질문들은 내담자가 신체감각으로 돌아오는 데 도움이 된다.

- 지금 몸의 느낌이 어떻습니까?
- 지금 몸 안에서 어떤 감각이 느껴지나요?
- 가슴(머리, 목, 등, 팔, 다리 등)에 주의를 기울여 보십시오.
- 손의 온도는 어떻습니까?
- 호흡은 어떻게 느껴지나요?
- 지금 신체에서 무엇을 느끼고 있습니까?

3) 치료적 질문과 비치료적 질문

내담자들과 대화를 진행할 때는 이 질문이 치유를 위한 방향으로 내담자를 안내할 수 있을지 고민해 보아야 한다. 요가심신테라피는 개인테라피라는 특성 때문에 대화가 사적으로 흐를 수 있다. 테라피 중에 어떤 질문을 어떻게 하느냐는 중요하다. 테라피스트가 자신의 궁금증을 해결하기 위해 질문을 한다면 내담자가 자기탐색을 할 때 방해가 될 수 있다.

예를 들면, 어떤 내담자가 학자금 대출 등 금전 문제로 스트레스를 받고 있다. 만약 테라피스트가 "현재 대출이 얼마예요?"라고 묻고 싶다면 이 질문이 내담자가 지금 느끼고 있는 스트레스 해소에 도움이 되는지 다시 한 번 생각해야 한다. 방향을 바꾸어서 테라피스트가 "금전 문제로 스트레스를 받을 때 신체감각이 어디서 느껴지시나요?"라고 신체감각으로 돌아오는 질문을 한다면 이는 요가심신테라피 내에서 다룰 수 있는 주제가 된다.

다른 예로 목이 조이는 증상을 호소하는 내담자가 있었다. 그는 호소증상으로 인해 침을 '꿀꺽'하고 어렵게 삼켜야 한다고 했으며, 남편의 외도를 의심하고 있었다. 테라피스트는 그러한 의심이 어떤 정황을 통해 일어난 것인지, 정말 그러한 상황이 맞는지 대화로 확인하기보다는 그가 안정화되길 바라면서 눈 위에 눈 베개를 올린 후 목에 주의를 두고 호흡을 진행하도록 안내하였다. 그는 5분여 안정된 호흡을 진행한 다음 목구멍이 열리고 시원한 감각이 느껴진다고 하였고, 더 이상 침을 '꿀꺽' 삼키지 않아도 됐다. 어떤 경우에는 질문보다 침묵과 현존이 더 적합할 수 있다.

가벼운 척추측만을 가지고 있는 **연**은 어깨가 오른쪽으로 기울어진 상태와 연관해서 항상 사람들을 왼쪽에 세운다는 사실을 알아차렸다.

테: 오른쪽에 누군가를 세웠다라고 상상해 보실 수 있을까요? 혹시 떠오르는 기억이 있으신가요?

연: (강한 어조로) 그건 여기서 말할 수 없어요!

테: 네, 말씀하지 않으셔도 괜찮습니다. 그럼 지금 신체감각이 어떤지는 살펴보실 수 있을까요?

연: 오른쪽 어깨가 딱딱하게 느껴져요. 그리고 호흡

그림 4-3 웃티따 뜨리꼬나사나

이 약간 거칠어요.

테: 잠시만 호흡에 주의를 기울여 보겠습니다. (잠시 후) 지금은 호흡이 어떻게 느껴지는
   지 말씀해 주실 수 있을까요?

연: 좀 차분해졌네요.

테: 가볍게 옆으로 움직여 보려고 합니다. 괜찮을까요?

테라피스트는 **연**의 주의를 신체감각으로 옮겨 '지금 여기'로 돌아오게 안내하
고 안정시킨 후 가벼운 웃티따 뜨리꼬나사나(그림 4-3)를 안내하였다.

테라피를 진행하다 보면 테라피스트는 내담자의 방어적인 자세나 신체 언
어, 짧은 이야기 등에서 그들의 상처를 직관할 수도 있다. 예를 들면 부부문
제, 성폭력, 교통사고 등을 포함한 과거 트라우마 사건이다. 그러나 그것을
짐작했다고 곧바로 내담자에게 물어보는 것은 그에게 다시 상처를 주는 일이
될 수 있다. 대개 테라피스트와 내담자 간에 라포가 형성되는 테라피 중후반
에 이르러 내담자 스스로 이야기를 하는 경우가 있다. 때문에 테라피스트는
테라피 중에 짐작한 사실을 바로 나누기보다는 내담자가 스스로 열고 다가오
길 기다리는 것이 바람직하다.

2. 내담자의 신체반응 및 대처방법

요가심신테라피의 진행은 첫면접을 제외하고는 거의 동일하게 진행된다.
하지만 내담자의 상황에 맞춰 진행되기 때문에 크고 작은 변수들이 존재할
수 있고, 내담자들이 보이는 의식적·무의식적 신체반응 또한 다양하다. 테
라피스트가 테라피 현장에 함께하면서 해야 할 역할 가운데 하나는 내담자의

반응을 세심히 관찰하고, 관찰한 내용 중에 필요한 부분은 적당한 시기에 내담자에게 다시 알려 주는 일이다. 그것은 내담자의 오래된 행동습관이나 상황에 대처하는 방법, 말투, 자세의 특징, 표정 등이다. 이 중에는 테라피스트의 자기치유 과정이나 이전 내담자의 반응을 통해 이미 알고 있는 경우도 있지만 경험한 적이 없는 상황을 만날 수도 있다. 중요한 것은 내담자의 반응보다 그러한 반응을 만나는 테라피스트의 태도이다. 다음은 내담자의 신체반응을 읽고 적절히 대처하기 위해 필요한 내용들이다.

1) 방출현상

요가심신테라피에서 만나는 내담자들은 요가자세에 머물거나 혹은 습관적 움직임을 조금 더 강화해 보는 과정에서 자기기억과 얽혀 있는 감각느낌(felt sense)[1]과 만날 때, "슬프지 않은데 지금 내가 왜 우는지 모르겠어요" 하거나 "갑자기 울컥해요"라며 한동안 눈물을 흘리는 경우가 있다. 눈물은 대표적인 방출현상 가운데 하나이다. 방출현상이란 우리가 위협이 되는 사건으로부터 벗어나기 위해 활성화하였던 생존에너지가 미처 몸을 빠져나오지 못한 채 신경시스템에 갇혀 있다가 풀려 나가는 과정을 말한다(Livine, 2014). 즉, 어떤 상황이 삶에 위협적이라고 느끼면, 우리 몸과 마음은 둘 다 싸우거나 도망가기 위한 준비로 엄청난 양의 에너지를 동원한다. 위협이 되는 상황이 종료된 후에는 스트레스 호르몬을 낮추라는 정보가 뇌로 전달되고 남은 에너지들은 몸 밖으로 자연스럽게 흘러나가야 한다. 그러나 이 과정이 원활

---

1) 감각느낌(felt sense)은 어떤 상황이나 사람, 사건에 대해 몸이 느끼는 자각이며, 이는 특정 시기에 특정 주제에 대해 느끼고 아는 모든 것을 포괄하는 내적인 기운으로 마음의 체험이 아니라 신체 체험이다. 이런 감각느낌은 생각이나 단어 같은 어떤 개별 단위로 나타나지 않고 종종 아주 복잡한 양태이긴 해도 신체 느낌으로 다가온다(Gendlin, 2000, p. 66).

하게 진행되지 못하면 활성화됐던 에너지는 미처 몸 밖으로 빠져나가지 못하고 신체 내부에 남는다. 이렇게 남은 과잉에너지는 오랫동안 긴장과 만성통증, 무력감으로 우리 안에 존재하게 된다. 의식적인 알아차림으로 이렇게 고착된 에너지와 접촉하게 되면 에너지가 다시 흐르면서 우리는 몸의 떨림, 진동, 흔들림, 하품, 웃음, 따뜻함과 차가움 사이의 온도 변화, 땀, 근육의 이완 등의 신체감각과 안도감, 편안함 같은 감정을 느끼게 된다. 방출현상을 처음 경험하게 되면 내담자는 물론 테라피스트도 어떻게 대처할지 몰라서 난감할 수 있다. 핵심은 내담자는 의도적으로 자신의 신체감각에 마음챙김하고, 테라피스트 또한 스스로를 안정된 상태에서 내담자를 지지해 줌으로써 공간의 안정감을 내담자에게 제공한다. 다음은 방출현상 가운데 눈물과 관련된 사례이다.

척추측만 증상이 가볍게 있었던 내담자 **고**는 긴 요가쿠션을 활용하여 가벼운 비틀기 자세(그림 4-4)를 하고 있었다. **고**는 이전에 이 자세를 해 본 경험이 없는데 이유를 알 수 없는 슬픔이 느껴지고 요가쿠션과 자신 사이에 어떤 막이 있는 것 같아서 쉽게 기댈 수 없다고 하였다.

테: 괜찮으시다면 한 번 더 이 자세를 해 볼
    수 있을까요?

고: 네 그럴께요.

테: 이번에 하실 때는 가능한 한 볼스터에
    자신의 몸을 내어 맡겨 보실 수 있을 까

**그림 4-4 요가쿠션을 활용한
자타라 빠리브릿띠**

요? 그리고 그 감각과 함께 떠오르는 생각이나 기억이 있는지 알아차려 보십시오.

고: (자세를 취하고 머물러 있다)

테: 지금 느껴지는 감각이 있으면 말씀해 주실 수 있을까요?

고: 목이 메어 오네요.

테: 불편하면 언제든지 자세를 벗어나 일어나셔도 됩니다. 괜찮으신가요?

고: 초등학교 2학년 때 학교에서 돌아와서 서랍에서 옷을 꺼내고 계시던 엄마 다리를 베고 잠들었던 기억이 떠올라요. (잠시 자세를 유지하고 있던 **고**의 눈에 눈물이 흐른다. 한동안 머물던 **고**는 천천히 일어나 앉는다.)

테: **고**, 지금 어떤 상태인지 여쭈어 봐도 될까요?

고: (고개를 끄덕이며) 그랬네요. 나중에 알았는데 그때가 엄마가 집을 나가려고 짐을 싸던 중이셨어요. 제가 무릎을 베고 잠드는 바람에 집을 나가지 못하셨죠. 엄마가 힘들게 산 게 저 때문인 것 같아 항상 미안하고 안쓰러운 마음이 있었거든요. 그동안 여러 가지 작업을 하면서 다 해결되었다고 생각했는데 아니었네요. 선생님께서 내어 맡기라고 할 때 울컥 가슴이 울렸어요.

가끔 내담자들은 요가자세를 유지하면서 신체기억(somatic memory)[2]과 연결되기도 한다. 이전부터 이미 자신이 알고 있고 마음속에서 해결된 사건이라고 생각하였지만 몸의 감각은 아직 그 기억 혹은 상처들을 간직하고 있는 경우이다. 때문에 직접적으로 신체감각과 연결되어서 올라온 기억은 스스로의 문제를 다른 관점에서 새롭게 볼 수 있게 한다. 피터 레빈(Levine, 2014)은 감각느낌을 이용하여 신체 기억에 접근하면, 사건 당시 사용할 기회가 없었던 본능적인 생존에너지를 방출할 수 있다고 한다. **고**는 어린 시절 기억과 접촉한 뒤에 엄마에게 잘해 줘야지 하면서도 스스로 단절하고 있었다는 것을 알아차렸다.

---

2) 신체기억(somatic memory)은 body memory로도 언급되는데 사람들이 경험할 때 처음 접하는 느낌은 단어로 암호화되지 않고, 냄새, 보는 것, 소리, 감촉, 맛, 움직임, 위치, 행동순서, 내부장기 반응 등의 신체감각으로 암호화된다. 그리고 감각의 형태로 암묵기억 속에 저장된 사건들은 과거와 비슷한 감각을 느꼈을 때 종종 떠오르곤 한다(Rothschild, 2013, pp. 98-99).

다음은 진동을 통해 방출현상을 경험한 사례이다.

    요추 3, 4번 디스크에 문제가 있는 **홍**은 왼다리를 당기는 것이 어렵고 왼다리의 감각도 잘 느껴지지 않았다. 또한 그는 종아리에 힘을 주기 어렵고 빨리 걸으면 스스로 뒤뚱거린다고 느꼈다. 4회기 중반쯤, 서서 하는 요가자세로 들어가기 전에 **홍**에게 필요한 그라운딩을 안내하였다. 그라운딩 자세에 머무는 동안 **홍**의 왼다리에서 저절로 흔들리는 것 같은 진동이 관찰되었다.

테: 지금 왼다리가 떨리는 걸 알고 계신가요? **홍**. 그 떨림이 어떻게 느껴지시나요?

홍: 네…… 이런 떨림은 처음이지만 알고 싶다는 호기심이 생기네요.

테: 그렇다면 조금 더 머물러 볼 수 있을까요? 하지만 **홍**이 불편하다면 언제든지 자세를 푸셔도 됩니다.

홍: (잠시 후) 왼 무릎, 발, 엉덩이의 흔들림이 점점 커져서 온몸에서 느껴져요.

테: **홍**, 잘하고 계시는데요. 지금은 어떤 감각을 느끼고 계신지 말씀해 주실 수 있을까요?

홍: 마치 몸이 경운기 탄 것처럼 떨려요.

테: **홍**, 자신에게 안전하다고 느껴지는 장소 하나를 떠올려 보실 수 있을까요?

홍: 코스모스길이 떠오르네요. 얼마 전에 친구랑 갔던 곳이에요.

테: 그 장소로 걸어간다고 상상해 보십시오.

홍: 천천히 가도 돼, 떨려도 돼라는 생각이 들어요.

테: 그래요. 아주 잘하고 계시네요. 지금 신체감각은 어떠신가요?

홍: 가슴이 시원하고 따뜻해졌어요. 몸 안에서 물방울이 터지는 것 같아요.

홍이 겪은 것과 같은 진동현상 또한 테라피를 진행하면서 종종 만나게 된다. **홍**은 왼다리의 통증으로 인해 빨리 걸으면 뒤뚱거린다고 느껴서 불필요하게 왼다리를 긴장하고 있었다는 것을 알아차렸고 이후 생활 중에 조금 더 여유 있게 걷는 것이 가능해졌다고 하였다. 테라피스트는 내담자의 방출이 진행되는 과정에 너무 깊게 관여하지 않지만 내담자에게서 나타나는 방출 과정을 주의 깊게 관찰하면서 따라가 주는 것이 안전하게 테라피를 진행하는 방법이다. 어느 정도 방출이 진행되고 나면 내담자는 온기나 깊은 호흡, 이완 등을 경험할 수 있다.

2) 정향반응

요가심신테라피를 진행하다 보면 테라피스트는 예상치 못한 내담자의 행동이나 눈물, 신체반응을 만날 수 있다. 앞서 살펴본 방출현상도 그러한 상황 가운데 하나이다. 테라피스트는 그 현상 자체를 없애려 하거나 급히 상황을 전환시키지 않는다. 또한 내담자의 눈물을 서둘러 그치게 하거나 달래 주려고 노력할 필요는 더더욱 없다. 너무 깊고 과도하게 진행되지 않는다면 내담자의 신체 표현과 반응은 그것이 스스로 멈추거나 고르게 유지될 때까지 지속할 필요가 있다. 테라피스트는 내담자가 자신의 경험 안에 머물고 탐색할 수 있도록 안정적인 상태로 그 공간에 같이 있어 주면 된다.

그렇다면 '언제까지 기다려야 하는가?'라는 질문이 생길 수 있다. 적절한 개입의 순간을 알아차리기 위해서는 정향반응, 즉 집중되어 있던 어떤 상태에서 벗어나면서 외부 환경과 다시 관계 맺기 위해 내담자가 취하는 행동들을 잘 살펴야 한다(Levine, 2016). 예를 들면, 깊은 숨을 쉬는 것, 눈을 천천히 움직여 자신이 있는 공간을 확인하는 것, 테라피스트와 눈 맞춤, 겸연쩍은 웃음, 눈물을 닦기 위해 휴지를 찾는 행동 같은 신호들이다. 과정이 완결되었음을 알려 주는 표시이기 때문이다. 그러나 이러한 상황을 처음 만나는 테라피스트에게는 길어야 5분 내외 정도 되는 이 시간이 당황스러울 수도 있고 그러한 신호들을 알아차리지 못하고 그냥 간과해 버릴 수도 있다. 어떤 상황에 깊이 몰입되어 있는 내담자가 보내는 정향 신호를 알아차렸다면, 테라피스트는 내담자가 '지금 여기'로 돌아오도록 안내한다.

다음은 턱을 비롯하여 몸 전체에 긴장이 많았던 **한**의 사례이다.

> **한**은 선 자세에서 바닥과 연결된 느낌을 찾아가던 중이었다. 테라피스트는 신체 긴장을 낮추려는 의도로 가슴을 조금 꺼뜨리도록 안내하였고, 그는 들려 있던 가슴을 살짝 아래로 내렸다. 그러더니 조금 더 아래로 내려가 보고 싶다고 하였고, 아주 조금씩 복부와 가슴을 꺼뜨리며 쪼그려 앉을 때까지 천천히 내려갔다. 마침내 쪼그린 자세가 되자 그는 마치 대여섯 살 어린아이로 돌아간 것처럼 그리고 방바닥이 모래밭인 양 손가락으로 가볍게 그림을 그리며 머물러 있었다. 어린 시절 기억에 머물러 있던 **한**이 현재로 돌아오려고 신호로 손으로 바닥을 짚기까지는 3분 정도 걸린 듯하였다. 그동안 테라피스트는 호흡과 발의 감각을 챙기면서 안정적으로 내담자가 자신의 느낌과 신체감각에 충분히 접촉할 수 있도록 지지를 보내 주었다.

테: (내담자가 일어선 후) **한**, 천천히 고개를 돌려 주위를 한번 둘러보실 수 있을까요? 여기가 어디인가요?

한: ○○동 오피스텔이요.

테: 지금 시선을 끄는 것이 있는지 한번 다시 둘러보십시오. 어떤 것이 있나요?

한: 저기 보라색 꽃이요.

테: **한**, 지금 발바닥을 바닥에 누르면 신체 내부에서 감각이 어디까지 느껴지나요?

한: 머리끝까지 느껴져요. 팔이 저절로 움직여지네요. 처음에는 오른쪽으로 가도 오른쪽, 왼쪽으로 가도 오른쪽에서 힘이 더 느껴졌는데 지금은 거의 같은 거 같아요. 턱에서도 힘이 빠져서 입을 벌린 것이 아닌데 저절로 벌어지는 것 같아요.

다른 사례 하나를 더 살펴보자.

내담자 **신**은 가벼운 척추측만을 보이고, 상체가 약간
앞으로 쏠려 있어서 머리와 목에 통증이 있었다. **신**은
등과 다리의 힘을 기르기 위해 벽에 기댄 아르다 웃까따
사나 자세(그림 4-5)를 진행한 후 구속감을 느꼈다.

**그림 4-5 벽에 기댄
아르다 웃까따사나**

신: 발은 안정되어 있는데 구속감이 느껴져요.

테: **신**이 느끼는 구속감이라는 것이 어떤 것인가요?

신: 자유롭고 싶다는 생각을 쭉 해 왔는데 구속감이라는 생각은 처음 들었어요.

테: 요가자세를 하면서 그런 생각이 드셨군요. 구속감이라고 느끼는 것에 대한 신체감각
을 어디에서 어떻게 느껴지는지 살펴보실 수 있을까요?

신: (잠시 머물다가 가슴 언저리에 손을 올리며) 가슴이 답답해요.

테: **신**, 자유롭고 싶다는 생각을 했다고 하셨는데 그럼 자유로움을 느끼는 장소가 어디인
지 떠올려 볼 수 있을까요? (잠시 후) 떠오르셨으면 마치 그곳을 향해 가는 것처럼 걸
으면서 그 감각에 주의를 기울여 보십시오.

신: (잠시 생각하다가 제자리걸음을 걷듯 몇 걸음을 뗀다.)

테: 지금 신체감각이 어떠신가요?

신: 저절로 눈에서 눈물이 흘러내려요.

테: 그냥 눈물이 나오도록 허용하면서 좀 더 그 장소에 머물러 보실 수 있을까요?

신: 하~아. (한동안 머물던 **신**은 눈물을 닦고 깊은 한숨을 쉬고는 테라피스트를 쳐다본다.)

테: **신**, 지금 여기가 어딘가요? 천천히 고개를 돌려 주위를 한번 돌아보시겠어요?

내담자에게 하는 "지금 여기가 어딘가요?"라는 질문은 내담자들을 '지금
여기'로 돌아오도록 안내하는 효과가 있다. **한**은 바닷가에서 놀던 어린 시절

자신을 만나면서 오랫동안 가지고 있던 신체 긴장을 내려놓고 충분한 이완을 경험할 수 있었고, **신**은 억눌려 있던 감정을 좀 풀 수 있었다. 내담자가 경험하는 상황과 온전히 함께 머물기 위해서 테라피스트는 자신에게 현재 일어나는 신체감각과 호흡을 알아차림과 동시에 개입의 시기를 알려 주는 내담자의 신호를 관찰한다. 그래야만 적절한 개입으로 내담자의 탐색을 방해하지 않을 뿐 아니라 내담자가 그 상황에 너무 깊이 빠져드는 위험도 예방할 수 있다.

3) 호흡의 변화

테라피스트와 만나기 직전에 기분 나쁜 통화를 하였던 **윤**은 다른 날에 비해 호흡이 유난히 거칠었다. 들숨 후에 날숨을 '푸~우' 하면서 입으로 뱉듯이 내보냈다. 테라피스트가 입을 다물고 코로 숨을 쉬도록 안내를 해 보니 숨이 답답하게 느껴진다고 하였다. 그는 기분이 나쁘거나 힘들 때 이런 숨을 쉬고 있는 것 같다고 하였다.

테라피스트는 **윤**에게 웃따나사나(uttānāsana, 그림 4-6)를 하면서 한 번에 자세를 완성하지 않고 숨을 여러 번으로 나누어 날숨마다 숨이 허용하는 범위만큼 내려가도록 안내하였다. **윤**은 웃따나사나를 넘어서 쪼그려 앉는 상태까지 내려갔다. 그는 첫 번째 웃따나사나를 마치고 나서 "편하네요"라고 하더니, 두 번 더 자세를 반복한 이후부터 입을 다물고 코로 편안하게 호흡을 이어 갔다. 다음 회기에서 만난 **윤**은 일상생활 중에 마음이 급할 때나 복잡할 때 호흡에 주의를 두었더니 주변 환경에 신경이 덜 쓰이고 바로 자신에게로 돌아올 수 있었다고 하였다.

윤은 테라피 시작 전에 일어난 사건이 내담자 호흡에 영향을 미치는 경우이지만 테라피 회기 중에도 내담자의 호흡에 변화가 나타날 수 있다. 따라서

그림 4-6 웃따나사나 변형

들숨에서 자세를 유지하고 날숨에 단계적으로 자세를 진행한다.

테라피스트는 회기 내내 호흡에서 일어나는 변화에 주의를 기울인다. 호흡은 신체 움직임보다 미세하며 내담자 생각과 심리 상태를 반영하기 때문이다.

'길게 호흡을 해야 한다' '잘해야 한다'는 의도와 생각이 내담자 호흡에 영향을 미치기도 한다. 다음에 제시된 두 내담자의 사례는 그러한 상태를 잘 반영한다.

테: 지금 호흡하실 때 신체감각이 어떻게 느껴지는지 말씀해 주실 수 있을까요?

구: 숨은 크게 쉬는 것 같은데 가슴은 좀 답답해요.

테: 그렇다면 호흡을 하실 때 손으로 주의를 옮겨서 마치 손바닥으로 숨이 들어오고 나간다고 느끼면서 잠시만 머물러 보실 수 있을까요?

구: (3분 정도 호흡을 한 후에 일어나 앉아서) 처음에는 편안해야 한다는 생각을 계속 되뇌고 있었어요. 숨의 감각을 알아차려 보라고 해서 살펴보니 가슴이 답답하더라고요. 그런데 손으로 주의를 옮겼을 때는 숨이 조금 더 편하게 느껴졌어요. 손을 느끼면서도 복부 전체를 느낄 수 있었고, 몸은 가볍고 숨이 더 깊어졌어요.

아마도 테라피스트가 안내하면서 "지금 호흡이 편하게 느껴지시나요?" 라고

2. 내담자의 신체반응 및 대처방법

지난 회기 중에 질문했던 것이 **구**에게 '호흡이 편안해야 한다'는 생각을 가지게 했을 수 있다. 생각은 호흡을 조절하기보다 더 긴장하게 할 수 있다. 테라피스트는 **구**에게 호흡이 어떠한지 그냥 주의를 주는 것으로 충분하다고 안내하였다.

오랫동안 요가지도를 해 온 **진**의 숨은 날숨의 길이가 들숨에 비해 5배 정도 길다. 그럼에도 불구하고 **진**은 아직도 날숨을 더 내보내고 싶다고 느꼈다. 일상적인 호흡보다도 다소 긴 들숨 4초, 날숨 4초의 1:0:1:0의 균등호흡을 안내하였더니 숨이 차고 스스로 조절할 수 없다고 느꼈다. 조금 더 긴 들숨 6초, 날숨 6초의 균등호흡을 안내하였는데도 날숨이 너무 바쁘게 느껴진다고 하였다. 성인의 정상적인 호흡률이 1분당 12~20회 사이이고, 정상활동에서 들숨은 2초, 날숨은 3초 정도 지속된다. 그럼에도 불구하고 **진**은 한 호흡당 12초에 이르는 호흡을 바쁘다고 느끼고 있었다. '느리고 긴 호흡이 좋은 호흡'이라는 말이 틀리지는 않지만 자신이 가진 숨 역량과 무관하게 그러한 상태를 지향한다면 자신에게 맞는 자연스러운 호흡 패턴을 잃어버릴 수 있다. **진** 또한 자세 중심의 요가수련과 심리적 원인으로 인해 이러한 호흡 패턴이 나타났다. 5회기에서 **진**은 "급하다는 생각을 내려놓고, 6까지 숫자를 세니 들숨이 커지는 게 느껴지네요. 숨에 생동감, 율동감이 있어요. 아직 둔하기는 하지만 가슴이 푹 꺼질 때 보다 시원하게 숨이 쉬어져요" 라고 하였다.

4) 웃음과 침묵

인간에게 있어 웃음은 감정을 표현하지만 원만한 관계를 맺기 위해서도 사용된다. 테라피 초기에는 어색함을 상쇄하기 위한 내담자의 미소를 종종 볼 수 있지만, 중반이 되면 익숙해짐에서 오는 반가운 미소, 환한 웃음을 만날 수도 있다. 자율수련을 충분히 하지 못했을 때는 겸연쩍은 미소를 보이는 경우도 있다. 웃음은 이처럼 테라피 현장에서 다양한 형태로 표현된다. 이러한 웃음 가운데 테라피스트는 사회적 관계를 위한 웃음에 주의를 기울일 필요가 있다. 웃음 혹은 미소라는 동일한 형태를 띠고 있는 듯하지만 그것이 담고 있는 의미는 다를 수 있다. 때문에 테라피스트는 내담자가 보이는 웃음의 의미가 무엇인지 신체 언어와 함께 관찰할 필요가 있다.

항상 첫 만남에서 얼굴에 미소를 띠고 약간은 과장되게 인사를 건네는 내담자 **황**은 자신을 방문한 사람이 오래 머물러 있어도 이를 거절할 수가 없다고 하였다. 그를 보내기 위해서 약속이 있다며 둘러대고 일부러 사무실을 나왔다가 다시 들어온 일도 있었다. **황**은 자신의 장점을 '수용'이라고 하면서 웃으려는 노력에도 불구하고 아주 짧은 순간 미간이 살짝 찡그려졌다. "장점을 말씀하시는데 미간이 살짝 찡그려지시네요. 혹시 알아차리셨나요?" "어머, 제가 그랬나요?" "사무실에 오셨던 그분을 떠올리면 신체감각이 어떤지 살펴보실 수 있을까요?" "목도 좀 답답하고, 어깨에 힘이 들어가네요"라고 하였다. 이후 두어 개의 요가자세를 진행하면서 바닥을 누르며 자신을 밀어 올리는 힘을 살펴보도록 안내하였다. **황**은 자세를 마치고 잠시 머물더니 "그분에게 가시라고 말해야겠네요. 그게 맞겠네요"라고 하였다.

편안하게 몸이 정렬되는 선을 찾았을 때 많은 내담자가 아무것도 하지 않고 한동안 침묵하다가 "그대로 머물러 있어도 될 것 같네요" "존재한다는 것이 이런 거군요"라고 한다. 그런 경우 테라피스트는 내담자들이 침묵 속에서 자신의 존재를 충분히 만날 수 있도록 함께 머물러 준다.

자세를 마친 **한**은 목과 다리에서 긴장이 사라짐을 알아차렸다. 한동안 서 있었기 때문에 잠시 앉을 것을 권했고, 잠시 앉아 있다가 누워서 지금 현재의 신체감각들을 알아차렸다.

> 테: 시간이 좀 여유가 있는데 한 동작을 더 해 보고 싶으신가요, 그대로 쉬고 싶으신가요?"
> 한: 이대로 더 있고 싶어요. (10분 정도 경과한 후) 선생님, 제 오른쪽 골반에 손을 대셨나요?"
> 테: 아니요. 어떤 경험을 하셨는데 그렇게 물어보시나요?
> 한: 한참 누워 있는데 골반에서 뚝 소리가 나면서 몸이 웃는다는 느낌이 들었어요. 몸이 웃으니까 따라서 제 입가에 미소가 지어졌고요. 그리고 정리가 되는 느낌이에요.

요가심신테라피는 내담자에 대한 불필요한 접촉을 자제한다. 또한 접촉이 필요한 경우에도 반드시 내담자에게 양해를 구하고 진행하는 것을 원칙으로 한다. 몸은 안전한 상태라고 느껴질 때라야 내면의 깊은 긴장을 내려놓을 수 있기 때문에 테라피스트는 모든 상황에서 내담자와의 안전한 거리를 유지하고 접촉에 대해 주의를 기울여야 한다. 만약에 접촉을 해야 할 필요가 있다면 반드시 동의를 구하고 느리고 부드러운 접촉을 시도하는 것이 바람직하다.

5) 긴장과 불안 반응

요가심신테라피는 일반적으로 등을 바닥에 대고 쉬는 자세인 사바사나로 시작하거나 마무리한다. 몸이 조금 이완되면 종종 무의식적으로 손발을 움직이는 모습이 관찰되기도 한다. 이는 몸에 있던 긴장이 풀리면서 나타나는 현상이다. 이렇게 이완되는 내담자의 경우는 사바사나로 시작하고 마무리하는 것이 도움이 된다. 하지만 눈을 감은 상태에서 계속 눈동자가 움직이거나 눈꺼풀이 가늘게 떨리는 내담자가 있다면 "지금 무슨 생각을 하고 계신가요?"라고 한번 질문해 보는 것도 좋다. 혹은 눈 위에 보조도구인 눈 베개를 올려도 되겠는지 양해를 구하고 올려준다. 눈 위에 눈 베개와 같이 무게감 있는 보조도구가 올려지면 눈동자의 움직임이 줄어들어 보다 쉽게 자신의 몸에 주의를 기울일 수 있다. 그러나 모든 내담자가 사바사나로 이완이 가능한 것은 아니다. 심신의 상태에 따라 등을 대고 눕기가 어렵거나 오래 머물기 힘든 내담자도 있다.

긴장이 많은 **황**은 쿠션을 활용한 자세(그림 4-7)로 마무리 이완에 들어갔다. 그런데 얼마 지나지 않아 눈을 번쩍 떴다. "이완하면서 불편하셨나요?" "아니요. 이렇게 편안하게 있어도 되나 싶어서요" 3분도 안 지났다고 말해 주니 **황**은 눈이 동그래졌다. 다음에는 그런 생

그림 4-7 쿠션을 활용한 숩따 밧다꼬나사나

각이 올라올 때 잠시만 더 그 감각을 느껴보고 그런 편안함을 허용해 주면 어떤지 관찰해 보도록 안내하였다. 몇 회기에 걸쳐 **황**은 편안함을 자신에게 허용하는 연습을 하였다.

황이 신체의 편안함을 그대로 수용하지 못하는 경우라면 **조**는 사바사나처럼 똑바로 눕는 것 자체가 불편하였다. 잠을 잘 때도 항상 모로 누워 잔다고 하는 그는 자신을 '마치 고장난 로봇 같다'고 표현하였다. **조**에게 사바사나를 적용하지 않고 발라사나(그림 4-8)를 통해 마무리 이완을 진행하였다. "되게 편했어요. 엎드려 있는 자세가 너무 편했어요. 난 이 자세가 참 좋아요. 아까보다는 긴장이 많이 풀렸어요"라고 하였고 편안한 상태에서 테라피를 마무리할 수 있었다.

그림 4-8 발라사나

이처럼 개인의 상황과 나타나는 반응에 따라 이완과 마무리를 다양하게 진행할 수 있다. 좌선 상태에서 호흡명상과 함께 마무리하거나 어떤 경우는 의자에 앉아서 시작하거나 마무리할 수도 있다. 그러한 적용이 적절하다면 말이다.

사바사나 자세를 취한 모습 또한 내담자마다 다르다. 팔을 넓게 벌린 경우도 있고, 팔을 몸 쪽에 모아 놓은 경우도 있다. 손바닥이 바닥으로 향해 있기도 하고 천장으로 향해 있기도 하다. 편안히 쉬는 자세라고 하지만 실제 내담자들에게서 신체 긴장을 완전히 내려놓고 있는 모습은 쉽게 관찰되지 않는다. 사바사나 자세에 관한 탐색도 내담자의 자각을 이끌어 내는 데 도움이 된다. 다음은 사바사나 자세에서 신체느낌을 탐색한 **박**의 사례이다.

박: (팔을 몸통에 바짝 붙인 채 누워 있다.)

테: 팔을 조금 벌려 보면 어떨까요?

박: (손을 아주 조금 밖으로 내는 정도만 움직인다.)

테: **박**, 아주 조금씩 팔을 움직이면서 편안하게 느껴지는 지점이 어딘지 한번 살펴볼 수 있을까요? (**박**은 3~4차례에 걸쳐 팔을 조금씩 움직여 편안한 지점을 찾는다.)

박: 어깨는 편안한데 왼쪽 겨드랑이가 허전해요.

테: 그 감각에 한번 머물러 보실 수 있을까요? 어떠신가요?

박: (잠시 후) 단정하지 못하다는 생각이 들어요.

테: 단정하지 못한 것은 무엇인가요?

박: 술 먹고, 함부로 해서는 안 되는 것. 그러면 얻고자 하는 것을 잘 얻을 수가 없어요.

테: 지금 **박**은 단지 팔을 평소보다 조금 더 벌렸을 뿐이라는 것을 알고 계시지요? 몇 차례 팔을 벌렸다 좁혔다 하시면서 그 감각을 좀 탐색해 볼 수 있을까요?

테라피스트는 **박**과 함께 팔을 원래 자리로 가져왔다가 다시 벌려 보는 작업을 몇 차례 반복하면서 현재 일어나는 감각을 알아차리고 단정하지 못하다는 생각과 계속 연결되는지 확인해 보도록 안내하였다. 다음 회기에 만난 **박**은 "이제 팔을 벌리면 기분이 좋아져요"라고 하였다.

6) 습관적 패턴의 자각

내담자가 호소하는 통증 가운데 상당 부분은 습관적 패턴에 기인한다. 따라서 내담자가 반복적으로 보이는 움직임이나 반응에 대해 알아차리고 주의를 기울이는 것은 긍정적인 패턴을 형성하는 출발점이 될 수 있다. 요가심신테라피에서는 이러한 알아차림이 이후 삶에서 새로운 자기조절로 이어질 수 있도록 한다.

7회기에서 만난 **구**는 다시 몸이 불편해졌다는 호소로 테라피를 시작했다. 지난 회기 중에도 자주 몸에 대한 비난을 하던 **구**였지만, 7회기는 특히 주목할 정도였다.

구: 둔한 느낌이에요. 어제는 진짜 둔했어요. 어우, 막 살 땜에 그래, 살을 빼야 해······.

테: 요즘이 연말인데 지난주에 어떤 특별한 일이 있으셨어요?

구: 저거····· 저거 있었어요. 주말에 술을 먹었지요. 생전 안 먹다가····· 오, 그래서 답답한 거구나!

테: 그러셨네요. 아빠나사나로 시작하려고 하는데 어떠신가요?

구: (자세를 하면서 고관절이 잘 움직여지지 않자 자신의 다리를 탁 치며) 답답해요. 둔해 가지고······.

테: **구**, 반복적으로 몸 탓을 하시고 있는데 혹시 그걸 알고 계신가요? 몸을 좀 사랑해 주면 좋을 텐데요.

구: 아! 그래야 하나요?

요가심신테라피 장면에서 가끔 교육이 필요한 시기가 있다. 테라피스트는 **구**와 심신의 연결, 그리고 자기를 사랑하는 것과 관련된 내용을 짧게 나누었다.

구: (마무리를 한 후) 누워 있으면서 내가 너무 함부로 대했구나! 이런 쓸모없는 몸뚱아리 뭐, 뭐…… 이따위로 생겨가지고 이러면서 얘를 심각할 정도로 막 미워했어요. 왜 아까…… 그래서 그랬구나. 그 생각이 번뜩 들면서 몸에게 미안함이 느껴지더라고요.

테: 네, 그러셨군요. 그러면 마무리하는 지금 몸의 상태는 어떠신지 말씀해 주실 수 있을까요?

구: 지금 몸은 아주 개운해요. 전체적으로 쭉 뻗은 느낌이에요.

몸과 마음은 따로 존재하지 않는다. 심신은 서로 연결되어 있는 통합체로서 몸은 마음에, 마음은 몸에 많은 영향을 미친다. 몸의 가치와 의미의 중요성을 모를 때는 **구**와 같이 몸을 거추장스러운 존재로 취급하기도 한다. 그러나 몸은 우리의 생명을 유지하기 위해 타고난 고유한 기능과 지혜를 지니고 있음을 간과해서는 안 된다.

박은 테라피 회기 중에 복부 강화를 위해 가볍게 머리 드는 수준의 복근운동을 하려고 준비하고 있었다. 아직 자세를 시작하지도 않았는데 미리 팔꿈치를 세워 귀 옆으로 당기고 있는 모습이 관찰되었다. 테라피스트는 **박**에게 팔꿈치를 방바닥에 내려놓은 상태에서 신체감각을 관찰하도록 안내하였다. 그리고 팔을 귀 옆쪽에 붙인 상태에서 다시 신체감각을 관찰해 보도록 안내하였다. "팔을 들고 있으니 더 긴장이 있네요" 이렇게 알아차린 **박**은 "팔을 내리고 하니 몇 차례 더 할 수 있을 것 같아요. 나는 일을 할 때도 그렇게 해요" 하였다. 다음 회기에서 만난

박은 "내가 뭘 할 때 부담을 많이 갖는데 기질적인 것이라 못 바꿀 거라고 생각했어요. 근데 집에서 윗몸일으키기를 하면서 달라질 수도 있겠구나란 생각이 들었어요"라고 하였다.

서는 양쪽 엄지발가락 앞쪽이 높이 들려 있다. 마치 뾰족 올라온 버선코 같은 형상이다. 몇 번의 테라피 회기가 지난 후였지만 새롭게 발견한 **서**의 특징이 테라피스트의 주의를 끌었다. 가끔 테라피 중반에 이르러서야 바디리딩에서 관찰하지 못했던 내담자의 작지만 중요한 특징을 발견하는 경우가 있다. **서**가 그런 사례에 속한다. 테라피스트는 그의 엄지발가락 모양을 흉내 내어 보았다. 가끔 내담자의 상태가 이해되지 않을 때 그와 똑같은 형상을 만들어 보면 도움이 될 수 있다. 엄지발가락의 둘째마디가 깊게 바닥으로 눌렸고, 다리 앞부분에 엄청난 긴장이 느껴졌다. 마치 꼼짝하지 않고 버티고 서 있으려는 안간힘처럼 느껴졌다. 테라피스트는 **서**에게 무게중심을 뒤꿈치 쪽으로 이동시켜 보도록 안내하였다. 그는 "숨이 잘 쉬어져요"라고 하였다. **서**는 언제부터였는지는 모르겠지만 어릴 때부터 있던 오래된 습관인 듯하다고 하였다. 테라피스트는 **서**에게 자세를 하면서 일부러 발가락을 오므려 보거나 엄지발가락 쪽으로 치우쳐 있는 무게중심을 분산시키기 위해 의도적으로 뒤꿈치 바깥날 쪽으로 체중을 이동시키면서 어떤 느낌이 있는지 관찰해 보도록 안내하였다. "오른 다리가 타이트하게 긴장되어 있던 부분이 부드러워졌어요. 다리가 하나로 연결된 느낌이 있어요"라고 하였다. 그리고 몇 회기가 지난 후에 **서**는 발에 주의를 두고 무게중심도 자연스럽게 이동할 수 있게 되었다고 하였다.

7) 그 밖의 신체반응

회기 중에 일어나는 내담자의 경험을 테라피스트가 이해할 수 없을 때 테라피스트는 당황할 수 있다. 테라피스트 스스로가 많은 경험을 가지고 있다면 도움이 될 수 있지만, 그렇다고 모든 상황을 다 알고 있을 수 없다. 이는 불가능한 일이다. 분명한 것은 테라피스트는 내담자의 치유 여정에 함께하는 안내자이며, 그 자신 또한 치유 여정에 있는 사람이라는 것이다. 그러므로 테라피스트는 테라피 중에 만나는 내담자 상황이 자신이 경험했든 그렇지 않았든 관계없이 오로지 내담자의 현존에 함께하는 태도를 갖는다. 그렇게 현존하는 순간에 적절한 치료적 직관이 떠오를 수 있다.

원은 오랫동안 혼자서 명상과 요가수련을 해 온 내담자였다. 앉은 자세에서 센터링을 하던 중 가볍게 흔들리는 모습이 관찰되었다. 그는 명상을 할 때면 항상 몸이 흔들리고, 특히 집에서 혼자 수련을 할 때는 신체 내부에서 각 짜끄라별로 움직임이 더 격렬하게 일어난다고 하였다. 명상수련의 명현현상으로 많이 이야기되는 증상이었지만 테라피스트는 경험한 바 없었다. 테라피스트는 **원**이 가진 신체적 특징에 주목했다. **원**은 척추를 앞으로 밀고 등 전체로 강하게 버티고 있는 모습이다. 등으로 강하게 버티고 있다는 것은 등 부분이 과도하게 활성화되어 있다는 것을 보여 준다.

테: 앉은 자세에서 허리를 가볍게 구부렸다 골반을 바닥으로 꾹 눌러 주면서 펴기를 몇 차례 반복하면서 어떤 감각들이 올라오는지 한번 살펴봤으면 하는데 어떨까요?

원: (몇 차례 앉은 자세에서 허리를 구부렸다 폈다를 반복한 후) 등에 힘이 빠졌어요. 엉덩이는 바닥에 닿는 부분이 더 잘 느껴지네요.

테: (이후 세션은 등의 긴장을 떨어뜨리기 위해 그라운딩과 전굴 중심으로 진행되었다.) 오늘은 시작할 때와 마찬가지로 편안하게 앉은 상태에서 마무리를 하려고 합니다. 잠시 호흡과 함께 머무는 동안 몸이 흔들림을 다시 한 번 알아차려 볼 수 있을까요?

원: (앉은 상태에서 마무리 이완을 한 후에) 안에서 움직임이 느껴지긴 하는데 그 움직임

이 미세하고 부드러워졌어요. 이렇게 앉아 있으니 참 편하네요.

원은 집에서 자율수련을 하는 중에도 앉아서 허리를 구부렸다 다시 골반으로 눌러서 올라오는 움직임을 자주 반복하였고, 몸의 흔들림이 미세해졌다고 하였다.

허리와 무릎 통증을 호소하던 **연**은 지난 주 병원검진에서 자궁근종이 있다는 진단을 받았다고 하였다. 테라피스트는 요가심신테라피 도입부에 센터링을 하면서 골반과 천골 부위가 어떻게 느껴지는지 살펴보도록 안내하였지만 잘 느껴지지 않는다고 하였다. 또한 바디스캔을 통해 신체에 주의를 두는 과정에서 **연**은 골반과의 거리도 실제 위치보다 상당히 멀게 느껴진다고 하였다. 테라피스트는 **연**에게 골반과 연결감을 갖게 하기 위해 아슈위니 무드라(aśvini mudra)[3]를 실시하였다.

연: 이렇게 하니까 불안해져요. 이게 케겔운동하고 비슷한데요. ……평소에도 이렇게 조이면 누군가에게 쫓기는 듯 불안하고, 심장박동이 빨라지면서 얼굴에 열이 오르곤 했어요. 그리고 전 이런 감각 자체가 두렵게 느껴져요.
테: 그렇게 느껴지시는군요. 말씀해주셔서 감사합니다. **연**, 지금 우리가 있는 곳이 어딘지 한번 확인해 보시겠어요?
연: ○○○ 오피스텔이지요.
테: 네 맞습니다. 여기는 **연**과 저 두 사람 외에 아무도 없답니다. 문이 닫혀 있어서 아무도 들어올 수 없습니다. 제 말에 동의하시나요?
연: 네…….
테: 주변을 한번 둘러봐 주십시오. 그리고 불안한 감각이 올라오지 않을 때까지만 움직여

---

3) 보통 말−무드라라고 일컬어지며, 항문의 괄약근을 반복적으로 수축하는 행법이다.

보실 수 있을까요? 아주 조금만 해 보셔도 좋습니다. 그러한 감각이 올라오려고 하면 더 진행하지 마시고 바로 멈춰 주십시오. 괜찮을까요?

연: 5번 정도 했어요. 약간 불안하지만 이 정도는 괜찮은 것 같아요.

연은 자각과 함께 자신의 한계까지 서서히 횟수를 늘려 갔으며, 비판단적이고 수용하는 태도로 신체감각을 알아차렸다. **연**은 반복 수련을 통해 지금 신체에서 실제로 일어나는 감각이 불안한 것이 아니라는 것을 알게 되었고, 더 이상 아슈위니 무드라 수련 감각으로 불안을 경험하지 않게 되었다.

3. 테라피 상황에 따른 대처방법

1) 통증

요가심신테라피가 발전단계로 들어서면 내담자들은 대개 첫면접에서 말했던 주 호소증상 혹은 1차 통증이 완화되고, 잠재되어 있었던 새로운 통증 또는 신체감각을 만나게 된다. 이러한 통증은 보다 오래된 것일 수도 있고, 1차 통증보다 경미했기 때문일 수도 있다. 내담자들을 관찰해 보면 이는 오래된 습관이나 움직임의 패턴에서 기인된 경우가 많다. 또한 새로운 감각들은 통증에 주의가 집중되어 있어서 미처 알아차리지 못했거나 움직임에 대한 새로운 패턴을 익히면서 만나게 되는 신체감각이기도 하다.

평소에 목은 뻣뻣한 막대기 같고 어깨에 항상 통증을 경험하고 있었던 **윤**은 요가심신테라피가 중반에 접어들면서 목과 어깨 통증에 대한 호소가 현저하게 줄어들었다.

윤: (등을 앞뒤로 움직이면서) 이렇게 움직이는데 오늘은 어깨가 아프네요.

테: 그럼 아프지 않은 데까지 움직여 보시면 어떨까요?"

윤: (스스로 움직임 범위를 조절하면서) 아프지 않네요. (수차례 반복한다.)

테: 지금 어깨 느낌은 어떠신가요?

윤: 통증은 없애야만 하는 것이라는 생각을 하고 있었는데 자세를 하면서 힘을 주고 긴장하면 아프다는 것을 알았어요. 내가 아프지 않은 데까지만 하면서 조절하면 되는 거군요.

그러나 많은 내담자가 통증을 수용하기보다는 피하고 싶다고 생각한다. 허리 통증으로 요가심신테라피를 진행하던 한 내담자가 테라피 회기 전에 '오늘은 허리가 아픈데 쉬는 게 좋겠지요?'라는 문자를 보냈다. 초반에 좋아졌던 허리 통증이 이틀 정도 무리하게 일정을 진행한 후 다시 나타난 것이 불안했던 탓이었다. 테라피스트는 허리가 아픈 걸 다루고자 하는 건데 아프다고 쉬는 건 바람직하지 않은 것 같으니 한번 만나서 가볍게만 움직여 보자고 제안하였다. 그리고 내담자의 상황에 맞게 동작 범위를 줄이고 호흡을 더 활용하여 회기를 진행하였다. 이후 그는 "아파도 괜찮아요. 이젠 어떻게 하면 되는지 알았으니까요"라고 자신 있게 웃었다.

통증은 완전히 사라지지 않는다. 또한 매 순간 통증이 있는 것도 아니다. 통증을 관찰하다 보면 사라졌다 다시 나타남이 반복되고, 통증의 위치도 바뀐다.

앞선 사례의 **구**는 그간 세션이 진행되면서 사라졌던 통증이 다시 나타나 짜증이 났다. 지난주까지만 해도 아픈 데가 하나도 없던 그였기 때문에 "처음에 아팠을 때는 몰랐는데 안 아프다가 다시 아프기 시작하니까 답답하기도 하고요"라고 말했다. 추운 날씨에 얼어 버린 세탁기를 녹이기 위해 불편한 자세로 앉아 한참 동안 드라이를 세탁기 쪽으로 쭉 뻗고 있었던 것이 원인이 아닐까 추측하였다. 내담자에게 흔히 나타나는 반응 가운데 하나이다. 오래도록 아팠던 사람들의 경우는 통증이 사라졌다가 다시 나타나는 것 자체만으로도 불안할 수 있다. 테라피스트는 '통증이 없는 상태를 0이라고 하고 아주 극심한 상태를 10이라고 했을 때 지금 느끼는 통증이 어느 정도가 되는지' 물었다. **구**는 "이거 하기 전에는 매일매일 움직일 때마다 아이고 아이고 했지요. 지금은 그 정도는 아니고 4? 5? 그 정도 되는 거 같아요. 그냥 안 아프다가 그러니까 또 아플까봐……. 그게 걱정이 되는 거예요"

2) 화를 내는 경우

만성적으로 어깨 통증을 느끼는 **최**는 어깨가 위축되어 있었다. 테라피스트는 그의 팔을 좌우로 45도 정도 벌려서 위로 들어 올리도록 안내하였다. 그의 단축된 소흉근 감각을 느끼게 하려는 의도였다. 테라피스트가 조금 더 열림을 경험하도록 하기 위해 그의 양손을 가볍게 위와 뒤쪽으로 당겨 올리자, **최**는 마치 거절하듯 팔을 거칠게 내렸다. 그러고는 "힘들어요. 고문받는 거 같아요"라고 하였다. 예기치 못한 반응이었기 때문에 당황스러웠지만 그가 화를 낼 만큼 힘든 자세를 권한 게 아니었던 터라 테라피스트에게 화를 내고 있는 것은 아니란 걸 알아차릴 수 있었다. 조금 전 자세가 그의 감정을 촉발시켰을 것이고, 그것은 과거 어떤 대상에 대한 반응일 가능성이 컸다.

테: 이 자세의 어떤 부분이 힘드신가요?

최: 내가 할 수 없는 일을 시키는 것 같아요. 난 움츠려 있는 자센데 펴려고 하니 어려워요.

테: 그렇다면 스스로 편하다고 생각하는 데까지 내려가서 웅크려 보시면 어떨까요? 어떠세요? 한번 시도해 볼 수 있을까요?"

최: (무릎을 꿇고 양팔을 감싸 안은 채 아기처럼 엎드린다.)

테: **최**. 지금은 어떠신가요?

최: 사람들이 나에게 공격적인 얘기를 해요.

테: 누가요?

최: 가족들이요. 아버지. 아니 모두 다요. 가슴 심장이 아파요.

　테라피스트는 **최**가 그 상황으로 너무 깊이 들어가지 않도록 하기 위하여 자신의 호흡으로 주의를 옮기도록 안내하였다. 잠시 후 그가 일어나 앉았을 때는 주변을 천천히 돌아보도록 하였다. 그리고 이름이 무엇인지, 여기가 어디인지 그에게 물었다. 그는 자기 이름을 말하고 주변을 돌아보면서 여기가 어디인지 확인하는 과정을 통해 현재의 상황으로 다시 돌아올 수 있었다.

　테라피 현장에서 화를 내는 내담자는 그리 흔하지 않다. 그러나 과거의 기억들로 인해 공격적인 말투와 태도를 보이는 내담자를 만날 수도 있다. 그 순간 테라피스트가 알아야 할 것은 그들이 테라피스트에게 화를 내고 있는 것이 아니라는 사실과 치유적 현존이 절실히 필요한 시간이라는 것이다. 유의해야 할 점은 요가심신테라피는 내담자의 화를 여과 없이 표출하도록 유도하지 않는다는 것이다. 테라피스트들은 내담자가 자신의 신체 내부에서 화가 났다는 감각을 살피고 다룰 수 있는 정도에서 멈추고 지금 이 순간으로 돌아오도록 안내한다. 다음은 내담자 **이**의 사례이다.

그림 4-9 위라바드라사나

　이는 몸통 전체를 딱딱하게 긴장시키고 있었다. 호흡도 긴장으로 인해 날숨이 잘 일어나지 않는 상태였다. 테라피스트는 그에게 날숨을 다소 길게 내보내겠다는 의도를 가지고 서서 하는 요가자세를 진행하도록 안내하였다. 두 번째 자세를 진행하고 나서 그는 마침내 꾹꾹 눌러 두었던 과거의 어떤 기억과 만났는지 양팔을 허리에 짚고 씩씩거리며 서 있었다. 분명 **이**는 테라피스트를 보고는 있었지만 그 너머 다른 사람에게 화를 내고 있는 듯한 모습이었다.

테: 화가 많이 나셨네요. 저한테 화가 나신 건가요?

이: (그 순간 테라피스트와 눈을 맞추고 깊은 한숨을 몰아쉰 후) 아니요. 선생님한테 화를 내고 있는 게 아닙니다.

이의 숨은 조금씩 안정되기 시작하였다. 테라피 현장에서 테라피스트는 벌어지는 상황에 위축되지 않고, 자신에게 느껴지는 상태를 나-언어(I-message)[4]로 전달하면서 내담자가 자신의 주의를 현재로 가져올 수 있게 한다. 그리고 나서는 활성화된 분노의 에너지를 방출할 수 있게 필요한 요가자세를 천천히 진행한다. **이**는 두어 차례 날숨을 길게 내보낸 후 팔을 변형한 위라바드라사나(그림 4-9)를 진행하였다. 매번 자세를 취할 때마다 멈춰서 몸의 감각과 호흡을 확인하였다. 몇 차례 그렇게 자세를 취한 후 **이**는 완전히 지친 사람처럼 벽에 기대어 앉았다. "아까는 참 이상했어요. 선생님이 나에게 공감해 주는 것 같지는 않은데, 나와 함께 있어 주는 느낌이었어요"라고 하였다.

테라피스트는 세션 내내 앞에 있는 내담자의 모든 행동에 주의를 기울이고 특이한 부분은 놓치지 않고 관찰하는 것이 필수이다. 관찰은 테라피스트에게 중요한 일이지만 내담자를 고려하지 않고 뚫어지게 쳐다보는 것은 상대를 불편하게 할 수 있다. 내담자 **구**는 이전에 집단 요가수업에서 요가지도자가 누워 있는 자신을 뚫어지게 쳐다보다가 "측만이 있다고 말한 것이 불편했다"라고 하였다. 요가심신테라피 현장에서도 똑같은 상황이 벌어질 수 있으

---

4) '나'를 주어로 하여 타인의 행동에 대한 자신의 생각을 표현하는 대화법.

므로 유의해야 한다. 요가심신테라피 경험이 많지 않았던 테라피스트 **유**는 비슷한 경험을 했다. **유**는 측만이 있는 내담자가 누워 있는 모습을 서서 내려다보듯 관찰하고 있었는데 내담자가 "제 몸이 삐뚤어졌다고 비웃으시는 거지요?"라며 빠르게 공격적으로 말했다고 하였다. 그럴 의도가 없었기 때문에 그 즉시 "아니요"라고 하긴 했지만 내심 당황이 되긴 했다. 요가심신테라피는 일대일로 진행되기 때문에 테라피스트가 어떠한 행동을 하기 전에 그것에 대해 의도를 설명하고 내담자의 허락을 구하는 것이 바람직하다. 그리고 "저는 그럴 의도가 없었는데 그렇게 느끼셨군요. 그런데 어떤 부분이 불편하셨는지 말씀해 주실 수 있을까요?"라고 내담자에게 질문을 한다면 그가 어떤 부분에서 불편했고, 그때 신체감각이 무엇이었는지 내담자의 반응을 계기로 차분히 탐색해 볼 수 있다.

3) 테라피가 대화중심으로 흐를 때

요가심신테라피는 테라피의 상당 부분이 비언어적인 작업이다. 앞서도 언급했듯이 치료적인 대화는 테라피에 중요한 부분이 분명하긴 하지만 중심은 요가자세와 호흡을 통한 움직임 그리고 신체감각의 탐색이다. 그래서 테라피스트는 내담자가 일상에서 경험한 일들을 세세하게 묻고 탐색하기보다는 일상에서 느낀 변화 혹은 자율수련에서 조금씩 더 깊어진 알아차림에 관해 짧게 이야기를 나누고, 이를 바탕으로 몸 중심의 새로운 탐색을 해 나간다. 그러나 언어적 상담에 익숙한 내담자들의 경우는 몸을 움직이기보다는 자신의 이야기를 길게 하고 싶어 하고, 그러지 못할 때 불편한 기색을 보이기도 한다.

서는 지난 주 시댁에 갔을 때 시어머니와 시누이로부터 겪었던 부당한 일에 관한 이야기를 좀처럼 멈추려 하지 않았다. 이야기는 거의 20분 이상 이어졌고, 그녀는 시댁에 가면 마치 인민재판을 받는 것처럼 느낀다며 잠시 숨을 몰아쉬었다. 테라피스트는 **서**가 숨을 몰아쉬느라 말을 멈추는 그 지점에서 개입하였다.

테: 많이 속상하셨군요. 잠시만 멈추시고 지금 신체감각이 어떤지 살펴보실 수 있을까요?

서: (아직 다 하지 못한 말을 하고 싶다는 듯 커진 눈으로 쳐다본다.)

테: 잠시 지금 느껴지는 감각을 살펴보고 나머지 이야기를 듣는 것은 어떨까요? 아주 잠시만 머물러 보실 수 있을까요?

서: (신체감각을 살핀 후) 숨이 안 쉬어지네요. 몸도 위축되는 느낌이에요.

테: 몸이 위축되는 감각은 주로 어디에서 경험되시나요?

서: 어깨와 가슴에서요. 꽉 힘이 들어가 있고, 숨도 아주 얕아요.

테: 자세를 하면서 그 감각을 한번 다뤄 보면 어떨까요? 위라바드라사나(그림 4-9)를 하시는데 매번 들숨을 1초씩 늘려 갈 겁니다.

내: (자세 후에) 다리가 단단하고 어깨와 팔에 느낌이 있네요. 아까는 그 사람 있잖아요. 공옥진 씨요. 그 사람처럼 몸이 비비 꼬이는 것 같아서 웃겼어요. 지금은 숨도 좀 깊어졌어요.

이후 **서**는 시댁에서 일어난 일에 대해서 더 이상 얘기하지 않았다. 그보다는 자신이 집중하면 숨을 얕게 쉬고 있다는 것을 알아차렸으며, 창작 무용가 고 공옥진 씨처럼 위축된 자신의 모습이 웃기다며 지금 여기에서 알아차린 몸의 감각에 주의를 기울였다.

가끔 테라피 현장에서 자세보다는 자신의 이야기를 하고 싶다고 적극적으로 의견을 개진하는 내담자가 있다. 테라피스트를 만나러 오기 전부터 자신이 묻어두었던 이야기를 하고 싶다고 마음먹고 온 경우에는 내담자가 원하는 것을 하도록 허용한다. 하지만 그러한 이야기가 한풀이 형식으로 이어지지 않도록 중간중간에 신체감각을 살피도록 안내해야만 한다. 다음은 내담자 **최**와 진행된 7회기 내용이다.

최: 오늘은 요가자세 말고 얘기를 하고 싶어요.

테: 무슨 얘기가 하고 싶으신지요?

최: 삼촌이요. 어린 시절 저한테 정말 잘해 주셨거든요. 그런데 언제인지 잘 모르겠는데 삼촌 형편이 상당히 어려워졌어요. 모습도 좀 그랬고요. 어느 날 길에서 삼촌과 마주쳤는데 못 본 척 지나쳤어요. 근데 그것이 일상에서 아주 행복한 순간에 불쑥불쑥 떠올라요. 그럼 내가 이렇게 행복해도 되나? 나는 이런 걸 누릴 자격이 있나? 그런 생각들이 올라와요.

테: 그렇게 말씀하셨는데 어릴 때 아주 잘해 준 삼촌이라면 삼촌하고 있었던 기뻤던 추억은 무엇이 있을까요? 그것을 말씀해 주실 수 있으실까요?"

최: (잠시 머물다가) 어린 시절 삼촌과 함께 놀이 공원에 갔어요. 너무 재미있었어요.

테: 지금 웃고 계신데 알고 계셨나요? 지금 몸에서 느껴지는 감각은 어떠신가요?

최: 가슴이 따뜻해졌어요. 숨도 좀 커진 것 같아요.

테: 호흡과 함께 지금 그 감각에 조금 더 머물러 볼 수 있을까요?

최는 그제야 가벼운 자세를 할 수 있을 만큼 안정되었다. 테라피스트는 스스로를 안아 준다는 마음으로 아빠나사나 자세(그림 4-2)를 부드럽게 진행해 볼 것을 제안하였다. 몇 차례 자세를 진행하다가, 무릎을 복부로 당기고 머문 상태에서 호흡을 몇 회 더 진행하도록 안내하였다. 누워서 자세를 하던 **최**의 눈에서 눈물이 좌우로 흘러내렸지만 개의치 않는 듯 보였다. **최**는 고착되어 있던 불편한 사건에서 행복한 기억으로 주의를 이동할 수 있게 되면서 마음이 편해졌다고 하였다.

3. 테라피 상황에 따른 대처방법

4. 테라피와 관련된 기타사항

1) 자율수련을 규칙적으로 하지 않는 경우

테라피스트는 내담자에게 회기에서 수행한 자세들이나 습관적 패턴들을 알아차릴 수 있도록 최소 주 3회 이상 자율수련을 하도록 안내한다. 이는 요가심신테라피를 시작하면서 이미 안내가 된 내용이지만 내담자에 따라서는 테라피 중반에 자율수련의 중요성을 다시 안내할 필요가 있다. 요가심신테라피에서 내담자의 자율수련 여부와 횟수는 테라피의 진행과 결과에 많은 영향을 미친다. 자율수련은 한 시간 정도 진행되는 요가심신테라피를 통해 익힌 자세와 호흡 등을 반복적으로 수련하여 체화하는 과정이기 때문이다. 또한 자율수련은 각 개인의 움직임과 오래된 생활습관 패턴을 새롭고 긍정적인 패턴으로 만들어 간다는 측면에서도 그 중요성을 거듭 강조할 필요가 있다. 내담자가 자율수련일지에 기록한 일상적 알아차림과 통증, 신체감각과 느낌의 변화는 테라피스트가 내담자 상태를 감지하는 데 필수적인 자료이기도 하다.

내담자 중에는 자율수련을 매일 또는 주 5회 이상 하고 자율수련일지를 정성껏 작성하는 내담자가 있다. 이러한 경우는 모든 자세의 체화 속도가 빨라서 통증의 경감은 물론 신체적인 차원을 포함하여 좀 더 깊은 자기탐색으로 이어질 수 있다.

만성적인 등 통증을 경험하고 있는 **윤**은 자율수련 시 요가자세마다 느꼈던 변화들을 상세하게 기록하였다. 초기에는 견갑골 사이 부근에 노란 선으로 표시하고 '결린 듯 뻐근한 느낌'이라고 기록하였다. 이후 견갑 주변에 표시되었던 선이 흐려지면서 통증은 허리와 서혜부에 진한 선으로 나타나기 시작했다.

주 5회 이상의 수련을 해 왔던 **정**은 매일 수련하는 과정에서 오른쪽 골반 뒤쪽에 둔덕 같은 느낌이 조금씩 옅어지면서 좌우 골반이 닿는 느낌이 비슷해지는 변화를 순차적으로 서술하였다.

이러한 경우에는 내담자들이 일상에서 느꼈던 변화와 성찰을 중심으로 이야기를 나누면서 자율수련을 통해 체화해 나갈 수 있도록 안내하면 된다. 이와는 반대로 자율수련을 한 번도 하지 않거나 수련일지를 가져 오지 않는 내담자들이 있다. 자율수련을 소홀히 하는 내담자들은 자율수련을 자기치유를 위한 과정으로 여기기보다 테라피스트가 내준 숙제로 받아들이고 부담스러워한다. 그런 경우에는 무엇이 수련을 어렵게 하는지 파악해 본다.

전혀 다른 두 가지 업무를 동시에 하고 있는 **전**은 4회기 이후 작성한 자율수련일지에 '바쁜 일정 속에서 정해 놓고 수련하기가 힘듦. 어떻게 대처해 나가야 하는가?'라고 적어 왔다. 테라피스트는 수련 시간을 일정하게 정해 놓고 하는 것이 가장 바람직하겠지만 그것이 여의치 않은 상황이기 때문에 일상 중에서 수련을 해 나갈 수 있는 방법이 무엇인지 **전**과 논의하였다. **전**은 아침에 잠자리에서 벗어나기 전에 2, 3개 요가자세 수련하기와 요가지도를 마친 후에 뒷부분에 이어서 수련하는 두 가지 방법을 찾아냈다. 이후 **전**은 이런 방법으로 자율수련을 이어 나갔으며, 아침에 2, 3개 요가자세를 하면서 잠이 깨면 기분이 좋다고 하였다.

내담자 **고**는 요가심신테라피를 지속하기를 원하지만 자율수련은 전혀 하지 않았다. 중반을 넘어선 회기에서 그의 자각력을 높이기 위해 요가자세를 조금 더 단순화하여 안내하였더니 "아! 이렇게 하는 거군요. 이 정도는 쉬워서 할 수 있어요. 집에 가서도 할 수 있을 거 같네요"라고 하였다. 요가심신테라피에서 활용하는 요가 자세가 쉽고 단순한 동작이라 하더라도 반드시 개인차가 존재한다는 것을 다시 깨닫게 된 경험이었다. 이후 그는 자신이 할 수 있는 만큼 자율수련을 하고 그 변화들을 보고하였다.

몇몇 내담자는 테라피스트가 제공한 프로그램 구성지를 모두 다 하지 않았기 때문에 자율수련을 하지 않았다고 보고하기도 한다. 주어진 자세 중에 시간이 될 때마다 조금씩 나누어서 하거나 자신이 좋아하는 자세들을 골라서 하였기 때문에 수련을 하지 않았다고 생각

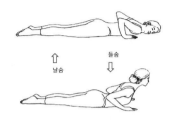

그림 4-10 부장가사나

하는 것이다. 전자의 경우처럼 수련 시간이 부족한 경우라면 반드시 해야 할 자세 위주로 자율수련 내용을 조절해 줄 필요가 있다. 그러나 후자처럼 자신이 좋아하는 자세들만 골라서 할 경우에는 이것이 내담자에게 긍정적인 방향인지 함께 판단해 보아야 한다. 예를 들어, 허리가 전만되어 있는 내담자가 부장가사나(그림 4-10)와 위라바드라사나(그림 4-9) 등 후굴 위주 자세만을 했다면 이는 내담자 상태를 더욱 강화시킬 수 있기 때문에 조절할 필요가 있다.

또 다른 유형은 자율수련은 전혀 하지 않고 일상에서 발바닥의 느낌을 살핀다든지, 언제 자신의 호흡이 빨라지는지 관찰하기, 좌골 위에 앉기 등 자신의 오래된 습관을 일상생활 중에서 알아차리고 새롭게 변화를 시도해 보는 정도를 했다고 보고하는 경우이다. 이런 경우에는 일상에서의 관찰을 격려해 주면서도 테라피스트와 진행하는 테라피 시간만으로 자기조절을 해 나가는 것이 한계가 있음을 강조할 필요가 있다. 그리고 내담자가 자율수련을 실천할 수 있도록 최소 주 2회 이상 수련하기, 잠자리에 들기 전이나 일어날 때 할 수 있는 요가자세 수련, 10분 정도 수련하기 등 수련 시간이나 범위 등을 함께 조절해 보는 것도 좋은 방법이다.

2) 테라피 시간을 초과하는 경우

일반적으로 요가심신테라피의 1회기는 1시간을 기본으로 한다. 경우에 따라서 10분 정도 초과하기도 하지만 대체적으로 약속된 시간 내에 회기를 마치도록 한다. 만약 시간이 초과되었음에도 불구하고 테라피가 조금 더 진행되어야 할 필요가 있다면 반드시 내담자 시간을 확인해 보고 사전에 허락을 구한다.

박은 마무리 이완을 하고 나서 '몸이 편하고 가볍다'고 하였다. 그러다가 불현듯 집안에서 말썽꾸러기였던 오빠로 인해 어렸을 때 힘들었던 이야기를 꺼냈다. **박**의 양쪽 팔에 털이 곤두설 정도로 소름이 돋고, 몸 전체는 다시 긴장되었다. 테라피스트는 이미 테라피 시간이 경과하였지만 그대로 마무리할 수는 없다고 판단하였다.

테: 이후에 약속이 있으신가요? 혹시 10분 정도 여유가 있으신가요?
박: 아니요. 약속은 없어요.
테: 지금 일어난 신체감각을 좀 다루고 헤어지는 것이 좋을 것 같은데요. 괜찮으세요?
박: 네, 여유 있어요.

테라피스트는 **박**에게 그라운딩을 할 수 있게 상체를 숙이고 호흡과 발에 주의를 두면서 매번 날숨마다 몸에 남아있는 긴장을 땅으로 내려보내는 것을 심상화하도록 안내하였다. 테라피스트는 **박**이 다시 안정화될 수 있도록 10분여 정도 테라피를 더 진행하고 마무리하였다.

테라피 회기의 마무리는 편안하고 안정된 상태, 사뜨빅 상태에서 마무리하는 것이 바람직하다. 하지만 이렇게 안정화 상태가 되면 보다 깊은 이야기를 꺼내는 내담자들이 있다. 그렇지만 한 회기 안에 모든 문제를 다룰 수는 없다. "오늘 하신 그 말씀은 다음 회기에서 함께 다뤄 보는 것이 어떨까요?"라고 양해를 구하고 마무리한다. 그리고 메모해 두었다가 가능하다면 다음 회기에 다루어 본다. 내담자가 한 이야기를 테라피스트가 기억하고 다시 다루는 과정은 내담자의 신뢰를 확보하는 방법 가운데 하나이다.

내담자 요인에 의해 테라피 시간이 초과되는 경우도 있지만 테라피스트의 과욕으로 시간을 넘겨 테라피를 진행하기도 한다. 테라피스트 역시 처음 요가심신테라피를 진행할 때 잘해 주고 싶다는 의욕이 강해서 시간을 넘기는 경우가 종종 있었다. 그런데 어느 날 내담자가 약속이 있다며 마무리 이완을 못하고 급하게 나가는 일이 있었다. 테라피스트는 급하게 나가는 내담자의 뒷모습을 보면서 미안했고, 많이 주려는 의욕이 좋지만은 않다는 사실을 깨닫게 되었다. 현대인들의 경우는 바쁜 스케줄 속에 지내기 때문에 시간 단위로 약속을 잡는 사람들도 많다. 회기를 시작하기 전에 미리 내담자의 스케줄을 확인하는 것은 테라피를 안정적으로 마무리하는 데 도움이 될 수 있다.

3) 통증 호소 부위가 바뀌는 경우

정과 처음 만났을 때, 그는 허리와 관련된 문제들을 주로 호소하였다. 요추 4, 5번에 협착이 있으며, 특히 오른쪽 허리와 관련한 통증에 대하여 자세히 설명하였다. 그리고 그는 컴퓨터를 많이 하는 날 오른쪽 목 뒷부분에 두통이 생긴다고 하였다. 테라피스트는 정과의 첫면접을 통하여 허리 통증의 경감과 신체 좌우의 균형감 회복을 목표로 설정했다. 정은 4주간 수련했던 자세들을 체화하고 그를 통해 신체에서 나타나는 변화들을 꼼꼼히 관찰하여 수련일지에 작성하고 매 회기에서 자신의 변화에 대하여 나누었다. 정은 4주가 지난 후 "이제 허리 통증이 없어요. 좀 오랫동안 책을 보거나 컴퓨터에서 작업을 하고 나면 고질적으로 나타나는 두통을 다뤘으면 좋겠어요"라고 하였다. 초기에 설정한 목표를 가능하면 그대로 유지하는 것이 바람직하겠지만, **정**은 초기 주 호소였던 요통과 관련하여 성실한 자율수련으로 스스로 관리할 수 있는 상태가 되었고, 2차 호소가 그때그때 변화되는 통증이 아니라 만성 두통이었기 때문에 치료 목적과 부위를 바꾸어 적용하기로 합의하고 진행하였다.

척추 전체를 강하게 경직시키고 있었던 **윤**은 테라피가 중반을 넘어서면서 등 상부의 통증이 점차로 아래로 내려오더니 처음에는 통증이 없었던 허리가 아프다고 호소하였다. **윤**의 신체 특징은 허리와 등을 앞으로 밀어 가슴을 들어 올리고 있는 모습이다. 때문에 테라피스트는 첫면접에서 **윤**에게 허리가 아프지 않은지 물었지만 그는 허리 통증은 없다고 하였다. 5회기에 접어들면서 **윤**의 주 호소 부위였던 등이 조금씩 이완되었고 등 통증의 시작 지점인 허리 부근으로 내려간 것으로 여겨졌다. 이러한 경우에는 내담자와 설정한 기존의 목표를 바꾸지 않고 필요한 요가자세나 기법을 추가하거나 기존 동작을 그대로 유지하면서 내담자의 주의를 등에서 허리로 이동시킬 수 있도록 안내한다. 그렇지 않다면 만날 때마다 변화되는 내담자의 통증 부위에 맞춰서 계속 테라피의 목표를 바꿔야 하기 때문이다. 테라피스트는 **윤**에게 짜끄라와까사나를 4회 진행하면서 날숨에 엎드리는 범위를 4번으로 나누어 점진적으로 내려가도록 안내하였다. 완전히 엎드린 자세가 완성되었을 때는 그 상태에서 허리에 주의를 두고 여섯 차례 호흡을 하도록 안내하였다. 이러한 안내는 **윤**에게 척추 움직임을 좀 더 세분화해서 긴장된 허리 부위가 부드럽게 늘어나는 느낌을 알아차리도록 하기 위해서였다. **윤**은 자세를 마친 후에 "허리가 훨씬 부드럽고, 몸 위쪽이 다 편하네요"라고 하였다.

모든 테라피의 진행은 내담자의 증상과 호소가 최우선 고려 대상이다. 하지만 호소 부위의 통증이 사라졌다고 해서 내담자가 가지고 있는 문제를 그만 다뤄야 한다는 것은 아니다. 내담자들의 무의식적인 움직임 패턴이나 습관으로 인해 발생한 신체적인 문제들은 그 습관을 변화시키고 스스로 조절해 나가는 데 최소 3개월여가 필요하기 때문이다. 따라서 내담자의 불편이 해소된 경험이 1회 혹은 1~2주 정도 유지되는 것이 아니라 지속적인 상태로 유지되기 위해 가능하면 10회기 내에서는 하나의 목표를 설정하고 그 목표에 맞게 일관된 요가심신테라피 프로그램을 진행하는 것이 바람직하다.

5. 요약

이 장에서는 요가심신테라피의 중기에 해당하는 발전단계를 다루었다. 우선 요가심신테라피는 일반 요가수업과는 달리 일대일로 진행되기 때문에 테라피스트가 요가심신테라피의 현장에서 내담자와 상호작용하기 위한 대화기술을 서술하였다. 테라피스트는 약간 느리고 부드러운 말투와 청유형 언어, 개방형의 질문을 통해 내담자가 자신의 신체감각으로 주의를 돌릴 수 있도록 안내해야 한다. 치료적 질문과 비치료적 질문을 구분하여 내담자에게 도움이 되는 자기탐색의 방향으로 적절히 질문을 한다.

또한 요가심신테라피는 첫면접을 제외하고 테라피 진행 과정은 거의 동일하지만 내담자의 신체반응이나 요구에 따라 크고 작은 변화들이 발생하기 때문에 적절하게 대처할 수 있어야 한다. 이를 내담자의 신체반응, 테라피 상황에 따른 대처, 기타사항으로 나누어 살펴보았다. 내담자의 신체반응은 방출현상, 정향반응, 호흡의 변화, 웃음과 침묵, 긴장과 불안 반응, 습관적 패턴의 자각, 그 밖의 신체 반응으로 나누어 요가심신테라피의 사례중심으로 서술하였다. 중반이 되면 첫 호소증상들이 완화되어 새로운 통증을 호소하거나 없어졌던 통증이 나타나 동요되기도 하고, 테라피스트와 익숙해진 내담자의 개인적인 이야기로 테라피스트의 의도와는 다른 회기가 진행될 수도 있기 때문에 이에 대처하는 요령을 서술하였다. 테라피 현장에서의 내담자는 각기 다른 개인이기 때문에 내담자가 어떤 반응을 하느냐가 아니라 그 반응에 대한 테라피스트의 치료적 태도가 중요하다. 그것은 매 순간 지금 여기에 내담자의 현존에 함께하는 것이다.

5. 요약

제5장

요가심신테라피의 종결단계

이윤선, 강화, 김안나

1. 숙련단계: 8~9회기

　요가심신테라피의 종결단계는 마무리를 준비하기 위한 숙련단계와 전체 테라피 과정을 돌아보고 마무리하는 종결단계로 나뉜다. 테라피스트는 10회기를 기준으로 진행되는 요가심신테라피에서 8~9회기를 숙련단계로 진행한다. 테라피스트는 이 단계에서 초기단계에 설정했던 목표와 요가테라피 프로그램을 내담자가 얼마나 숙지하였는지 점검하고, 이를 기준으로 내담자의 상태에 맞춰 추가하거나 심화할 부분을 조율해 나간다. 때문에 숙련단계는 종결을 위한 점검의 단계이기도 하다.

　숙련단계에서 테라피스트와 내담자가 함께 점검할 부분은 크게 네 가지 정도로 나누어 볼 수 있다. 첫 번째, 숙련단계에서 테라피스트는 내담자가 테라피 프로그램을 얼마나 잘 숙지하고 이를 체화하고 있는지 살펴본다. 특히 테라피스트는 내담자가 어렵게 느끼는 부분을 확인하고 내담자의 숙련 정도에 맞게 프로그램을 조정한다. 두 번째, 테라피스트는 지금까지 내담자가 보인 자율수련 정도를 통해 개인의 수련 역량과 테라피 이후에 내담자가 자신의 변화를 얼마나 지속할 수 있는지를 예측해 보고, 필요한 경우 강화할 방안을 모색해 본다. 세 번째, 테라피스트는 내담자가 테라피 초기에 비해 자신의 상태와 심신의 변화를 얼마나 알아차리고 있는지 점검한다. 이때 테라피스트는 내담자가 초기단계에서 보고한 자신의 식습관, 수면습관, 배변습관 등을 다시 한 번 확인하는데, 이 과정에서 내담자는 미처 의식하지 못했던 심신의 긍정적 변화를 인식할 수도 있다. 네 번째, 테라피스트는 내담자의 테라피 경험을 생활에 어떻게 적용하고 있는지 확인한다. 이때 내담자는 자신이 스스로 노력해 온 시간과 변화를 되돌아보게 되는데 이것이 내담자의 역량을 강화할 수 있다. 요가심신테라피는 내담자의 몸과 마음의 변화가 삶으로 통합될 때 실제 내담자의 삶에 영향을 미친다고 보기 때문이다. 내담자가 자신의 삶에서 작은 변화라도 긍정적인 면을 알아차리는 것은 내담자가 삶을 보다 건강하고 긍정적으로 재구성할 수 있는 핵심 요소가 된다. 테라피스트는 이러한 네 가지 사항을 기준으로 하여 내담자가 테라피를 종결한 후에도 자율수련을 이어 나갈 수 있도록 테라피 프로그램을 재구성한다.

1) 테라피 프로그램 재구성

숙련단계에서는 7회기 정도까지 내담자가 수련해 왔던 주요 요가자세와 호흡법을 내담자의 현재 상태에 맞게 재구성할 수 있다. 재구성을 고려하는 이유는 7회기까지 내담자에게 통증이 감소되고 신체 정렬에 도움이 된 자세가 있는가 하면, 내담자의 통증 감소에 도움이 되었지만 아직까지 완성자세를 하기에는 익숙하지 않은 움직임이나 불편하게 느끼는 자세가 있을 수 있기 때문이다. 이는 내담자의 습관이나 다른 신체 부위의 상태 또는 움직임 방법이 원인인 경우도 있으므로, 내담자와 다시 한 번 확인하고 조정할 필요가 있다.

보통 내담자는 숙련단계에 이르면 테라피 초기단계보다 역량이 향상된다. 때문에 발전단계에서 익힌 요가기법 전체를 숙련단계와 테라피 종결 후에 모두 수련할 필요는 없다. 따라서 테라피스트는 회기를 진행하면서 파악한 내담자의 정보, 즉 생활환경과 습관, 에너지 상태, 자율수련 능력, 신체 적응능력 및 개선 속도 등을 고려한다. 이에 더해 테라피스트가 테라피 초기단계에 랑가나(laṅghana)와 브름하나(bṛmhaṇa) 방법을 적용하였다면 숙련단계에서는 이 부분 또한 고려되어야 한다. 만약 테라피 초기에 내담자가 에너지와 활력이 필요한 경우였다면 테라피스트는 브름하나 방법을 주로 적용했겠지만, 숙련단계에서 내담자의 에너지가 구축되었다면 에너지를 균등하게 배분할 수 있는 사마나(samāna) 방법[1]으로 안정감을 유지할 수 있도록 구성한다. 이러한 과정이 있어야만 테라피스트가 없는 종결 이후의 상황에서 내담자가 자율수련을 이어 가기에 적합하게 일대일 맞춤식 테라피 프로그램이 구성되고, 일상생활에서 꾸준히 자신만의 자율수련을 이어 갈 수 있다.

(1) 주요 방법을 중심으로 한 테라피 프로그램

테라피 프로그램은 내담자가 초기에 호소한 증상을 중심으로 구성된다. 일반적으로 요가심신테라피에서는 초기에 설정한 하나의 목표를 중심으로 10회기 프로그램을 구성하는 것이 기본이다. 테라피 초기의 내담자들은 통증이나 경직으로 인해 가동범위가 크지 않을 수 있다. 때문에 초기 테라피 프로그램은 몇 가지 용이한 요가자세와 기법들로 시작하고 회기를 진행하면서 간

---

1) 사마나는 sam(함께)과 āna(호흡)가 결합된 단어이며, 균등하게 배분하는 기운 또는 다섯 가지 생기 중 하나인 복부에 머무는 숨이라는 뜻이 있다(문을식, 2013, p. 349; 이거룡, 2017, p. 339).

단한 요가자세를 점차 심화시켜 나가고 자세의 종류도 점차 늘려 간다. 다음은 초기에 설정한 목표와 주요 방법을 점진적으로 향상시켜 나간 사례이다.

고는 폐 수술을 한 후 항상 숨이 가쁘고 가슴 부위에 눌리는 통증이 있어 일상생활과 수면에 어려움을 겪고 있었다. 테라피스트는 고의 요가심신테라피 목표를 안정적인 호흡을 회복하고 호흡역량을 늘리는 것으로 설정하였다. 고를 위한 프로그램에서 사용한 주요 방법은 체형을 고려하여 등 후만에 유용한 자세와 보조방법으로 그라운딩을 도입하였다.

테라피스트가 고를 처음 만났을 때, 그는 팔을 90도 이상 펼치거나 어깨 높이로 올리는 것이 어려웠다. 테라피스트는 고의 팔이 움직일 수 있는 범위를 확인한 후, 그의 호흡을 안정시키기 위해 의자에 등을 기대고 앉도록 안내하였고, 손바닥을 뒤집는 방법으로 가슴이 펴지는 것을 도왔다. 다음 회기에서 고는 앉은 자세에서 가슴 부분에 부담이 가지 않는 정도의 호흡과 연결하여 팔을 들어 올리는 훈련을 반복하였고, 점차 힘들이지 않고 팔을 어깨 위까지 올릴 수 있게 되었다. 고의 호흡은 그가 팔을 움직일 수 있는 범위와 더불어 향상되었다. 다음은 고와 첫 회기에 나누었던 안내와 경험의 일부이다.

테: 팔을 움직이면서 호흡하면 어떤 느낌인지 살펴보면서 같이 한번 해 보시겠어요?

고: 네. 그럴게요.

테: (자세를 보여 주며) 숨이 들어올 때 왼팔을 천천히 올렸다가, 숨이 나갈 때 다시 팔을 내려보세요. 팔을 많이 올리지 않아도 괜찮고 숨이 힘들지 않을 만큼만 해 보겠습니다. 충분히 느껴 보고 준비가 되면 오른팔을 편한 호흡에 맞추어 들어 보겠습니다. (내담자가 자세를 하는 동안 기다린 후) 호흡이 어떠세요?

고: 호흡이 훨씬 잘 들어오고 천천히 쉬게 되네요. 그런데 팔을 높이 들지는 못하겠어요. 수술한 오른쪽이 더 그래요.

테: 그러면 팔을 위로 드는 대신 들숨에 손바닥을 위로 향하게 해서 팔을 옆으로 보내듯이 약간 벌려 보면 어떨까요?

고: (자세를 해 보며) 오른쪽 가슴에 부담감이 없고 가슴이 펴지는 느낌이 들어요.

테: 아주 좋습니다. 그 방법으로 호흡과 움직임을 연결해 볼 수 있을까요? (이미 자세를 시작하는 **고**를 보며) 좌우 번갈아 가며 5번 정도 더 반복해 보시겠어요?

고: (자세를 반복한 후) 숨이 아주 편안하고 좀 더 길어졌어요.

테: 네. 저도 그렇게 보이네요. 이번에는 숨이 편안하게 느껴지는 정도까지만 팔을 천천히 올려보면 어떨까요?

고: 네. 팔을 구부리고 들어도 되나요?

테: 그럼요. 한 팔씩 들어보고 양팔을 들 수 있는지 같이 해 보겠습니다. 왼팔, 오른팔, 양팔의 순서로 해 볼게요.

고: (자세와 호흡에 집중한 후) 양팔을 올릴 때는 가슴에 약간 부담이 있어요. 호흡은 평소 가슴까지만 들어갔는데 가슴 아래까지 들어가는 게 느껴져요.

　8회기에 테라피스트는 **고**가 팔을 어깨 위로 올리면서 팔꿈치를 펴는 방법을 안내했고, **고**는 팔을 머리 위까지 올릴 수 있었다. 그의 팔이 펴지는 것만큼 호흡도 길어졌고 등과 가슴도 더 펴졌다.

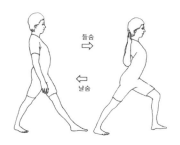

그림 5-1 위라바드라사나

　9회기에서 테라피스트는 **고**에게 팔을 활용하여 가슴을 여는 움직임에 더하여 다리의 지지감을 줄 수 있는 위라바드라사나 변형자세(그림 5-1)로 자세를 심화하였고 이 자세가 완성되도록 도와주었다.

테: 두 팔을 올리는 자세에서 가슴 부분의 느낌은 어떠세요?

고: 요즘은 팔을 들 때 괜찮아요. 무거운 것만 들지 않으면요. 집에서 조금 무거운 냄비를 들고 옮기는데 가슴에 무리감이 와서 그거는 조심하려고 해요.

테: 그러셨구나. 무거운 것을 드는 게 무리가 되시네요. 일상생활에서 호흡은 어떠셨어요?

고: 이제는 계단 오를 때도 숨이 별로 안 차요. 평지에서는 1시간 이상 편하게 걸을 수 있어요. 최근엔 기침도 거의 하지 않고 참 많이 좋아졌어요. 근데 음식을 끓일 때 그 옆에 있으면 가슴이 답답해져요.

테: 그러시군요. 오늘은 서서 다리 활력과 함께 팔을 이용한 호흡을 해 보면 어떨까요? 가능하시겠어요?

고: (자리에서 일어서며) 네. 할 수 있을 것 같아요.

테: 한 발을 앞으로 내고 서서, 그동안 해 왔던 것처럼 팔을 움직이는 자세예요. 들숨에는 앞다리의 무릎을 조금 구부리면서 호흡이 부담되지 않을 만큼만 팔을 들어 보세요. (**고**는 팔을 펴서 거의 머리 위까지 올릴 수 있었는데, 그때 다리와 상체가 앞으로 나오면서 뒤에 지지하던 발바닥이 바닥에서 조금씩 떨어졌다.)

테: 이제 팔을 높이 들 수 있으시네요. 호흡은 어떠세요?

고: (미소를 담은 활기 있는 표정으로) 네. 충분히 할 수 있었어요. 호흡도 좀 길어지고 팔을 드는 데도 무리가 없어요.

테: 그럼 다리는 어떠셨어요? 발이 바닥에서 조금 떨어지는 것 같았는데 알아차리셨나요?

고: 그랬어요? 몰랐어요. 다시 해 볼까요?

테: 네. 팔을 위로 올리는 움직임이 좋아지셨으니, 발을 바닥에 누르는 것에 더 주의를 두어 보면 어떨까요?

고: 네. (자세를 즉시 시작하며) 발바닥에 중심을 두니 많이 다르네요. 아까는 급하게 숨을 쉰 느낌이 있었는데, 숨이 깊게 쉬어지면서 상반신이 편안하게 열려 있는 느낌이 들어요.

고는 호흡역량의 강화를 목표로 등 후만을 개선하는 요가자세를 테라피 프로그램의 변형 없이 점진적으로 심화해 나간 사례이다. 호흡이 얕거나 제한된다고 호소하는 경우는 가슴이 수축되어 있는 경우가 많기 때문에 등 후만을 개선하는 프로그램을 적용한다. 테라피스트는 **고**의 신체적 특징에 따라 등 후만을 개선하는 자세를 활용하였지만 폐 수술 이후라는 상황을 고려하여 팔의 가동범위를 점차 넓혀 가면서 안정적인 호흡 패턴을 찾도록 안내하였다. 이에 더해 발의 그라운딩을 통한 안정감을 추가함으로써 개별 프로그램의 완성도를 높여 갈 수 있었다.

테라피의 종반부인 숙련단계에 들어서면 내담자는 움직임과 호흡을 더 섬세하게 알아차린다. 수련을 통해 내담자의 자각력이 높아지면서 호흡과 연결되어 있는 내재된 감정의 흐름을 의식하기도 하고, 습관적인 자신의 패턴을 발견하기도 하면서 자신의 몸과 마음의 연결을 보다 잘 이해하게 된다. 다음은 움직임과 연결된 호흡 자각을 통해 반복되는 불건강한 생활 패턴을 알아차리고 조절했던 **신**의 사례이다.

신은 평소 자신의 에너지가 모자라다고 느끼면서도 빡빡한 일정으로 신체에 무리될 정도의 생활 패턴을 오랜 세월 지속해 오고 있었다. **신**은 면역력이 떨어져 있어 자주 감기에 걸렸으며 각종 염증으로 시달렸는데, 최근 이런 상황이 더 잦아져 자신의 일정을 수행하지 못할 상태가 되었다. 그 결과 우울한 시간도 많아졌다고 하였다. 그의 호흡은 힘이 없었으며 호흡의 깊이와 길이도 상당히 짧은 편이었다. 그는 자세를 할 때 몸을 바르게 펴기도 하며 유연한 모습을 보였지만, 간단한 움직임을 호흡과 함께 천천히 실시하는 데 어려움을 겪었다. **신**은 한두 번 자세를 반복하고 나면 숨이 찼으며 몸에도 힘이 빠졌다.

테라피스트는 **신**의 호흡을 위해 들숨을 중간에 끊어서 마시는 끄라마 호흡을 적용하였고, 움직임의 범위를 조절하여 가빠지는 호흡을 편하게 할 수 있도록 하였다. 날숨은 길게 할 수 있도록 숨을 내쉬면서 '음~' 소리를 내보도록 하였다.

신은 평소에도 많은 일을 하느라 과도하게 움직이는 습관이 있었기 때문에 테라피스트는 의도적으로 **신**의 움직임 범위를 80%에서 60%로 점차 제한하였다. 결국 움직임 범위를 50% 정도까지 줄였을 때, **신**은 안정된 호흡을 유지할 수 있었다. 소리를 활용한 날숨은 들숨의 질을 향상시켰는데, 내담자는 일상에서도 이 방법으로 호흡하면서 긴장을 풀 수 있었다.

한 주 후에 만난 **신**은 그런 호흡 덕분에 지난주 내내 즐거웠다고 하였다. **신**은 자신의 평소 에너지 수준에 비해서 두세 배 무리해서 생활하고 있었던 것 같다고도 하였다. 몇 회기가 지난 후 **신**은 자신의 스케줄을 반 이상 줄였고, 스스로를 돌보는 시간을 더 많이 가지고 있다며 이런 시간을 충분히 가져야 할 것 같다고 하였다. 그 후로 **신**은 실제로 바쁘던 스케줄을 상당히 줄였으며, 충분히 휴식 시간을 갖고 에너지를 회복하게 되었다.

(2) 테라피 프로그램의 변형

숙련단계에서는 내담자가 호소한 증상을 중심으로 테라피 프로그램을 재구성한다는 것을 앞에서도 언급하였다. 프로그램의 재구성 과정에서 테라피스트는 내담자에게 익숙한 자세와 아직 숙달하지 못한 자세가 무엇인지 확인하고 익히기 쉽도록 자세들을 조정해 준다. 즉, 최종 프로그램을 구성할 때 내담자에게 불편한 자세를 더 편안한 자세로 변형하거나 불필요한 자세는 제외시키고 요가심신테라피를 마무리하는 프로그램으로 재구성하는 것이다. 다음은 숙련단계에서 프로그램을 변형하고 조정한 사례이다.

류는 자율수련을 하면서 지금까지 익혀 왔던 자세들을 모두 실시해 보고는 회기별로 2~3자세 정도를 집중해서 수련했을 때보다 몸이 불편했다고 호소하였다. 테라피스트는 **류**의 신체 어떤 부분이 불편한지, 통증은 어느 정도 되는지를 확인하였고, 그날 생활 리듬과 수련 전 컨디션에 대해서도 함께 물어보았다. 일과 중 내담자의 자율수련에 영향을 줄 수 있는 요인들을 확인해 보는 것은 내담자의 상황을 파악하는 데 도움이 되기 때문이다.

류: 집에서 다 해 봤어요. 근데 수련하고 나서는 몸이 불편했어요. 여기서 지난주에 선생님과 해 봤을 때는 괜찮았는데 어떤 자세를 잘못하고 있는 거 같은데, 잘 모르겠어요.

테: 지난주에 자율수련을 할 때 일정과 컨디션은 어떠셨나요?

류: (잠시 지난 한 주간을 떠올리면서) 음…… 마음이 바빴고, 몸 컨디션이 그다지 안정되진 않았어요.

테: 수련할 때는 몸과 마음이 어떤 상태셨어요?

류: 저녁에 수련하려고 다른 집안일들을 모두 끝내 놓고 방에서 혼자 수련했는데…… (말의 속도가 느려지며) 아무래도 며칠 전부터 해결할 일이 계속 남아 있으니까 영향이 있었겠지요.

테: 자율수련을 하면서 어느 부분이 불편하셨어요? 어떤 자세를 잘 모르겠는지 기억나시나요?

류: 예전에 있었던 증상과 유사하게 목과 한쪽 어깨에서 불편한 자극이 머리까지 올라가는 느낌이 들면서 그동안 수련할 때 도움이 되었던 호흡도 도움이 되지 않았어요. 어떤 자세가 불편했는지, 새로 배웠던 자세 같은데 잘 모르겠어요.

테: 제가 최근에 알려 드린 자세인 것 같은데, 그럼 같이 해 볼까요?

류: (미소를 띠며 자세를 준비한다.) 네, 좋아요. (자세를 보여 주며) 이렇게 시작하는 게 맞죠?

테: 새로 배운 자세를 할 때, 호흡 속도가 빨라지면서 불안정해 보이는데, 어떻게 느끼셨어요?

류: (류는 와즈라사나에서 무릎으로 설 때, 무릎 아래 담요를 받쳤다. 그림 5-2) 지난주에 했던 것

그림 5-2 와즈라사나

1. 숙련단계: 8～9회기

227

처럼 무릎에 무리가 안 되게 담요를 받쳤는데도 그랬네요. 숨이 잘 들어오지 않았고 등에서 힘이 더 느껴졌어요.

테: 팔이 머리 뒤까지 넘어가네요. 이 자세에서 팔은 70% 정도만 들어 보고, 대신 호흡을 천천히 해 보면 어떨까요?

류: (새로운 안내방법으로 몇 차례 반복한다.) 호흡에 집중할 수 있었고 몸이 아주 편안해요. 머리도 맑아지는 것 같고요. 지난주에는 몸이 점점 좋아지니까 제가 욕심을 냈던 것 같아요.

류가 불편하게 느꼈던 자세는 무릎으로 서서 팔을 들어 올리는 와즈라사나였다. 테라피스트는 **류**가 이전 회기에 배웠던 테라피 자세들을 안정되게 수련할 수 있도록 와즈라사나를 추가하여 연속자세를 알려주었다. **류**는 아직 익숙지도 않고 담요라는 보조물이 필요한 자세에서 평소의 습관처럼 편안한 가동범위를 넘어서는 움직임을 하였고, 이로 인해 호흡이 빨라지고 몸 전체를 긴장하였던 탓에 불편함이 다시 생긴 것으로 보였다. 또한 그는 자세를 점검하는 과정에서 며칠간 불편했던 경험과 바쁘고 안정되지 않은 상태여서 온전히 수련에 집중하지 못했고, 점점 개선되는 자신의 상태를 빠르게 회복시키려는 조급함과 욕심이 있었음도 알아차렸다. **류**는 테라피 프로그램을 조정하면서 몸과 함께 마음을 살피고 조절할 수 있었다.

심신통합체로서 우리는 우리를 둘러싼 몸과 마음, 주변 환경과 매 순간 상호작용하기 때문에 이는 수련에도 영향을 미칠 수 있다.

(3) 주요 방법과 보조방법을 혼합한 테라피 프로그램

종결단계에서는 초기의 호소증상이 현저하게 완화되면서 그동안 드러나지 않았던 부차적인 증상이 두드러지는 경우가 있다. 이런 증상들은 주요 증상을 감내하기 위해 신체의 다른 부분을 과도하게 사용한 결과이거나 주요 증상을 만든 원인인 경우가 있다.

일반적으로 이런 부차적인 증상들은 보조방법을 사용하여 부분적으로 적용한다. 그러나 종결단계에 이르러 주요 증상이 충분히 완화되고 부차적인 증상이 두드러지게 나타나는 경우에는 주요 방법과 보조방법이 결합된 형태로 프로그램을 재구성할 필요가 있다. 이때 내담자는 자신의 몸과 마음이 겪어 온 삶의 역사 속에서 신체의 유기적인 연결성을 통합적으로 이해하게 되며, 이는 종종 자기성찰로 이어진다. 다음 사례는 주요 호소증상이 개선되면서 드러난 부차적인 증상을 다루기 위해 프로그램을 재구성한 예이다.

이는 앉은 자세에서 손으로 직물을 짜는 직업을 갖고 있었다. 그는 등을 구부리고 일하는 시간이 많았고 이로 인해 등과 어깨가 항상 불편했다. 얼마 전 그는 산에 오르다 돌부리에 걸려 넘어졌는데, 그 후 나타난 극심한 등 통증으로 인해 똑바로 누울 수 없어 수면에도 어려움을 겪었다. 명상 경험이 있던 **이**의 테라피 목표는 신체에 대한 자각력을 높이고 이완훈련을 통해 심신을 이완하는 것이었다. 테라피스트는 그에게 호흡에 주의를 두도록 안내하였으며, 볼스터를 이용한 자세(그림 5-3)에서 신체를 부분부분을 자각하면서 이완할 수 있도록 하였다. **이**는 발전단계를 거치면서 똑바로 누워서 잘 수 있었고 외출도 가능해졌다. 이때부터 테라피 회기에 호흡과 함께 척추를 부드럽게 움직이는 자세들을 추가하였다. **이**는 수면의 질과 체력이 조금씩 회복되면서 집안일을 하기 위해 서 있는 시간도 길어졌다. 그러던 중에 무릎과 발의 통증이 심해져 외출하는 것이 다시 어려워졌다. **이**의 경우, 무겁게만 느껴지던 등 긴장이 이완되고

그림 5-3 볼스터를 이용한 이완자세

풀어지면서 그 무게감이 다리로 이동하였으며 이에 따라 전에는 느끼지 못했던 하체의 약한 부분을 잘 느끼게 되었다.

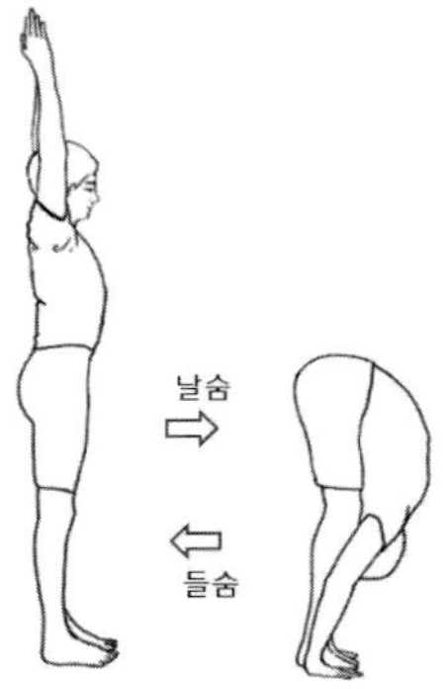

이: 선생님, 지난주에는 발 앞꿈치가 아파서 서서 설거지하는데 힘들었어요.

테: 외출은 할 수 있었어요? 혈색은 좋아 보이는데 컨디션은 어떠셨나요?

이: 지난주에 매일 밖에 나갔고 컨디션이 나쁘진 않아요. 다리나 등도 나빠지지 않았어요. 갑자기 너무 많이 서 있고 걸어 다녀서 그런 것 같아요. (**이**는 지난 회기에서 처음으로 서서 실시하는 웃따나사나 변형을(그림 5-4) 반 정도 해볼 수 있었다. 그때 **이**는 왼발에 통증이 조금

날숨 ⇒

들숨 ⇐

그림 5-4 웃따나사나

있다고 하면서, 마음이 바쁘면 실내에서도 종종걸음을 걷는다고 하였다.)

테: 지난주에 서서 하는 자세에서 왼발 앞에 통증이 느껴진다고 하셨는데 어땠나요?

이: 걸을 때 아플까 봐 발바닥을 덜 닿게 하려니 기우뚱하게 걷게 돼요. 그런데 막상 발이 바닥에 닿으면 또 괜찮아요. 그리고 오른발 새끼발가락에 통증이 살짝 생겼어요.

테: 왼발이 아파서 오른발에 무게를 더 실었던 건 아닌가요?

이: 네. 오른발 통증은 그것 때문인 것 같아요. 그런데 신호등에서 기다리다 걸을 때 급한 마음에 상체가 앞으로 먼저 나가면서 발 앞꿈치에만 무게가 실리는 거예요. 제가 평생 재료를 옮기고 항상 바쁘게 거래처를 다니면서 그렇게 살아왔던 거 같아요.

테: 그러셨군요. 바쁘고 여유 없이 살아왔다고 느끼시는군요. 지금은 어떠세요?

이: 다치고 나서 몇 달간 움직이지 못하고, 아플 땐 바로 누워서 잠만 잘 수 있어도 감사할 것 같았어요. 그런데 이제 움직일 수 있으니 하고 싶은 것도 많고 다시 조급한 마음이 생기는데 그러면 안 될 것 같아요. 생각이 너무 많아요.

테: 발을 잘 사용할 수 있으면 무릎과 다리도 편해지고 상체와 마음도 안정감을 찾는 데

도움이 될 것 같아요. 지금은 발이 아프고 걷기도 힘드니 우리가 발을 안정시키고 다리를 강화하는 것에 중점을 두면서 등도 편한 자세들을 해 보면 어떨까요?

이: 네. 저도 그게 필요한 거 같아요. 시간 여유가 있어도 즐길 줄 모르니, 그렇게 하는 것이 조급한 성격에도 도움이 될 거 같아요.

테: 발에 통증이 있으니 오늘은 서서 하는 자세보다 누워서 발과 다리의 안정된 힘을 분배해 보면 좋을 거 같아요. 등을 펴는 데 효과적인 팔자세도 같이 해 봅시다.

이: 네. 좋아요.

테: (드위빠다 삐탐 변형, 그림 5-5 자세를 안 내하며) 아직 낮은 방석을 등에 받쳐 주는 것이 더 편하겠지요? 무릎을 세우고 편하게 누워 보세요. 등과 허리 부분이 어떻게 느껴지세요? 목 부분과 바닥에 놓인 발바닥은 어떠세요?

그림 5-5 드위빠다 삐탐 변형

이: (무릎과 발끝이 15도 정도 오른쪽으로 향해 있다.) 목뒤와 어깨가 약간 무겁고, 오른발에 힘이 들어가고 왼발은 뜨는 느낌이 들어요.

테: 머리를 바닥에서 조금 들었다가 복부 방향을 쳐다보면서 천천히 내려놓아 보세요. 오른발 엄지발가락 부분을 2cm 정도 안쪽으로 옮겨 보고 다시 느낌이 어떤지 관찰해 보세요.

이: 발의 무게가 비슷해졌어요.

테: 비슷한 발의 무게에 주의를 두면서 들숨에 엉덩이를 조금씩 올리는 드위빠다 삐탐을 해 보겠습니다. 날숨에는 등 위에서부터 엉덩이 순으로 서서히 바닥에 내려보세요. 발에 안정된 균형을 유지하면서 호흡과 함께 몇 차례 반복해 보겠습니다.

이는 자신이 평생 직접 손으로 직물을 짜서 옷도 만들고, 가게를 운영하면서 종종거리며 바쁘게 살아온 세월을 되돌아보았다. **이**의 경우 보조적인 방법으로 활용하였던 그라운딩은 발을 제대로 사용하는 방법을 훈련하는 기회가 되었으며, 이로써 무릎과 다리도 강화되었다. 테라피스트는 **이**가 느꼈던 발 통증을 이용해서 서 있는 자세와 걸음걸이로 연결하는 움직임의 개선방법을 찾아줄 수 있었다.

이의 사례는 주요 방법과 보조방법을 통합하여 테라피 프로그램을 조정한 예이다. 그는 건강을 회복하여 활기찬 생활이 가능해졌고, 자신의 일에 대한 열정도 되찾게 되었다.

요가심신테라피를 통해 만나는 내담자들 중에는 병원에서 물리치료 또는 신체교정 요법을 받았거나 여타의 운동이나 신체중심 프로그램을 접해 본 경우가 흔히 있다. 통증으로 고통을 받는 내담자들은 통증을 해소하기 위해 온갖 노력을 해 봤지만 그 효과가 일시적이거나 오히려 더 불편해지곤 하였다. 신경과에서 우울증이나 불면증 치료를 받으며 약을 복용하거나 심리상담을 받아 본 내담자들도 자주 만난다. 요가심신테라피는 몸과 마음이 긴밀하게 연결되어 서로 영향을 줄 수 있는 유기적인 관계임을 유념하면서 몸과 마음의 상호작용을 내담자 스스로 자각하고 조절하도록 돕는다. 때문에 몸이나 마음 한쪽에만 중점을 두는 치료로 도움을 받기 어려웠던 내담자들이 효과를 보는 경우가 적지 않다. 그러나 몸의 어느 한 부분에 급성 증상이 생기거나 염증과 파열이 의심되는 경우는 반드시 의료기관의 전문적인 치료를 받도록 권한다.

테라피를 진행하면서 주요 방법과 보조방법이 적절한 시기에 결합되어 서로 상승작용을 일으키는 경우가 있다. 우리 몸의 각 부분들이 유기적으로 연결되어 서로 영향을 주고받기 때문에 긍정적이든 부정적이든 신체 어느 한 부분의 변화는 다른 부분에도 영향을 준다. 내담자의 주요 호소증상 외에도 주요 증상과 관련된 몸의 다른 부분에 적절한 처치가 필요한 경우, 테라피스트는 주요 방법을 보완할 수 있는 보조적인 기법들을 적극적으로 추가한다. 다음에 제시된 **윤**의 사례는 테라피 프로그램에서 제시된 자세들을 실시하는 과정에서 다리와 골반의 불안정이 호흡과 밀접하게 관련된 가슴 부위와 어떤 연관성을 갖는지 볼 수 있다.

윤은 상체가 왜소하고 힘이 없어 숨을 깊게 마시고 천천히 내쉬는 것이 잘 되지 않았는데, 반면 다리는 튼튼한 편이었다. **윤**은 호흡과 함께 실시하는 위라바드라사나에서(그림 5-6) 발에서부터 다리와 상체의 연결을 느끼고, 다리에 힘이 생기는 경험을 하였다. **윤**은 이 자세를 실시할 때 숨을 편안하게 쉴 수 있다고 하였다. 그러나 다리를 바꾸어 오른다리를 앞에 두고 자세를 실시할 때는 서 있는 자체도 불안정하게 느꼈는데, 앞다리는 뻣뻣하고 뒷다리에는 힘이 빠진다고 하였다. 실제로도 뒷다리가 계속 흔들리고 무릎에는 맥이 빠졌다. 그럼에도 불구하고 가슴은 자꾸 앞으로 내밀게 된다고 하였다. **윤**은 눈을 크게 뜨고 어색한 표정을 지었으며, 턱과 광대뼈에도 힘이 들어가며 몸이 긴장하는 것 같았다.

윤이 잦은 통증을 느끼는 곳은 목과 어깨 부위였지만 골반과 오른다리에도 긴장과 불편함을 갖고 있었다. 때문에 **윤**의 테라피 주요 방법은 목과 어깨를 위한 자세 활용과 호흡역량 강화였는데, 불편함이 오른 골반과 다리로부터 연결되어 나타나고 있어 이에 맞는 보조방법을 추가할 필요가 있었다. 테라피스트는 **윤**에게 팔과 다리 자세를 나누어 위라바드라사나를 수련하게 하고, 이후 통합된 최종 자세를 통해 그가 다리와 골반의 균형과 함께 호흡역량을 키워 목과 어깨 부분도 편해지는 테라피 프로그램으로 재구성해 주었다.

그림 5-6 위라바드라사나

2) 테라피 프로그램의 체화와 일상화

숙련단계는 테라피를 효과적으로 마무리하여 일상으로 나가기 위한 준비시기이므로 새로운 자세를 추가하기보다는 내담자에게 익숙한 자세를 활용하여 안정된 수련이 될 수 있도록 한다. 이때 내담자는 신체의 기능적인 부분이 안정되면서, 몸과 마음에서 더 깊은 체험을 할 수 있다. 또한 이 시기는 단계별로 접근해 왔던 테라피 프로그램의 최종 자세를 체화하는 시기이기도 하다. 내담자가 자신에게 맞춰진 프로그램을 일상에서 잘 활용할 수 있다면 그것은 건강한 삶을 돕는 유용한 도구로 쓰일 수 있다. 몸이 아프거나 생활에 균형이 깨지면 삶의 질이 나빠진다. 삶의 질이 개선되고 건강하고 활기차게 일상을 살아가기 위해서는 균형이 깨질 때마다 다시 균형 상태로 돌아올 수 있는 적절한 수단이 필요하다. 요가심신테라피의 경험은 내담자로 하여금 그런 수단이 무엇인지를 알려 준다.

(1) 테라피 프로그램의 체화

요가심신테라피에서 테라피스트는 내담자에게 주 3회 이상 자율수련을 실시할 것을 권한다. 테라피의 주요 요소 중 하나는 자기조절 능력이며, 내담자는 자율수련을 통해 요가의 기법들에 익숙해지면서 점차 스스로를 조절할 수 있게 된다. 이런 점진적인 과정이 체화를 만든다. 체화를 통해 내담자의 증상이 개선되고 몸과 마음에 변화가 일어나며, 이를 통해 요가수련이 일상에 스며든다. 다음은 어떻게 요가수련이 하나의 습관으로 이어지는지를 볼 수 있는 사례이다.

하는 테라피 회기 중반까지 주 3회 정도 실시하던 자율수련을 7~8회기에는 주 6회 정도로 늘려 갔다. 테라피 회기 후반에 들어서는 거의 매일 수련하였고 주

말이 되면 프로그램에 제시된 모든 자세들을 시도해

보았다. **하**는 그렇게 했더니 예전에는 어렵기만 했

던 자세들을 자연스럽게 실시할 수 있었고 몸이 완

전히 풀리는 느낌을 경험하였다. **하**는 웃따나사나

변형자세(그림 5-7)가 어려웠지만 그 효과를 이제

이해하게 되었다고 하였다. 마침내 **하**는 9회기에 웃

티따 뜨리꼬나사나(utthita trikoṇāsana) 변형자세

(그림 5-8)를 실시하고 나면 목이 부드러워지고 통

증도 없어진다고 하였다. 테라피 초기에는 어깨가

그림 5-7 웃따나사나 변형

많이 삐걱거렸는데 요즘은 목과 어깨에서 소리가 덜 난다고도 하였다.

테: 지난주에는 수련을 매일 하셨나요?

하: 네. 출장을 다녀와서 살도 좀 찌고
　　목도 아파서요. 특히 지난 회기에
　　했던 서서 목을 움직이는 자세는 아
　　직도 어색하지만 뭔가 풀릴 것 같은
　　느낌이 있었어요.

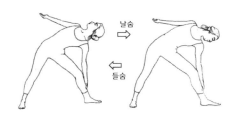

그림 5-8 웃티따 뜨리꼬나사나 변형

테: 수련해 보니 어땠나요?

하: 목이 너무 아프면 어깨에 누군가가 매달려 있는 것 같은데, 그 자세를 반복하고 나면
　　가벼워져요.

테: 그러셨군요. 언제 그렇게 목이 아픈가요?

하: 직장에서 일하다 늦은 오후가 되면 심해져요. 일하다 불편할 때 선생님이 서서 하는
　　자세들을 해 보면 좋겠다고 하셔서 일하다 요가자세를 할 수 있을까 조금 의문스러웠
　　는데요. 매트도 없고 조용한 공간도 아니라서 요가자세를 하는 걸 생각 못했던 것 같
　　아요. 그런데 선생님이 신발을 신고 해도 되고 사람이 잘 다니지 않는 코너에서 요가

를 하는 것처럼 하지 않아도 된다고 하셔서…… (재미있다는 듯이 웃는다.) 그래서 책상 옆이나 주방으로 가는 복도에서도 해 보고, 나중에는 동료들한테도 알려 줬어요. (수줍은 듯 또다시 웃는다.)

테: 정말 잘 활용하셨군요. 요가에 대한 생각도 편해지고 동료들에게 알려 줄 수 있을 만큼 잘하게 되셨군요.

하: 네. 일하다가 목이 아플 때 서서 자세를 해 보는 것이 어렵지 않았고 정말 도움이 됐어요. 그런데 많이 아플 때 해보니까 앞으로 내리는 자세(그림 5-7 참고)보다 고개를 기울이는 자세(그림 5-8 참고)가 목이 잘 풀리는 것 같아서 더 많이 하게 돼요.

테: 아주 잘하셨어요. 그럼 자주 활용하고 있는 자세를 오늘 같이 해 보면서 목과 팔의 움직임이 다리와 연결된 느낌을 찾아보는 건 어떨까요? 그동안 자세에 익숙해져서 저와 함께 다리와 골반의 안정된 위치를 찾아가면서 자세의 완성도를 높일 수 있을 것 같아요.

하: (활짝 웃으며 자리에서 일어선다.) 네. 좋지요.

이 사례처럼 요가심신테라피의 효과를 분명하게 느낄 수 있는 내담자들은 테라피 회기의 후반으로 갈수록 요가기법들을 적극적으로 체화해 간다. **하**의 경우 8회기에 전체 프로그램을 스스로 수련할 수 있을 정도로 집중력과 체력이 회복되었고 그럴수록 요가와 더 친숙해졌다.

(2) 요가심신테라피 프로그램의 일상적 적용

요가심신테라피의 또 다른 목표는 내담자가 테라피를 위한 프로그램으로 제시된 요가의 여러 기법의 도움을 받아 증상이 완화되거나 개선되는 것은 물론 테라피 회기에서 경험하고 터득한 몸과 마음의 관련성에 대한 이해가 일상의 삶으로 확장되도록 돕는 것이다. 이것은 내담자가 요가심신테라피 이전의 삶에서 자기치유적인 삶의 패턴으로 전환함으로써 자신이 원하는 삶을 살아갈 수 있다는 것을 의미한다. 따라서 숙련단계를 포함한 종결단계에서는 테라피가 종결된 후에도 건강한 생활을 유지할 수 있도록 내담자가 습득한 기술들을 생활 속에서 적용할 수 있는 방법을 모색하는 데도 관심을 기울인다.

종결단계에서 내담자의 환경조건이나 라이프 스타일에 변화가 생기는 경우가 종종 있다. 일반적으로 통증이 개선되면서 생활에 변화가 생기는 것은 자연스러운 일이며, 내담자가 통증 때문에 하던 일을 쉬거나 일의 양을 줄였다가 건강이 서서히 회복되면서 원래의 습관대로 돌아가는 경우가 많다. 또 테라피 종결 후에 그동안 자율수련을 해 오던 방식을 그대로 유지하는 것이 가능하지 않을 수 있다. 그래서 테라피스트는 내담자가 지속적으로 자율수련을 이어 갈 수 있게 내담자와 함께 논의하여 적절한 방법을 찾아주는 것이 좋다. 다음은 테라피 경험을 일상에 적용한 사례이다.

테: 지난주에 익혔던 짜끄라와까사나 자세(그림 5-9 참고)를 집에서 해 보셨어요?

여: 집에서 해 보니까 지난주에 배웠던 방법으로 몸이 손 앞으로 가는 걸 조금 알아차릴 수 있었어요.

테: 기억을 하셨군요. 스스로 조절할 수도 있었고요.

여: 지난주는 너무 피곤해서 충분히 집중하면서 해 보지 못했어요. 여기에 오는 게 유일하게 쉴 수 있는 때 같아요. 주말에 힐링 체험을 1박 2일 다녀왔는데, 매일 3시간씩 등산을 하고 건강강의를 듣는 것도 있었어요. 힐링 체험에서 좋은 걸 배우기도 했는데, 저는 피곤하고 좀 힘들었어요.

테: 그렇게 바쁜 일정 중에도 짜끄라와까사나를 해 보셨는데, 몸은 어땠나요? 불편이 있던 골반 부분의 느낌은요?

여: 머리를 먼저 내리면서 자세를 해 보니 허리가 확실히 편했어요. 주말에 등산하고 힘들었는데 그날 저녁에 자세를 할 때는 많이 편안했어요.

테: 평소에 백팔배 할 때 무릎과 골반이 조금 불편하셨는데, 오늘은 그 부분을 개선할 수 있

그림 5-9 짜끄라와까사나

는지 찾아볼까요? 이 자세를 활용하면 도움이 될 거 같아요.

여: 정말 저한테 필요한 자세군요.

테: 평소에 절하는 방법을 보여 줄 수 있나요?

여: 이렇게 해요. (바로 일어서며 합장하고 절을 한다.)

테: 아주 익숙하게 잘하시네요. 평소에 방석을 사용하지 않나요? 방석을 무릎 아래에 받쳐 보면 어떨까요?

여: 담요에서 하거나 얇은 방석을 놓고 했어요. (준비된 두터운 방석을 보며) 이렇게 큰 방석보다 매트가 있으니까 그냥 해도 될 것 같아요.

테: 불편하지 않다면 좋을 대로 하셔도 좋은데, 제가 절하는 모습을 살펴보니 무릎을 바닥에 놓을 때 발등을 높이 들어 올렸어요. 그때 무릎 쪽으로 무게가 더 실리면서 허리와 골반이 긴장되어 보였는데 그 부분을 조절하면서 다시 절하는 자세를 해 보시겠어요?

하: 제가 그랬는지 몰랐네요. (절을 해 보며) 익숙하지 않은데 편한 것 같아요. 이 방법으로 연습을 해 보면 좋겠어요.

이 사례는 내담자가 평소에 꾸준히 하던 백팔배 습관을 요가심신테라피를 통해 교정할 수 있음을 보여 주고 있다. 내담자는 자신의 무의식적인 습관을 알아차리지 못했으며, 그로 인해 자신이 겪고 있는 골반과 무릎의 불편감이 오히려 악화되었다. 테라피스트는 테라피로 제시된 자세들 중 하나인 짜끄라와까사나와 백팔배가 몸을 비슷하게 사용한다는 점에 착안하여 이 자세를 할 때 몸을 사용하는 방법을 잘 관찰하듯이 백팔배를 할 때도 그렇게 해 보도록 권장하였다. 테라피스트는 골반의 문제를 완화하기 위해 내담자의 평소 활동에 적용할 수 있는 방법을 함께 찾고 안내하였다.

2. 테라피의 종결: 10회기

요가심신테라피 10회기는 테라피를 마무리하는 시간이다. 첫면접과 마찬가지로 보통 90분 정도 진행된다. 이 회기에는 지금까지 꾸준히 수련해 온 프로그램을 일상생활로 이어 갈 수 있는지 최종 확인하고 마감설문지를 활용하여 전체 테라피 과정을 돌아보며, 목표 달성 여부와 변화를 확인한다.

마지막 회기 역시 이전 회기처럼 지난 한 주 동안 일상생활 혹은 자율수련을 실시하면서 알아차린 심신의 변화나 특이사항을 확인하는 것으로 시작한다. 우선 호흡을 점검하고 내담자를 위해 구성한 프로그램 전반을 실시해 봄으로써 어떤 불편함이나 부족한 부분이 있는지 확인하고 이를 해소할 방법을 찾아 마지막으로 테라피 프로그램을 조절하거나 보완한다.

1) 테라피 프로그램 재확인

10회기로 요가심신테라피는 종료되고 내담자는 자신의 일상으로 돌아간다. 내담자는 10회기 동안 자신의 호소증상과 특성을 고려한 테라피 목표와 이 목표에 적합한 프로그램을 받아 수련해 왔다. 이 회기에는 숙련단계에서 재구성한 프로그램을 갖고 일상으로 돌아가더라도 테라피스트 없이 혼자서 수련을 지속할 수 있는지 재확인한다. 따라서 마지막 회기는 테라피 프로그램 전체를 수련하는 것이 바람직하며, 가능하면 테라피스트의 개입 없이 내담자 스스로 수련하도록 하고 테라피스트는 주로 지켜본다. 다만 요가프로그램을 수련하는 과정에서 내담자가 본래의 건강하지 않은 움직임 습관을 다시 보일 경우에는 조언을 통해 조금씩 조절하면서 새롭게 익힌 움직임으로 돌아올 수 있도록 안내한다. 아직 숙련되지 않은 자세는 반복 실시하여 체화

될 수 있도록 하고 이미 익숙해진 자세들은 그 구성 의도를 설명하여 자세에 대한 이해를 도울 수 있다. 단, 숙련단계를 거치면서도 숙지되지 않았거나 내담자가 자세수련의 어려움을 호소한다면 자세를 단순하게 하여 단계적으로 진행하도록 안내하는 것도 내담자가 혼자 수련할 때 느끼는 심리적 부담을 감소시키는 방법이 된다.

다음은 척추측만을 위한 자세를 활용하여 좌우 불균형을 감소시키는 것에 목표를 두고 회기를 진행했던 내담자 **현**의 사례로, 자세 안내와 일상에서 쉽게 활용할 수 있는 방법을 제시하였다.

테: 이 자세(그림 5-10)를 하고 나니 어떠세요?

현: 몸통도 시원하고 어깨도 시원한 거 같아요.

테: 어깨가 무거울 때 이 자세로 목과 어깨를 풀 수도 있어요.

현: 그래요? 요즘 사무실에서 컴퓨터로 업무를 많이 하는 날은 무겁고 힘들어요.

테: 의자에 앉은 상태에서 이 자세 중 팔과 고개의 움직임만 실시하면 목과 어깨를 위한 자세가 돼요. 한번 해 보겠어요?

현: (스스로 해 보며) 이렇게요? 그렇군요. 어깨가 조금 풀리는 것 같아요. 사무실 의자에 앉아서 해도 되겠어요.

테: 의자에 앉은 채로도 가능하고 사무실에서 서서 최종 자세를 해도 됩니다. 전체 테라피 프로그램을 실시할 시간 여유가 없으면 이번처럼 필요할 때 한 자세씩 해도 됩니다. 대신 몸과 마음에서 일어나는 미세한 느낌이나 감각들을 알아차리면서요.

현: 전체를 다 하려면 큰마음 먹어야 하는데 이렇게 하나씩 하면 언제든 필요할 때 할 수 있을 거 같아요.

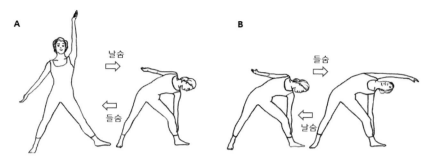

A 　　　　　　　　　　　B

날숨 ⇒

⇐ 들숨

들숨 ⇒

⇐ 날숨

그림 5-10 웃티따 뜨리꼬나사나 변형

2) 테라피 효과 확인

테라피를 마무리하며 초기단계에서 설정한 목표가 어느 정도 달성되었는지 확인하고 변화된 사항과 그 요인들을 살펴보는 과정은 중요하다. 이를 위해 첫면접에서 척도를 사용했다면 같은 척도를 이용하여 변화를 확인할 수 있다. 또한 내담자가 작성한 마감설문지를 토대로 그 내용에 관해 대화를 나누면서 회기 전반을 살펴볼 수도 있다.

마감설문지는 약 9개 질문으로 구성되어 있는데, 테라피 초반에 느꼈던 심신의 불편함과 그 불편함이 어떻게 변화되었는지, 요가심신테라피를 통해 어떤 경험을 했고, 그 경험이 자신에게 어떤 의미가 있는지 등이다. 테라피스트가 마감설문지를 기반으로 내담자와 회기 진행 과정을 다시 이야기 나누는 것은 단순하게 테라피의 효과를 확인하기 위함이 아니다. 내담자가 테라피를 통해서 건강하지 않은 일상의 습관을 알아차리고 건강한 방향으로 조금씩 조절해 온 경험들을 차근히 되짚어 봄으로써 내담자가 회기를 진행하면서 자각력이 높아지고 자기조절력이 커졌다는 것을 확인하는 과정이 되기 때문이다. 또한 테라피스트와의 대화를 통해 자신의 역량을 언어로 표현함으로써 내담자가 가진 잠재력과 자원을 명료하게 인지하는 효과가 있다.

(1) 테라피 목표의 달성 여부와 만족도

초기단계에서 테라피 목표로 합의한 것을 재확인하고 종결까지 이어 온 과정을 되돌아보는 일은 변화된 자기를 인식함에 있어 중요한 과정이다. 내담자는 통증이나 심신의 불편함이 어떻게 변화했고 이를 개선하기 위해 스스로 조절한 습관과 생활방식 등을 되돌아본다. 이를 위해 테라피스트는 요가심신테라피의 목표가 잘 수행되었는지, 그동안 불편했던 신체 부위는 어디이며, 현재 그 부위의 상태는 어떤지, 마음의 상태에도 변화가 있는지 등을 묻는다. 여기에 더해서 자신과 유사한 문제를 가지고 있는 사람들에게 요가심신테라피를 추천할지 여부를 물어봄으로써 테라피에 대한 만족도를 간접적으로 탐색한다.

일반적으로 내담자들은 통증이나 불편이 있는 부위에 주의가 고착되어 있다가 증상이 사라지고 나면 또 다른 신체 부위나 사건으로 주의가 이동하기 때문에 처음 내담했을 당시를 기억하지 못하는 경우가 있기도 하다. 때로는 테라피가 진행되면서 통증 부위가 확대되거나 2차 통증을 호소하는 경우, 합의된 목표보다 지금 상태를 중심으로 생각하기도 한다. 이때는 초기단계에서 호소한 통증 강도와 시기 등을 기록한 회기면접일지나 통증 자가척도를 함께 확인해 보면서, 내담자에게 처음 상태를 통해 설정한 목표를 다시 일깨워 주고 현재의 상태를 확인하는 과정에서 긍정적으로 변화된 부분과 목표 달성 정도를 다시 한 번 확인해 본다. 이처럼 긍정적인 감각의 변화를 확인하는 것은 내담자가 불편함에 고착된 거친 마음을 미세하고 편안한 긍정적인 변화로 주의를 전환하는 데 도움이 된다. 이런 전환은 테라피를 밝고 가벼운 분위기에서 마무리할 수 있도록 한다. 다음은 이런 인식의 변화를 잘 보여 주는 사례이다.

70대 내담자 **최**는 몇 달 전 넘어져 다친 어깨 통증을 가지고 있었고, 항상 바쁘고 생각이 많아 이완과 집중이 필요하다고 했다.

테: 10회기가 끝나는 시간인데 우리의 목표는 잘 수행되었다고 생각하나요?

최: 여전히 어깨가 불편해요.

테: 여전히 불편하시군요. 처음 테라피를 시작할 때 어깨가 어땠는지 기억하실 수 있으세요?

최: 잘 기억이 나진 않아요. 비슷했던 것 같은데.

테: (첫면접 일지를 확인하고 나서) 처음에는 팔을 뒤로 넘기지 못해서 불편하다고 했는데 지금은 어떠신가요?

최: 아. 기억나요. 그랬지요.

테: 기억하시니 다행입니다. 그럼 그때와 지금이 어떻게 다른가요?

최: 맞아요. 그땐 어깨가 아파서 차 뒷좌석에 있는 가방으로 손을 뻗지 못했고, 이렇게 팔을 크게 돌리지도 못했어요.

테: 어깨가 예전보다 더 잘 움직이고 팔을 크게 돌릴 수 있게 되었군요.

최: 네. 그렇죠.

　우리 신체는 유기적으로 연관되어 있어 서로 영향을 주고받는다. 요가심신테라피 역시 마찬가지로 한두 가지 특정 증상에서 출발했어도 변화는 통합적으로 일어난다. 즉, 한 가지 증상이 완화되고 개선되면 그 부위 대신에 기능을 해야 했던 다른 부위들은 본래의 기능으로 돌아온다. 개인마다 증상의 강도와 지속기간에 따른 차이가 있지만 증상이 개선되는 가운데 일차 통증 외에 부차적인 증상들이 감소하기도 한다. 또한 내담자의 신체 증상이 호전되는 과정에서 그동안에 쌓인 긴장이 풀어지고 편안한 감각을 더욱 세밀하게 자각하는 경우가 적지 않은데, 이때 마음이 편안해지는 것을 자각한다. 신체의 불편함이 사라지지 않았지만 그 불편함을 대하는 내담자의 태도가 달라지는 경우도 있다. 이런 태도의 변화 역시 테라피의 효과이다.

> 탁: 왼쪽 허리 신경 부분이 불편했는데, 지금은 신경은 나아졌지만, 근육통은 약간 남아 있어요.
>
> 테: 불편함이 완전히 사라지지는 않으셨네요?
>
> 탁: 네, 완전히 사라지지는 않았죠. 그렇지만 몸 양쪽을 골고루 사용하고 자세를 바르게 하려는 습관이 생겼어요. 이런 운동을 하면 자세, 체형이 바르게 될 수 있다는 희망과 자신감이 생겼고요.
>
> 테: 자세나 체형이 바르게 될 것이란 희망과 자신감이 생겼다니 다행입니다.
>
> 탁: 네. 얼마 전까지는 병원에 가면 큰 병이라고 하지 않을까 하는 불안함이 있었는데 지금은 별로 걱정이 안 돼요. 매일 꾸준히 수련하고, 정기적으로 교정도 받으면 더 도움이 될 것 같아요.

또 다른 내담자가 작성한 마감설문지의 내용도 이러한 태도의 변화를 잘 보여 주고 있다.

> 안: 천골과 측만을 위한 요가심신테라피가 잘 수행되었습니다. 어깨와 골반, 발과 다리 전체가 번갈아 가며 여전히 불편한 때가 있지만 이제 그 불편한 느낌이 변했습니다. 예전에는 불편하면 불안하고 어쩔 줄 몰랐는데 지금은 불편해져도 예전처럼 불안하지 않아요. 얼마나 불편한지 느껴 볼 수 있게 되었고, 그 느낌도 막연하게 불안하게만 느낄 때와는 달라요. 그동안 몰랐던 신체 각 부분에 대한 느낌과 감각에 대한 자각이 높아진 것 같아 행복합니다.

(2) 테라피 경험 후 심신의 변화

요가심신테라피에서는 몸과 마음의 변화가 함께 일어난다. 예를 들어, '테라피를 진행하는 동안 몸과 마음에 가장 큰 변화는 무엇입니까?' '어떤 경험이 당신에게 가장 유용했습니까?' 라는 질문을 통해 심신의 변화를 확인한다.

불편하고 힘들기만 한 통증 부위에 주의를 고정하고 있던 내담자는 이런 질문을 통해 긴장이 없고 편안한 부위로 자각이 확장되는데, 이는 자신의 몸에 대한 이해를 높이는 기회가 된다. 이런 경험은 앞으로 비슷한 문제가 발생했을 때 스스로 자각하고 조절할 수 있는 역량을 기르며 이는 자신의 삶을 주도적으로 살아갈 수 있는 자신감으로 연결된다. 다음 내담자는 이 점을 구체적으로 잘 드러낸다.

> 테: 이제는 아파도 괜찮다고 하셨는데 어떤 부분이 그런가요?
> 강: 예전에는 머리와 가슴이 조이고 답답해지는 것에 압도당했는데. 이제는 피할 수도 있어요. 방법을 아니까 약간…… 두려움이 없어졌어요.

테라피 과정에서 내담자는 종종 몸의 긴장이 풀어지면서 그동안 미처 알아차리지 못했던 심리적 긴장이나 억압되었던 정서를 인식하게 된다. 그럴 경우 마음의 동요로 인해 이전보다 더 불편해지기도 하는데 이런 과정은 오히려 몸과 마음이 밀접하게 연결되어 있음을 알아차리는 계기가 되기도 한다. 이런 알아차림을 통해 내담자는 가족이나 주변 사람들과의 관계가 자신의 심신에 영향을 미칠 수 있음을 깨닫게 된다. 제3장에서 두통, 목어깨 통증, 요통과 함께 심리적으로 불안과 강박을 호소했던 **정**은 4회기 와즈라사나(그림 5-1)를 하던 중에 자신의 신념이 어떻게 몸에 남아 있었는지를 성찰할 수 있게 되었다.

> 정: 너무 어려워요. 못하겠어요.
> 테: 어느 부분이 어려우신가요? 한번 자세를 나눠서 차근차근 해 볼까요? (팔을 들어 올리는 자세만 반복한 후에 무릎 꿇은 상태에서 상체를 숙이는 자세를 하던 중) 등에 힘

을 많이 주고 계신데 조금만 빼고 다시 한 번 해 볼 수 있을까요?

정: 척추에 힘을 빼면 안 될 것 같아요. 몸이 이렇게 구부러지면 제가 무너질 것 같아요.

테: 무너질 것 같다고 느끼시는군요. 아주 조금만 숙여 보면서 그 느낌과 연결된 감정이 무엇인지 살펴보실 수 있을까요?

그림 5-11 와즈라사나

정: (고민하다가) 숙인다는 게 용납이 안 되네요. 제가 시민운동을 하면서 오랫동안 스폰을 받고 했지만 신념을 가지고 일했어요. 제 신념은 옳다고 생각해요.

테: 그런 생각이 드시는군요. 지금 여기는 저와 요가심신테라피를 하는 곳입니다. 그냥 몸을 조금만 구부려 본다고 생각해 보면 어떨까요? (숙인다는 단어에 거부감을 느꼈던 정은 각도를 달리하여 여러 차례에 걸쳐 몸을 구부리는 시도를 한다.)

테라피 진행 후 개인수련을 꾸준히 했던 정은 3주 정도가 지난 뒤 "나의 신념에 찬 행동들이 나를 이렇게까지 경직시켰는지 몰랐어요. 시민운동을 하면서 가족들과도 함께하는 시간이 없어서 관계가 많이 소원했어요. 제가 풀 수 있는 방법을 찾은 것 같아요. 가족들과 다시 함께하는 방법을 찾아야겠어요"라고 자신의 성찰을 들려주었다. 정은 마무리 설문 중 '마음상태에 변화가 있으십니까?'라는 질문에 '변화가 많음, 편안함, 안락함, 조급하지 않음, 생각하고 실천하는 데 마음이 유연해졌다'고 기술하였다. 또한 발달단계를 지나면서 통증이 사라졌기 때문에 테라피의 목표와 수행 정도에는 '매우 만족' 하였다.

그동안 자기조절 수단을 익혀 온 내담자는 스스로 조절 가능한 부분을 알아차리고 요가심신테라피의 원리를 적용함으로써 다른 부분도 조금씩 나아지는 경험을 한다. 이로써 몸-호흡-마음의 상호관련성을 스스로 깊이 통찰하게 된다. 내담자 **양**과 **한**은 이런 경험을 다음과 같이 기록하였다.

> **양**: 균형 잡는 부분이 잘 진행된 것 같다. 어디가 잘못되었는지 인지하게 되었다. 등, 자세, 어깨 등이 완벽하지는 않지만, 많이 부드러워지고 자연스러워졌다. 마음이 편안해졌고 호흡의 중요성과 좋지 않은 자세에 대해 평소에도 인지하게 된다. 몸이 항상 긴장되어 있는 걸 몰랐는데, 이완하고 나서야 긴장을 알게 되었다.

> **한**: 어깨가 아주 부드러워졌으며 평소에도 자주 관찰하게 된다. 요가심신테라피를 진행하는 동안 다이어트를 할 수 있었다. 마음이 편안해졌고, 내 몸을 살피게 되었다. 나의 신체와 마음의 상태를 수시로 확인한다.

요가심신테라피 과정에서 내담자는 테라피스트로부터 자신이 이해받는 경험을 한다. 또한 테라피스트의 격려와 지지를 통해 자신의 소중함을 인식하며 이에 따라 안녕감을 계발시킨다. 이와 더불어 그동안 돌보지 못했던 자기의 몸과 마음에 주의를 두고 수용하는 과정을 거치면서 스스로에 대해 미안함을 느낄 뿐 아니라 자기돌봄을 위해 노력할 것을 다짐하기도 한다. 다음 대화에서는 내담자 **신**의 이런 다짐이 잘 드러나고 있다.

> **테**: 요가심신테라피에서 가장 유용했던 점은 어떤 걸까요?
> **신**: 한 주를 돌아보며 선생님과 얘기한 것이 제 생활을 돌아보는 데 많은 도움이 되었어요. 그리고 제 습관이나 제가 반복하는 것을 이야기하면서 그것이 몸에 어떤 변화를 주는지 알 수 있었어요. 또 요가자세를 하면서 주의를 어디에 두어야 하는지도 알았어요. 예전엔 아프고 힘든 것만 생각했거든요. 근데 이젠 편안한 감각도 찾아보고 그 감각이 자꾸 변하는 것도 알게 되었어요.

2. 테라피의 종결: 10회기

247

테: 그렇군요. 요가심신테라피를 하시면서 변화가 생겼나요?

신: 처음에 골반과 허리에 통증이 있었는데 회기를 진행하면서 통증이 많이 없어졌어요. 그리고 무엇보다 내 몸을 사랑하게 된 것이 큰 변화예요. 더 아껴 줘야겠다는 마음이 들었어요. 내가 아니면 누가 나를 아끼겠어요.

3) 자율수련의 긍정적 변화

자율수련은 요가심신테라피에서 제시된 다양한 요가의 기법을 내담자가 복습하는 과정이자 생활 속의 다양한 행위에 접목하는 과정이다. 이런 과정을 통해 체화가 일어나며 이는 자기변화와 성장의 길로 이끈다. 이런 이유로 테라피 첫 회기부터 테라피스트는 규칙적인 자율수련의 중요성을 거듭 강조한다.

(1) 자율수련 정도와 목표 달성

목과 어깨의 증상 완화와 몸의 좌우 비대칭 개선을 테라피 목표로 하였던 **윤**은 매번 주 3회 이상 자율수련을 하고 자율수련일지에 자신이 경험한 변화를 꼼꼼히 기록하였다. 자율수련일지는 내담자가 수련의 경험과 변화를 명확하기 인식할 수 있도록 돕는 효과가 있다. 다음 내용은 그가 서술한 내용 가운데 몇몇 부분을 발췌한 것이다.

- 2회기: 주 4회 수련. 아르다 웃따나사나와 아르다 웃까따사나(그림 5-12의 2, 3)를 수련하면서 그라운딩이 되고 안정감이 생긴다. 최근 책상에 앉을 때 안정감이 더 좋아졌다.
- 4회기: 주 4회 수련. 웃티따 뜨리꼬나사나 변형자세(그림 5-12의 4)를 하면서 목과 어깨의 연결 지점과 왼쪽 견갑대, 왼쪽 손바닥 전체에서 자극

이 나타났다. 4번째 자율수련에서 이 자세를 하면 여전히 통증은 있지만 개인적으로 나와 궁합이 잘 맞는 자세로 생각된다. 상부 긴장이 방출됨에 따라 가슴 앞뒤에서 긴장이 정말 잘 빠져나간다.

- 7회기: 주 3회 수련. 불안한 생각을 억압하려고 하면 허리 뒤가 휘어지면서 하체 지지감이 상실된다. 특히 왼쪽에서 더 뚜렷하게 나타난다. 아르다 살라바사나(그림 5-12의 5)를 수련한 후에 정수리부터 들어 올린 발끝까지 긴 선으로 연결된 느낌을 얻었다. 상체를 높이 들려는 과욕을 부리면 허리 뒤가 뻐근해지지만 이어진 긴 선을 의식하면 몸이 개운하다. 과욕을 알아차림 할 필요가 있다. 드위빠다 삐탐 변형자세(그림 5-12의 7)를 하면 횡격막 부위가 긴장되는데 양다리에서 균형 잡히게 올라오는 힘이 태양신경총 부위를 받쳐 줄 때 풀리는 듯하고, 그때 자기주도성의 힘이 뿜어져 나올 수 있는 듯하다.

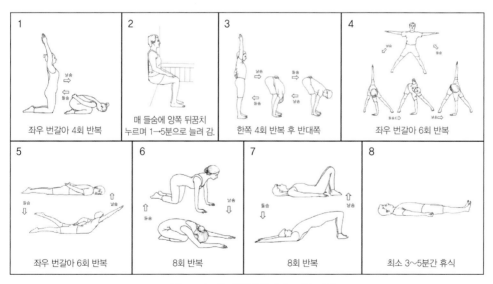

그림 5-12 요가심신테라피 프로그램

2. 테라피의 종결: 10회기

• 9회기: 주 3회 수련. 마음을 무겁게 하는 이런저런 것들에 대한 알아차림이 조금씩 되고 있다. 그래서 몸이 이전보다 편안한 상태에 잘 머물게 된다. 습관적으로 타인의 비위를 맞추면서 숨이 가빠질 때도 다시 나로 돌아오려고 한다. 웃티따 뜨리꼬나사나 변형자세(그림 5-12의 4)에 숙달할수록 한 팔을 바닥에 놓고도 그 자세를 유지할 수 있다는 걸 알았다.

최의 사례를 또 다른 예로 들 수 있는데, 그는 테라피의 효과를 '목과 어깨의 통증이 상당 부분 해소되었고, 몸 전체의 균형감을 익혔다'라고 기술하였으며 처음 설정한 목표가 달성되었음에 만족감을 드러냈다. 그는 또한 테라피를 진행하는 동안에 생긴 가장 큰 변화에 대해 '좌우의 불균형이 자각되면서 심신의 안정감이 높아졌고, 자기 감정에 접촉하는 능력이 좋아졌다'라고 대답하였다. 이런 긍정적인 변화는 **최**가 꾸준히 자율수련을 실천한 결과이다.

내담자의 규칙적이고 지속적인 자율수련은 이처럼 테라피 목표의 달성을 촉진할 뿐 아니라 그 이상의 긍정적인 변화를 유도한다. 물론 그 변화의 폭은 개인에 따라 다르지만 그것은 분명 근원적인 변화의 초석이 된다. 자율수련을 중시하는 내담자와 소홀히 하는 내담자는 자기조절과 자기변화에서 명백한 차이를 보인다.

박의 경우는 자율수련을 비교적 등한시한 예로서, 그는 다리의 불편을 개선하기 위해서 테라피를 진행하였다. 회기 중에도 테라피스트의 양해하에 전화기를 켜 놓을 정도였던 **박**은 헬스를 마친 후 자율수련을 한다고 보고했지만 그 실천은 매우 불규칙적이었다. 다른 내담자들에 비해 테라피 기간이 길었음에도 불구하고 이미 했던 자세들을 반복할 때마다 매번 처음 하는 듯 낯설어했다. 이런 경우에는 변화 속도가 느릴 뿐 아니라 전혀 변화가 일어나지 않기도 한다. 크래프트소우(2011)는 "수련이 없으면 결과도 없다"라고 말하였다. 거듭 강조하지만 지속적인 자율수련을 당신의 삶 안으로 들여온다면 한 번도 상상해 보지 못했던 값진 보석을 당신 안에서 발견하게 될 날이 올 것이다.

(2) 지속적인 자율수련을 위한 안내

내담자의 치유 여정은 그들의 삶 속에서 계속 이어진다. 요가심신테라피에서 익힌 자율수련은 내담자 스스로 긍정적인 변화를 만드는 데 하나의 요인으로 작용할 수 있다. 하지만 테라피가 종결되면 자율수련을 지속할 의지는 약해지기 쉽다. 약해지는 의지를 다시 세우고, 변화를 위해 지속적으로 노력할 동기를 재확인하기 위해 테라피스트는 지금까지 진행해 왔던 프로그램을 일상생활에 어떻게 적용할 수 있을지를 내담자와 함께 모색하면서 자율수련을 하도록 독려할 필요가 있다.

10년 이상 목과 어깨의 통증과 고관절의 경직으로 인해 오랜 시간 힘들었던 **윤**은 요가심신테라피를 진행하는 가운데 증상 완화는 물론 몸에 머물면서 다양한 심신의 통찰을 경험하였다. 그는 자신의 나이만큼 요가심신테라피 수련을 하고 싶다고도 하였다. 자율수련을 위한 동기를 더욱 북돋아 주기 위해 테라피스트는 프로그램을 재정리하여 테라피 이후 그와 자율수련 계획에 대하여 나누었다.

윤: 안 그래도 프로그램이 적힌 종이에 낙서가 많아서 벽에 붙여 놓고 할 수 있게 다시 정
　　리해 달라고 부탁할 생각이었어요.

테: 지금까지 잘해 오셨는데 종결 후에 자율수련을 어떻게 이어 갈 수 있는지 함께 이야기
　　해 볼까요? 어떤 계획을 가지고 있으신가요?

윤: 평소에도 프로그램 전체 시퀀스를 모두 실시하려면 30∼40분 정도 걸려요. 그걸 모두
　　매일 하기는 부담스럽고 전체 시퀀스는 주 1회 정도 하고 필요한 자세들은 몇 가지씩
　　몸으로 익힐까 해요.

테: 전체 시퀀스를 주 2회 정도 하는 건 어떨까요? 규칙적인 수련을 위해서는 시간을 정해 놓는 게 좋습니다.

윤: 아침 출근하기 전에는 20분 정도 낼 수 있어요. 전체 시퀀스를 수련할 때는 퇴근 후에 해야 하는데 자꾸 게을러져서요.

테: 주말 오전을 활용해 보시는 건 어떨까요? 새로운 습관을 몸에 익히려면 조금 더 시간이 필요합니다. 세 달 간의 수련으로 오래된 습관들이 사라지긴 어려우니까요.

윤: 전에 제가 이걸 제 나이만큼 하고 싶다고 했잖아요. 이건 나와 만나는 작업 같아요. 지금 상태를 집으로 표현하면 터를 닦은 느낌이에요. 집터 말이에요! 이제 내 몸과 함께 그 터에 집을 어떻게 지어야 할지 고민하는 상태인 거 같아요. 주말도 활용해서 두 번 정도는 프로그램 전체를 수련해 볼까 해요.

약 세 달에 걸친 테라피 회기로 내담자가 안고 있는 모든 문제가 해결될 수는 없다. 앞에서 언급한 내담자 **윤**은 만성적인 통증과 제한된 움직임으로 인해 이전에 온갖 치료와 수련을 시도했음에도 자신의 몸은 항상 부족하면서 무언가 결핍되었다고 느꼈다. **윤**은 요가심신테라피를 통해 자신의 몸을 적절하게 기능하는 몸, 있는 그대로의 몸으로 수용할 수 있게 되었다. 이러한 전환은 그에게 새로운 출발점이 되었다. **윤**의 태도 변화를 강화시키기 위해 테라피스트는 테라피 종결 이후에도 자율수련을 꾸준히 실행해 나갈 필요가 있음을 새삼 강조하였다.

자율수련을 지속하지 못하는 경우에는 그 나름대로 사정이 있기 마련이다. 이 경우에는 우선 테라피를 통해 어떤 도움을 받았는지를 확인하고 그 내용을 중심으로 일상생활 속에서 응용할 수 있는 적당한 방법을 안내하는 것이 좋다. 자신의 평소 자세습관에 주의를 기울이기, 불안할 때 그라운딩을 위해 발에 주의 두기, 안정적으로 편안하게 호흡하기, 스트레스 순간이 닥쳐오면 도움이 될 수 있는 자세들을 별도로 안내하기도 테라피의 효과를 높일 수 있는 방법이다. 스트레스가 지속되는 상황에서 아무런 대처 행동도 하지 못한 채 얼어붙어 있는 것보다는 상황 극복에 도움이 될 수 있는 무언가를 하는 것 자체가 스트레스의 해독제가 되기 때문이다.

4) 그 외 부수적인 효과에 대한 평가

(1) 일상생활 속에서 변화

요가심신테라피 과정은 내담자의 심신에 총체적으로 영향을 미친다. 내담자들은 그라운딩을 통해 상체의 긴장을 푼다든가, 호흡과 함께 상체를 가볍게 숙이는 자세만으로도 마음을 안정시켜 무의식적 악순환으로 반복되는 몸과 마음의 엉킨 고리를 하나하나씩 풀어갈 수 있다. 이런 이유로 요가를 매개로 심신테라피가 진행되는 과정에서 초기 목표를 넘어선 예상치 못한 변화가 일상에서 종종 일어난다. 이런 긍정적인 경험들은 내담자들을 테라피에 몰입하게 만드는 새로운 촉진제가 될 뿐 아니라 더 행복한 삶을 살기 위한 내담자의 소중한 자원이 되기도 한다.

구는 척추측만으로 인한 허리 통증을 완화하기 위해 요가심신테라피를 접하게 된 내담자이다. 그녀는 한 달에도 몇 번씩 넘어질 뿐 아니라 자신의 발에 걸려 휘청거리는 일이 자주 일어났다. 그러다 보니 구는 가족들과 놀이 공원을 가는 일조차도 오랜 시간 걸어야 하는 힘겨운 과제가 되고 말았다. 남편과 아이를 향해 별다른 이유 없이 짜증을 부렸고, '귀찮다'는 말을 달고 살 정도로 매사가 번거롭기만 하였다. 테라피스트는 그녀를 위해 허리의 통증을 다룰 수 있는 일련의 자세를 제공했으며 여기에 그라운딩을 추가하였다.

테라피 종결 후에 테라피 경험에 대한 소감을 나누던 구는 "발바닥에 딱 힘이 들어가는 거예요. 걸을 때 느낌이 아주 좋아요. 발걸음이 묵직하다는 느낌이 들어요. 오늘도 녹색 어머니회에 갔거든요. 서 있으면서 자꾸 신경을 쓰게 되더라 고요. 그러니까 힘든 걸 모르겠어요. ……다리에 정말 통증이 없어졌어요. 그래서 너무 좋아요. 넘어지는 것도 모조리 사라지고, 요즘에 걸을 때 넘어졌던 기억 도 나지 않아요. 걸을 때 오히려 행복하답니다. 이젠 귀찮은 게 아니라 재미있어 요"라고 말하며 밝은 표정을 지었다.

내담자 **한**은 오래된 상체의 긴장과 턱을 지나치게 아래로 내려 안쪽으로 잡아 당기는 잘못된 습관이 있었다. 테라피스트가 첫 회기에 잠시 턱과 입 주변으로 주의를 기울이도록 안내하였을 때 그는 "입을 벌리면 아래턱이 떨어질 것 같은데 요"라고 하였다. 상체 긴장이 어느 정도 풀어지고 난 다음 **한**은 "턱 때문이었나 봐요. 혀랑 치아가 자꾸 맞물려 항상 혀가 찢어지고 헐었는데 이제 혀가 더 이상 찢어지지 않아요. 지금은 턱을 벌려도 소리도 안 나요" 하며, 혀를 앞으로 쭉 내 밀어 보였다. 몇 주 후에 만난 **한**은 밤에 잠들기 위해 뒤척이지도 않고 아침에 일 어나는 게 힘들지 않다며 좋아하였다.

내담자들이 보고하는 일상의 변화들은 매우 다양하여 일일이 나열하기 어 려울 정도이다. 수면의 질이 좋아지는 것은 물론 생리전증후군이 사라지기 도 하고, 아침에 일어났을 때 항상 느끼던 발바닥 통증이 해소되거나, 다리에 쥐나는 일이 없어지기도 하며, 아이에게 참지 못하고 소리 지르는 순간을 알 아차릴 수 있는 힘이 생기기도 하였다. 몸을 움직이는 태도를 통해 삶을 대하 는 자신의 태도를 만나기도 한다. 이런 발견은 내담자에게 놀라움을 선사하 는 자각의 선물이다.

(2) 심리적 · 영적 변화
요가심신테라피의 경험을 되돌아보게 만드는 마감설문지를 통해 신체적 변화 외에도 심리적이고 영적인 변화를 확인할 수 있다. '몸을 다루는 방식이 마음을 다루는 방식이라는 것을 명확하게 알게 되어 시원하다' '집착하고 있던 문제를 떨어져서 객관적으로 바라보게 되었다' '나의 몸이 기능을 잘해서라기보다는 그냥 현재 상태에 있는 몸의 현존에 만족한다'와 같은 서술은 이런 변화를 보여 주는 내용들이다.

요가심신테라피는 자세, 호흡, 이완, 명상 등 요가의 다양한 기법을 활용해서 몸의 감각을 만나게 함으로써 내담자들이 자신의 감각느낌과 접촉할 수 있게 한다. 포커싱기법을 개발한 유진 젠들린(Gendlin, 2000)은 "감각느낌은 마음의 체험이 아닌 신체의 체험으로 어떤 상황이나 사람 혹은 사건에 대한 몸의 자각"이라고 정의 내렸다. 이러한 감각느낌을 신체의 움직임을 통해 감지하고 감지한 내용을 테라피스트와 소통하는 가운데 내담자들은 자신이 그동안 고수했던 생각이나 감정을 새로운 관점에서 바라볼 수 있게 된다. 자신의 경험에 대한 객관적 관찰은 영적인 변화와 직결된다.

다음 내담자의 사례는 이런 변화를 구체적으로 반영한다.

마지막 회기에서 **한**은 환하게 웃으며 이렇게 말했다. "그동안 '남한테 폐를 끼치지 않고 바르게 살아야 해. 그것이 사람들하고 지내는 좋은 방법이야.'라고 생각했어요. 이런 생각이 나의 무거움, 가면, 껍데기였다는 걸 알았어요. 안 해도 됐던 것들을 내려놓으면서 내가 원래 가지고 있었던 자원, 표현할 수 있는 자원이 참 많다는 걸 알았어요. 나는 누군가를 기쁘게도 할 수 있고 울게도 할 수 있는 감성도 가지고 있더라고요. 그리고 나는 좀 매력이 있다고 느꼈어요" 이런 고백은 자존감의 회복을 의미하는데, 마무리 이완을 하는 동안 **한**의 복부에서 자연스럽게 떠오른 '연초록의 어린 대나무잎' 심상은 이런 회복을 상징하는 이미지라 할 수 있다. 그 자신도 그 이미지를 '싱그러운 새 출발'로 받아들였다.

내담자 **최**는 영적 변화에서 종종 일어나는 충만감을 망설임 없이 표현하였다. 그녀는 "요가심신테라피가 힘이 되었어요. 일단은 제가 괜찮으니까요. 뭔가를 갈구하면 항상 무언가 부족한 거 같아요. 그렇지만 수련하고 명상할 때는 그냥 '아! 이대로 참 좋다!'는 충만감이 들어요"라고 하였다.

많은 내담자는 앞에서 언급한 내담자들처럼 충만감, 그냥 나라는 존재에 대한 만족감, 감사하는 마음, 이완감, 편안함 등을 보고한다. 이러한 느낌들을 요가에서는 사뜨빅 상태라고 한다. 이처럼 감정과 생각 층에서 엉켜 있던 매듭이 풀릴 때 존재의 더 깊은 층에서 흘러나오는 현존과 활력을 향유하게 되는데, 웰우드(Welwood, 2008)는 이것을 "자리를 잡는 것(finding your seat)"라고 표현하였다. 여기에서 '자리'란 몸과 마음의 근원인 영, 즉 존재-의식-지복(sat-chit-ananda)의 자리일 것이다.

3. 요약

이 장에서는 요가심신테라피의 종결단계를 숙련단계와 10회기 테라피의 종결로 나누어서 살펴보았다. 숙련단계는 8~9회기에 테라피 프로그램을 완성하여 내담자에게 체화되고 일상에서 적용이 가능하도록 돕는 것이 최종 목적이다. 때문에 테라피스트가 종결을 앞두고 내담자의 상태를 테라피 프로그램의 숙련도, 자율수련 참여도, 개선과 변화에 대한 이해, 일상생활의 연결성 등을 토대로 점검하고, 테라피 프로그램을 재구성하는 방법을 서술하였다. 재구성의 방법은 주요 방법을 중심으로 한 테라피 프로그램, 테라피 프로그램의 변형, 주요 방법과 보조방법을 혼합한 테라피 프로그램 등이다.

테라피의 종결인 10회기에서는 완성된 테라피 프로그램이 실제로 적용하는 데 적합한지 재확인한 후, 전체 테라피를 다시 한 번 돌아보면서 내담자가 자신의 변화를 분명하게 인식토록 하고 마무리하는 과정을 서술하였다. 종결을 위하여 테라피스트는 마감설문지를 활용하여 테라피 목표의 달성 여부와 만족도 및 테라피 경험 후 심신의 변화를 나눈다. 이때 나타난 내담자의 변화를 초기 목표 달성 외에 일상생활 속에서 변화, 심리적·영적인 변화 등으로 나누어 살펴보았다. 이에 더해 테라피가 종결되면 내담자 스스로 자율수련을 해야 하기 때문에 자율수련을 이어 갈 수 있는 방법들을 강조하여 안내하였다.

3. 요약

제6장

요가심신테라피에 따르는 고려사항

조옥경

1. 윤리와 가치의 문제

1) 요가적 윤리의 확립과 실행

요가수행은 타인 및 자신과의 관계에서 윤리적인 원칙들을 확립하고 이를 일상생활에서 꾸준히 실천할 뿐 아니라 최종적으로 완성해 가는 것에 목표를 두고 있다. 아슈땅가 요가(aṣṭāṅga yoga)는 이런 윤리적 실천들을 첫 두 단계에서 구체적으로 명시하고 있다. 금계(야마, yama)와 권계(니야마, niyama) 중에서 타인과의 윤리적 관계의 확립을 위해서는 금계가 훨씬 중요하므로 요가테라피스트는 이 덕목을 체화할 필요가 있다. 빠딴잘리 요가수뜨라 2장 31절은 금계의 완성에 대해 "이런 위대한 (금계의) 서원은 보편적이며, 계급이나 장소, 시간 혹은 환경에 의해서 제한받지 않는다"라고 표현하였다.

도나 파리(Donna Farhi)는 요가지도자의 경우 자신의 행동이 윤리적인 기준에 부합하는지를 확인하기 위해서는 다음과 같은 질문을 스스로에게 던져야 한다고 하였다(2006, p. 19).

- 상대방이 나를 이런 식으로 대한다면 나는 좋아할까? 내게 이런 일이 생긴다면 나는 기분이 어떨까?
- 여기에 대해서 나는 나중에 어떻게 느낄까? 나의 행동에 대해 다른 사람에게 말하거나 다른 사람이 알게 된다면 나는 편안할까?
- 과거에 한 이 행동이 나로 하여금 누군가를 배신하거나, 누군가에게 거짓말을 하게 하거나, 어떤 식이든 구실을 대게 만들지 않았나? 이 행동을 반복한다면 내가 진솔하지 않게 행동할 가능성이 높지 않을까?
- 이 행동이 단기적으로나 장기적으로 나나 다른 사람에게 고통을 주지 않을까?
- 내가 학생(내담자)이라면 지도자(테라피스트)의 행동을 어떻게 받아들일까?
- 내가 언급한 가치와 그 가치에 대해 내가 느끼는 것 사이에 불일치는 없는가?

이런 질문들은 주로 내담자의 욕구에 맞춰 그들의 말을 경청하고 적절한 치료적 질문을 던져야 하는 요가심신테라피스트들에게도 그대로 적용될 뿐 아니라 테라피 현장에서 더욱더 중요한 의미를 갖는다. 내담자나 환자들은 기본적으로 취약한 상태에 있기 때문에, 상처를 주는 언행이나 배려심이 부족한 냉담한 반응은 그들의 고통을 가중시킬 뿐이다.

2) 금계와 권계의 치료적 적용

금계의 다섯 가지 사항과 권계의 다섯 가지 사항은 수행자, 지도자, 테라피스트로서의 다중 정체성을 갖는 요가테라피스트들이 반드시 준수할 필요가 있는 필수적인 덕목이다. 열 가지 덕목 중에서 테라피 세션 중에 더욱 주의를 기울여야하는 덕목들은 다음과 같다.

(1) 비폭력(아힘사, ahiṁsā)

비폭력은 테라피 현장에서 가장 중요한 윤리적 · 도덕적 덕목이다. 데시카차르(Desikachar, 1995)는 비폭력이란 폭력을 자제하는 것을 넘어 자신과 타인을 향한 친절, 호의, 사려깊은 배려를 의미한다고 하였다. 테라피 현장에서 이 덕목은 내담자를 배려하고 내담자의 욕구에 주의를 기울이는 것을 의미한다.

(2) 진실성(사뜨야, satya)

심리치료에서 진실성의 중요성을 매우 강조한 칼 로저스(Carl Rogers, 1961)는 내담자의 변화를 촉진하는 요인으로 진실성, 공감, 무조건적인 긍정적 존중을 들었다. 내담자의 치료를 돕기 위해 테라피스트가 때로는 선의의 거짓말을 할 필요가 있다고 생각될지라도 그런 유혹을 극복해야 한다. 그러나 이런 진실성은 비밀을 폭로하는 것이 아니라 비폭력의 원칙이 지켜지는 한도 내에서 실행되어야 한다. 진실을 말한다는 명분을 내세워 내담자에게 상처를 주거나 기분을 상하게 하는 일은 하지 않는다.

(3) 소유의 절제(아빠리그라하, aparigraha)

무소유를 의미하는 aparigraha의 의미는 parigraha(취하다, 붙잡다)를 하지 않는 것으로서, 상황을 이용해서 사적인 이득을 취하지 않고 필요한 것만을 취하는 것을 의미한다. 테라피 현장에서 이는 내담자의 약점을 이용해서 테라피스트가 자신의 이익을 취하지 않는 것을 의미한다. 내담자는 육체적으로나 정신적으로 곤경에 빠져 있는 사람이다. 그러므로 내담자를 돕는다는 명목으로 필요 이상의 금전적 이득을 취하거나, 정서적으로 지나치게 의존하게 만드는 일종의 정서 에너지의 착취는 무소유(아빠리그라하)에 반하는 행동이다. 그러므로 이런 일이 일어나지 않도록 테라피스트는 항상 자신을 되돌아볼 필요가 있다.

(4) 고행(따빠스, tapas)

신체에서 열을 발생해서 신체를 깨끗하게 정화하는 의미를 가진 자기훈련은 테라피스트의 개인훈련과 관계가 있다. 데시카차르(1999)는 신체자세, 식습관, 호흡 패턴에 주의를 기울임으로써 신체에 쌓인 불필요한 쓰레기들을 청소하고 체중을 알맞게 유지하며 적절한 호흡 길이를 유지하는 것으로 고행을 해석하였다. 이는 테라피스트가 자세, 호흡, 식습관에 항상 주의를 기울여서 몸과 마음을 순수하게 유지하고 에너지를 일정 수준으로 유지하는 데에 꾸준히 노력을 기울여야 함을 말한다.

(5) 자기탐구(스와드야야, svādhyāya)

sva란 자기(self)를 의미하고 adhyaya란 '무언가에 밀착해서 탐구한다'는 뜻이다. 따라서 이는 자기근원에 대한 탐구라고 할 수 있다. 테라피스트가 자기 자신을 심도 있게 탐색하는 일은 요가의 최종 목표인 참자아를 실현하는 일이자 자신과 내담자가 근원에서는 동일함을 깨닫는 일이기도 하다. 이런 인식이 전제될 때 비로소 테라피스트-내담자 간의 진정으로 평등한 관계가 가능하다. 이런 관계를 바탕으로 치료가 전개될 때 매 세션은 내담자와 테라피스트 모두를 성장과 진화로 이끄는 개방적인 장이 될 수 있다.

2. 요가심신테라피에 따르는 부상의 위험과 주의사항

1) 요가와 관련된 부상

인도의 요가스승들은 요가의 탁월성을 대중에게 알리기 위해 요가가 마치 만병통치약인 듯 선전하는 경향이 있다. 그러나 윌리엄 브로드(William J. Broad, 2012)는 비교적 골격이 가늘고 매우 유연하며 주로 쪼그리고 앉거나 연꽃자세로 바닥에 앉아 있는 것에 익숙한 인도인들과는 달리 오랫동안 의자에서 생활하는 서구인들에게는 몸통을 비틀고, 사지를 지나치게 일그러뜨리며, 과도하게 굽히는 요가자세들은 오히려 해가 될 수 있다고 지적하였다. 요가수행은 몸과 마음이 비교적 건강한 사람들을 대상으로 개발된 것이라는 점을 고려할 때, 요가를 치료적으로 적용할 때는 부상의 위험을 최소화하기 위해 각별한 주의와 노력이 필요하다.

브로드에 따르면 2002년경을 전환점으로 해서 미국 요가계는 요가수련에 따른 부상에 대해 관심을 기울이게 되었다. 국제요가치료사연맹에서 실시한 조사에 따르면 목, 허리, 어깨, 손목, 무릎에서 부상이 가장 많이 발생하는데, 부위별로 부상을 일으키기 쉬운 자세는 다음과 같다(Fishman, Saltonstall, & Genis, 2009).

- 목 부상: 시르사사나(śirṣāsana)와 사르왕가사나(sarvāṅgāsana)
- 허리 부상: 전굴, 비틀기, 후굴
- 어깨와 손목 부상: 아도무카 슈와나사나(adho mukha śvānāsana), 짜뚜랑

가 단다사나(caturaṅga daṇḍāsana), 와씨스타사나(vasiṣṭhāsana), 테이블
자세, 측면 플랭크 자세
• 무릎부상: 영웅자세(위라바드라사나, vīrabhadrāsana) 1 & 2, 위라사나
(vīrāsana), 에까빠다 라자까뽀따사나(ekapāda rājakapotāsana), 빠드마사
나(padmāsana)

스웨인과 맥귄(Swain & McGwin, 2016)은 2001~2014년 동안 발생한 요가
와 관련된 부상을 조사했는데, 그들이 조사한 바에 따르면 요가와 관련된
부상으로 병원응급실을 찾는 사람들의 수가 꾸준히 증가하고 있다. 몸통에
서 가장 많은 부상이 일어나며(46.4%), 염좌나 접질림이 가장 흔하다(45%)
(Swain & McGwin, 2016). 특히 65세 이상의 노인들이 부상에 가장 취약하며,
나이가 적을수록 부상의 위험은 줄어든다. 테라피스트는 이러한 조사 결과
를 명심하여 부상이 일어날 위험이 높은 자세들은 매우 신중하게 접근할 필
요가 있다. 요가수련에 따르는 부상에 대해 일찍부터 강조해 온 글렌 블랙
(Glenn Black)의 경고는 테라피 현장에도 그대로 적용된다. "요가자세는 만병
통치나 모든 병을 치료하는 유일한 치료책이 아니라는 게 내가 전하려는 메
시지이다. 에고나 집착을 갖고 요가자세를 실시한다면 문제를 일으키고 말
것이다"(Broad, 2012)

2) 요가심신테라피 실시에 따르는 주의사항

키무라(Kimura, 2016)는 요가테라피 과정을 첫면접을 통한 내담자 심신상
태의 평가, 적절한 요가테라피 테크닉의 선택, 프로그램의 실제적인 지도, 내
담자 조건의 변화에 대한 모니터링, 내담자 상태의 변화에 대한 탐색, 요가테
라피에서 전통적인 요가로의 이행의 6단계로 구분하였다. 각각의 단계에서

테라피 효과를 높이고 테라피의 진행 과정에 수반될 수 있는 역기능이나 위험을 최소화하기 위해 다음과 같은 사항들에 각별한 주의를 기울일 필요가 있다.

- 내담자의 신체적 · 심리적 상태의 평가는 그 정확성이 매우 중요하다. 그 정확도를 높이려면 차원 높은 붓디(buddhi)의 계발이 요구되는데, 이를 위해서 테라피스트는 평소에도 수행을 게을리하지 않는다.
- 평가를 위한 질문을 하거나 질문지를 활용할 경우 사전에 내담자의 동의를 구한다.
- 적절한 요가 테크닉을 선택할 때 내담자의 상태와 조건을 충분히 고려한다.
- 선택한 요가 테크닉을 지도할 때 테라피스트는 내담자의 적극적인 참여를 통해 치료가 일어남을 명심하고, 내담자 스스로 주도권을 가질 수 있도록 일방적인 지시나 지령보다는 권유하는 태도를 유지한다.
- 집단을 대상으로 요가심신테라피를 실시할 때, 증상이 가장 심하거나 각별한 주의가 필요한 사람은 가능하면 테라피스트 가까이에 위치하도록 안내한다.
- 내담자의 변화를 모니터링할 때 테라피스트는 자세히 관찰하고, 관찰한 사항을 반드시 기록하여 처방된 프로그램이 효과가 있는지를 수시로 확인한다.
- 내담자의 상태가 개선되지 않거나, 오히려 악화된다면 즉시 프로그램을 점검하여 적절한 변화를 준다. 내담자의 증상이 개선될 경우에도 개선의 정도에 맞추어 프로그램을 변화시킨다.
- 요가심신테라피는 기본적으로 몸과 마음에 초점을 두지만, 내담자가 건강을 회복함에 따라 요가의 근본 목적인 영적 성장의 길로 점차 안내한다.

3) 부상의 방지

요가 테크닉을 내담자에게 적용할 때 어떻게 하면 부상의 위험을 줄일 수 있을까? 다음의 내용은 이를 위한 일반적인 팁이다(Mohan & Mohan, 2004; Stephens, 2010).

- 몸통 전면을 열어 줄 때는 들숨, 닫아 줄 때는 날숨이라는 기본 원칙에 충실하면서 움직임과 호흡을 일치시킨다.
- 들숨 후 숨을 멈출 때는(안따라 꿈바카, antara kumbhaka) 가능하면 움직이지 않는다.
- 한 자세가 주는 긴장을 완화시키기 위해 반대 동작으로 균형을 맞춘다.
- 부상이 일어나기 쉬운 자세들은 실시가 비교적 쉬운 변형자세를 적용한다.
- 수련 중간중간 에너지를 회복할 수 있는 휴식 시간을 충분히 준다.
- 통증이 일어나면 진행을 즉각 멈추고 통증의 범위를 넘어서지 않는다.
- 내담자와의 신체적 접촉을 최소화한다. 접촉이 불가피할 경우에는 사전에 내담자의 허락을 구한다.
- 내담자의 몸과 마음이 어떻게 반응하는지를 세심하게 관찰하여 몸이 긴장하거나 신경계가 불안정해지지 않도록 한다.
- 취약한 관절과 기관, 이미 부상을 입은 부위에는 압력을 가하지 않는다.
- 다양한 도구를 활용하여 내담자가 느낄 수 있는 신체적·심리적 부담을 줄인다.

3. 요가심신테라피의 영역 설정

앞에서도 이미 언급했지만 테라피로서의 요가는 보완의학의 세부 분야의 하나인 심신중재법(mind-body intervention)에 속한다. 미국 국립보완통합건강센터(National Center for Complementary and Integrative Health: NCCIH)는 심신중재법을 "몸의 기능과 증상에 미치는 마음의 역량을 촉진하기 위해 고안된 다양한 테크닉들"로 정의하였다(https://nccih.nih.gov/grants/mindbody, 검색일 2017. 07. 18.). 여기에는 요가뿐 아니라 침술, 마사지 치료, 명상, 이완요법, 척추촉진법 등이 포함된다. 따라서 요가심신테라피가 다룰 수 있는 범위를 설정하고, 가능하면 테라피 행위를 그 범위 내로 한정시키는 것이 좋다.

요가심신테라피스트 각자의 전문분야 범위를 넘어선 치료와 관련된 내용에 대해서는 인접한 심신중재법 전문가에게 의뢰할 필요가 있다. 예를 들어, 척추에 직접 손을 대야 하는 경우에는 수기요법 전문가에게 의뢰하도록 한다. 또한 더욱 정밀한 진단이 필요한 경우에는 의료인들의 전문적인 판단을 우선 중시하도록 내담자를 안내해야 할 뿐 아니라, 내담자의 상태가 전문적인 의료서비스를 필요로 할 정도로 심각한 경우에는 병원으로 보내야 한다. 심리적인 질환을 앓고 있는 내담자의 경우에는 자격을 갖춘 심리치료사나 정신과 의사의 진단과 치료를 받을 수 있도록 안내해야 한다. 요가 이외의 바디워크 전문가와 적절한 협력관계를 유지해야할 때도 있다. 요가를 만병통치의 수단으로 생각하는 것은 일종의 오만으로, 이런 오만이 때로는 치명적인 결과를 초래할 수 있음을 명심해야 한다.

마지막으로, 요가테라피와 아유르베다의 관계에 대해서 언급해 보자. 대다수의 요가테라피스트들은 테라피를 위해서는 인도의 전통의학인 아유르베다를 반드시 공부해야한다고 생각한다. 그러나 아유르베다는 보완의학이 아니라 서구의 정통의학을 대체하는 대체의학에 속한다. 세계 보완대체요법 (Complemenatary and Alternative Medicine: CAM)의 추세는 대체의학과 보완의학을 분명하게 구분하는 방향으로 가고 있기 때문에, 요가테라피를 위해서는 아유르베다의 인간관, 건강과 질병에 대한 관점, 치료가 일어나는 기제 등에 대한 기본 개념을 습득하는 것은 바람직하지만 구체적인 치료방법을 내담자에게 적용할 때는 각별한 주의가 필요하다. 왜냐하면 아유르베다는 기본적으로 의학에 속하므로 그 치료방법을 사용하기 위해서는 약 5년여에 걸친 별도의 과정을 거쳐야 하기 때문이다. 따라서 요가테라피스트들은 아유르베다 치료법이 내담자에게 필요하다고 판단되는 경우, 아유르베다 의사에게 의뢰하는 것이 안전하다.

4. 요약

이 장에서는 요가심신테라피를 시행할 때 고려해야 할 여러 사항을 요약하여 설명하였다. 요가심신테라피는 사람을 다루고 있기 때문에 기본적으로 윤리와 가치의 문제와 관련되어 있다. 이는 금계 및 권계의 문제이기도 하므로 10가지 원칙에서 특히 비폭력, 진실성, 소유의 절제, 고행, 자기탐구를 강조하였다. 이 덕목들의 의미와 가치를 테라피 현장이라는 맥락에서 재조명하면서 구체적으로 어떻게 적용되는지를 기술하였다. 테라피 현장에서 중요한 또 다른 사항은 테라피에 수반될 수 있는 부상의 위험을 사전에 숙지하고 미리 예방하는 것이다. 아사나와 관련해서는 목 부상, 허리 부상, 어깨와 손목 부상, 무릎 부상이 일어날 수 있으므로 부상의 위험이 있는 아사나는 특히 주의를 기울일 필요가 있다. 이에 더해서 부상의 위험을 줄이기 위한 팁들을 상세하게 기술하였다.

부록

감각 · 느낌목록

<표 1> 감각 목록

밝고 가벼운(삿뜨와)	활기차고 움직이는(라자스)	둔하고 무거운(따마스)
떠 있는	떨리는	좁아진/조여드는
퍼진/넓은	울렁거리는/어지러운	뭉친/묵직한
텅빈	흔들리는/기울어지는	뻐근한/뻑뻑한
열린	두근거리는/숨가쁜	당기는
풀어진	저리는	단단한/무거운
가벼운	찌릿찌릿한/따끔거리는	빡빡한/두꺼운
커진/부푼	욱신거리는/쑤시는	둔한
뚫린	가려운/간지러운	딱딱한
부드러운	늘어나는/밀어내는	막힌/걸린
흐르는	소름끼치는	흐르지 않는
	열나는/화끈거리는/쓰라린	가라앉는/감각이 없는

따뜻한, 뜨거운, 더운, 차가운, 시원한, 추운, 땀나는, 밝은, 흐릿한, 어두운, 축축한, 촉촉한, 건조한, 힘 빠진, 힘 없는, 늘어진

〈표 2〉 느낌 목록

삿뜨와	라자스	따마스
사랑하는/고마운 기쁜/충만한/행복한 만족스러운/흐뭇한/뿌듯한 편안한/느긋한 고요한/평화로운 재미있는/신나는/즐거운 안심되는/푸근한 홀가분한/여유로운 상쾌한/상큼한 반가운/친근한 뭉클한/감격스러운 든든한/담담한	불안한/떨리는 걱정되는/신경 쓰이는 무서운/겁나는/두려운 초초한/조마조마한 불편한/불쾌한 화나는/열나는 속상한 짜증나는/조급한 신경이 곤두선/예민해지는 언짢은/당황스러운 놀란	우울한/울적한 슬픈/그리운 서러운/서운한 서늘한/냉랭한 멍한/막막한 답답한/ 갑갑한 외로운/쓸쓸한 허전한/허탈한 귀찮은/따분한 피곤한/맥 빠진 힘든/지친

싼스끄리뜨어 목록

까라나 샤리라	karaṇa śarīra
까르마	karma
구나	guṇa
꿈바까	kumbhaka
끄라마	krama
끄세뜨라	kṣetra
끌레샤	kleśa
니야마	niyama
니야사	Nyāsa
다라나	dhāraṇā
도샤	doṣa
두카	duḥkha
디야나	dhyāna
드위빠다 삐탐	dvipāda-pīṭham

따다사나	tāḍāsana
따마스	tamas
따잇뜨리야 우빠니샤드	Taittirīya Upaniṣad
딴마뜨라	tanmātras
따빠스	tapas
뜨라따까	trātaka
라자스	rajas
랑가나	laṅghana
마노마야 꼬샤	manomaya kośa
마까라사나	makarāsana
만뜨라	mantra
목샤	mokṣa
바가바드 기따	Bhagavad Gītā
발라사나	balāsana
부따	bhūta
부장가사나	bhujaṅgāsana
붓디	Buddhi
브름하나	bṛmhaṇa
베단따 수뜨라	Vedānta Sūtra
빠딴잘리 요가수뜨라	Patañjala Yogasūtra
빠드마사나	padmāsana
빠스치마따나사나	paśchimatānāsana
빤짜 꼬샤	pañca kośa
뿌루샤	puruṣa
쁘라끄르띠	prakṛti

쁘라나	prāṇa
쁘라나마야 꼬샤	prāṇāmāya kośa
쁘라나야마	prāṇāyāma
쁘라띠야하라	pratyāhāra
쁘라띠빡샤	pratipakṣa
사르왕가사나	sarvāṅgāsana
사마디	samādhi
사바사나	śavāsana
샤우짜	śauca
삿뜨와	sattva
산쓰끄리뜨	sanskrit
살라바사나	salabhāsana
상깔파	saṃkalpa
사뜨야	satya
삿-찟-아난다	sat-cit-ānanda
상스까라	saṃskāras
상요가	saṃyoga
수리야	sūrya
수카	sukha
숙슈마 샤리라	sūkṣuma śarīra
숩따 밧다꼬나사나	supta baddha koṇāsana
스툴라 샤리라	sthūla śarīra
스티라	sthira
스와드야야	svādhyāya
시르사사나	śirṣāsana,

아그니	agni
아마	ama
아난다마야 꼬샤	ānandamaya kośa
아도무카 슈와나사나	adho mukha śvānāsana
아르다 마첸드라사나	ardha-matsyendrāsana
아르다 웃까따사나	ardha utkaṭāsana
아르다 웃따나사나	ardha-uttānāsana
아빠나사나	apānāsana
아빠리그라하	aparigraha
아사나	āsana
아슈위니 무드라	aśvini mudra
아슈땅가 요가	aṣṭāṅga yoga
아스미따	asmitā
아유르베다	Āyurveda
아힘사	ahiṁsā
안나마야 꼬샤	annamaya kośa
안따라 꿈바카	antara kumbhaka
압히야사	abhyasā
야마	yama
에까빠다 라자까뽀따사나	ekapāda rājakapotāsana,
요가 니드라	yoga nidrā
요가 찌낏사	yoga cikitsā
와사나	vāsanā
와유	vāyu
와이라갸	vairāgya

와즈라사나	vajrāsana
웃따나사나	uttānāsana
웃티따 뜨리꼬나사나	utthita trikoṇāsana
위갸나마야 꼬샤	vijñānamaya kośa
위라바드라사나	vīrabhadrāsana
위라사나	vīrāsana,
위슛디 짜끄라	viśuddhi cakra
위요가	viyoga
이슈와라 쁘라니다나	Īśvara praṇidhānā
인드리야	indriya
자타라 빠리브릿띠	jāṭhara-parivṛtti
짜끄라	cakra
짜끄라와까사나	cakravākāsana
짜뚜랑가 단다사나	caturaṅga daṇḍāsana
짜라까 상히따	caraka saṃhitā
짠드라	candra
찟따	citta

요가심신테라피 프로그램

요가심신테라피 기본프로그램

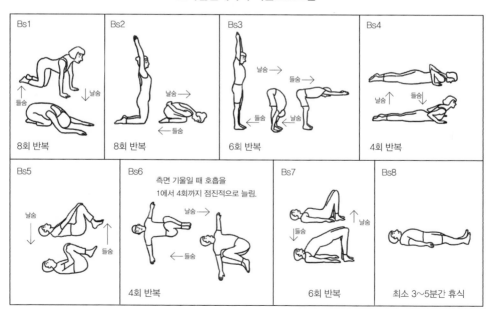

요가심신테라피 요통프로그램

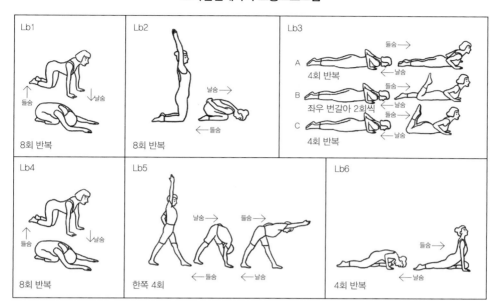

요가심신테라피 요통프로그램

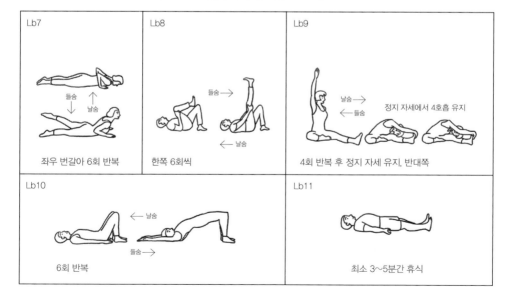

요가심신테라피 목 · 어깨 기본 프로그램

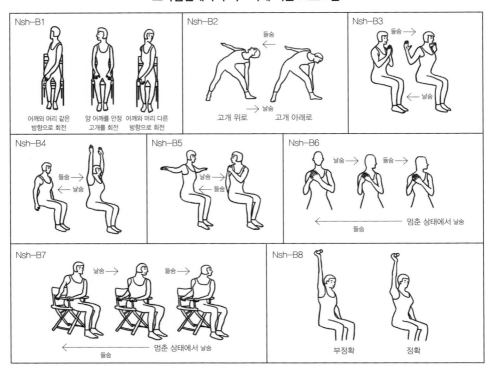

요가심신테라피 목 · 어깨 프로그램1

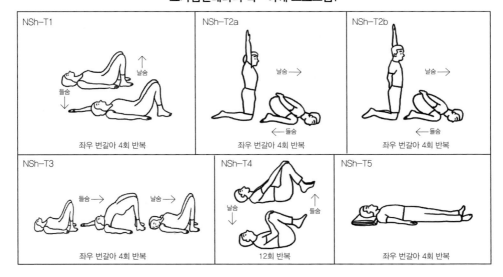

요가심신테라피 목 · 어깨 프로그램2

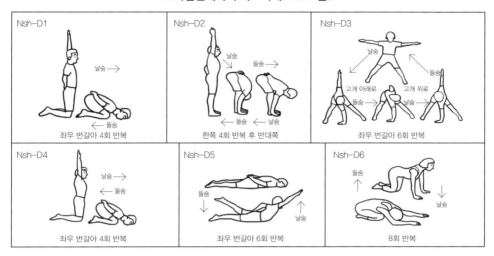

Nsh–D1
날숨 →
좌우 번갈아 4회 반복

Nsh–D2
날숨
들숨 →
들숨 ← 날숨
한쪽 4회 반복 후 반대쪽

Nsh–D3
날숨
고개 아래로 들숨
고개 위로 날숨
들숨
좌우 번갈아 6회 반복

Nsh–D4
날숨 →
← 들숨
좌우 번갈아 4회 반복

Nsh–D5
들숨
날숨
좌우 번갈아 6회 반복

Nsh–D6
들숨 ↑
↓ 날숨
8회 반복

요가심신테라피 목 · 어깨 프로그램2

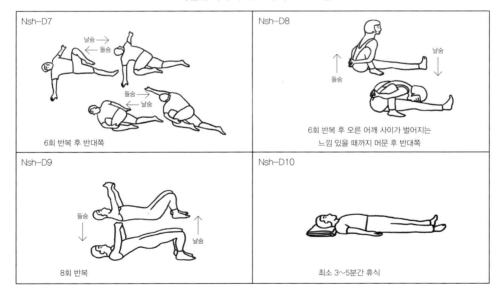

Nsh–D7
날숨 →
← 들숨
들숨 →
← 날숨
6회 반복 후 반대쪽

Nsh–D8
↑ 들숨
날숨 ↓
6회 반복 후 오른 어깨 사이가 벌어지는
느낌 있을 때까지 머문 후 반대쪽

Nsh–D9
들숨 ↓
↑ 날숨
8회 반복

Nsh–D10
최소 3~5분간 휴식

요가심신테라피 등(후만) 프로그램

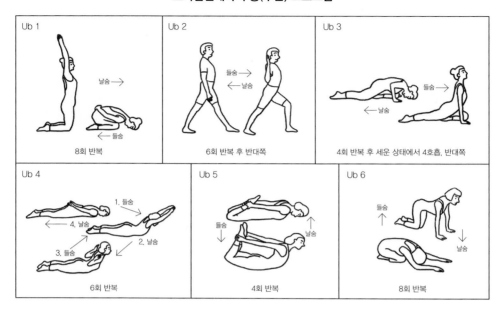

Ub 1
날숨 →
← 들숨
8회 반복

Ub 2
들숨 →
← 날숨
6회 반복 후 반대쪽

Ub 3
들숨 →
← 날숨
4회 반복 후 세운 상태에서 4호흡, 반대쪽

Ub 4
1. 들숨
4. 날숨 →
3. 들숨
2. 날숨
6회 반복

Ub 5
들숨
↓
날숨
↑
4회 반복

Ub 6
들숨
↑
날숨
↓
8회 반복

요가심신테라피 등(후만) 프로그램

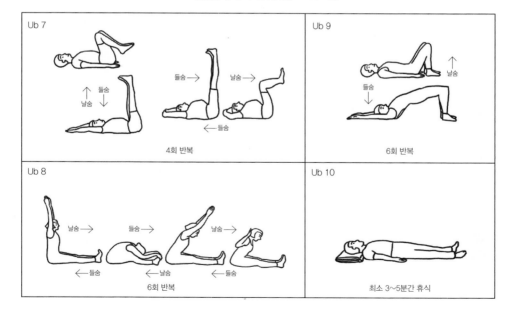

Ub 7
↑ 들숨
날숨 ↓
들숨 →
날숨 →
← 들숨
4회 반복

Ub 9
날숨 ↑
들숨 ↓
6회 반복

Ub 8
날숨 →
들숨 →
날숨 →
← 들숨
← 날숨
← 들숨
6회 반복

Ub 10
최소 3~5분간 휴식

요가심신테라피 척추측만 프로그램

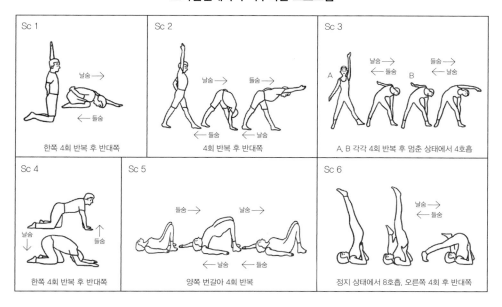

Sc 1 — 한쪽 4회 반복 후 반대쪽

Sc 2 — 4회 반복 후 반대쪽

Sc 3 — A, B 각각 4회 반복 후 멈춘 상태에서 4호흡

Sc 4 — 한쪽 4회 반복 후 반대쪽

Sc 5 — 양쪽 번갈아 4회 반복

Sc 6 — 정지 상태에서 8호흡, 오른쪽 4회 후 반대쪽

요가심신테라피 척추측만 프로그램

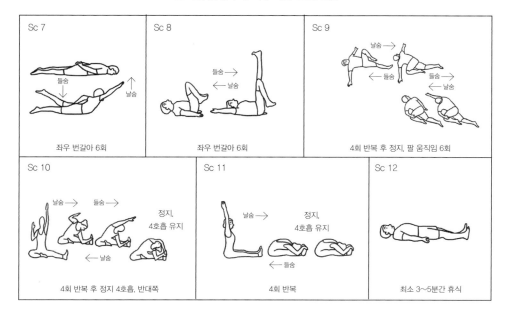

Sc 7 — 좌우 번갈아 6회

Sc 8 — 좌우 번갈아 6회

Sc 9 — 4회 반복 후 정지, 팔 움직임 6회

Sc 10 — 4회 반복 후 정지 4호흡, 반대쪽

Sc 11 — 4회 반복

Sc 12 — 최소 3~5분간 휴식

요가심신테라피 고관절 프로그램

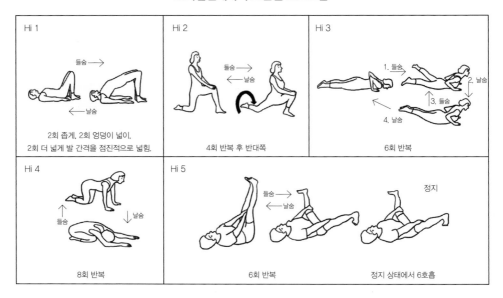

Hi 1
들숨 →
← 날숨
2회 좁게, 2회 엉덩이 넓이,
2회 더 넓게 발 간격을 점진적으로 넓힘.

Hi 2
들숨 →
← 날숨
4회 반복 후 반대쪽

Hi 3
1. 들숨
2. 날숨
3. 들숨
4. 날숨
6회 반복

Hi 4
들숨 ↑
날숨 ↓
8회 반복

Hi 5
들숨 →
← 날숨
정지
6회 반복
정지 상태에서 6호흡

요가심신테라피 고관절 프로그램

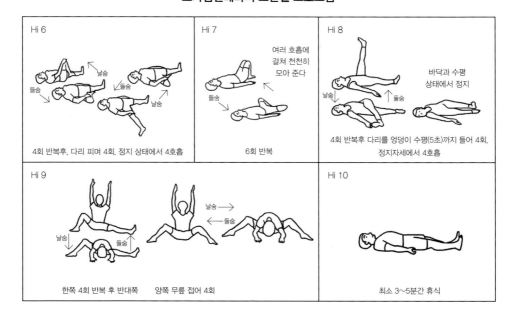

Hi 6
날숨
들숨
들숨
날숨
4회 반복후, 다리 피며 4회, 정지 상태에서 4호흡

Hi 7
여러 호흡에
걸쳐 천천히
모아 준다
들숨
6회 반복

Hi 8
바닥과 수평
상태에서 정지
날숨
들숨
4회 반복후 다리를 엉덩이 수평(5초)까지 들어 4회,
정지자세에서 4호흡

Hi 9
날숨 →
← 들숨
날숨
들숨
한쪽 4회 반복 후 반대쪽   양쪽 무릎 접어 4회

Hi 10
최소 3~5분간 휴식

요가심신테라피 무릎 프로그램

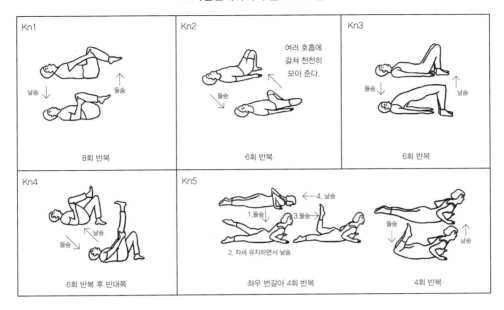

요가심신테라피 무릎 프로그램

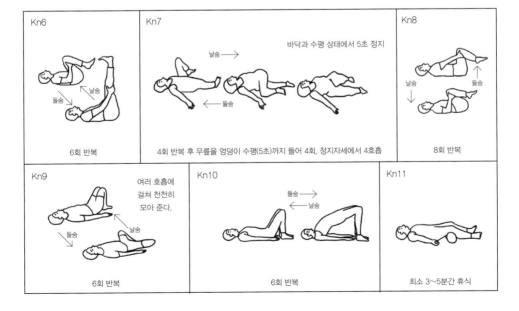

요가심신테라피 천골 프로그램

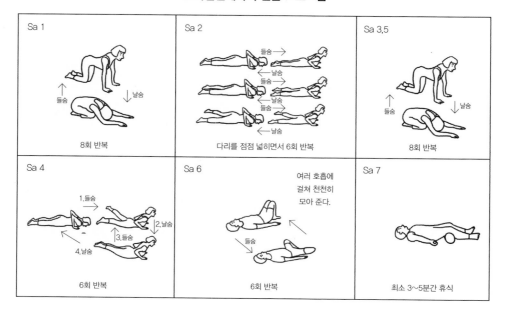

Sa 1

↑ 들숨   ↓ 날숨

8회 반복

Sa 2

들숨 →
← 날숨
들숨 →
← 날숨
들숨 →
← 날숨

다리를 점점 넓히면서 6회 반복

Sa 3,5

↑ 들숨   ↓ 날숨

8회 반복

Sa 4

1.들숨 →
2.날숨
3.들숨
4.날숨

6회 반복

Sa 6

여러 호흡에 걸쳐 천천히 모아 준다.

들숨

6회 반복

Sa 7

최소 3~5분간 휴식

참고문헌

강화(2017). 요가심신테라피 진행과정과 구성적용방법 연구. 요가학 연구, 18, 102–143.

김안나(2016). 몸알아차림(somatic awareness)에 기반한 요가자세 및 움직임이 갖는 자기조절과 치유 효과에 관한 이론적 고찰. 무용역사기록학, 40, 109–139.

김정규(2015). 게슈탈트 심리치료: 창조적 삶과 성장(2판). 서울: 학지사.

변광호, 장현갑(2005). 스트레스와 심신의학. 서울: 학지사.

문을식(2013). 요가 · 상캬 철학의 이해. 서울: 도서출판 여래.

오경기, 이재호, 김미라, 김태훈, 권혁철, 김문수, 기윤주, 송길연, 박경, 한민, 조옥경, 김경일(2014). 심리학. 서울: 정민사.

왕인순(2009). 요가자세 · 호흡 · 이완 프로그램이 스트레스의 신체증상, 피로, 스트레스반응, 자아존중감에 미치는 효과: 비정규직 여성을 중심으로. 서울불교대학원대학교 박사학위 청구논문.

왕인순(2010). 요가의 치료적 관점과 효과에 대한 고찰. 요가학연구, 3, 139–169.

왕인순(2015a). 심신치료개입으로서의 요가의 치유기제에 관한 고찰. 요가학연구, 13, 89–117.

왕인순(2015b). 요가의 전일건강모델과 요가심신테라피 실제. 불교와 심리, 8, 78–124.

왕인순(2016). 요가 수련자가 경험하는 행복의 충분조건. 행복을 디자인하는 요가(pp. 137-165). 서울: 도서출판 여래.

왕인순, 이윤선, 김안나, 강화, 김가연, 박지영, 장진아, 최주영, 정은애(2017). 요가심신테라피 사례연구 3. 서울불교대학원대학교 요가연구소.

왕인순, 조옥경(2006). 요가프로그램이 여성 자활참여자의 신체화, 불안 및 삶의 의미에 미치는 효과. 한국심리학회지: 건강, 11(3), 587-606.

요가심신테라피연구회(2017). 요가심신테라피-전문가 양성을 위한 기초자료집 1. 서울불교대학원대학교 요가연구소.

이강언(2004). 몸으로 마음 고치기. 서울: 학지사.

이거룡(2017). 요가수뜨라 해설. 충남: 선문대학교 출판부.

이태영(2000). 요가: 하타요가에서 쿤달리니탄트라까지. 서울: 여래.

장현갑(2004). 스트레스 관련 질병 치료에 대한 명상의 적용. 한국심리학회지: 건강, 9(2), 471-492.

조옥경(2006). 요가의 치료적 가치에 대한 고찰. 불교와 심리, 1, 191-122.

조옥경(2011). 요가치료: 요가의 새로운 흐름. 요가학연구, 5, 99-129.

조옥경(2013a). 요가심신치료란 무엇인가. 2013년 제1회 대학연합 요가워크숍 자료집 요가의 다양한 스펙트럼-아사나, 명상에서 요가치료까지 (pp. 3-20). 서울: 한국요가학회.

조옥경(2013b). 요가, 명상과 정신건강. 이동훈 외 18인 공저, 정신건강과 상담(pp. 633-656). 서울: 학지사.

조옥경(2016). 요가심신테라피의 이해. 제8회 요가심신테라피 워크숍: 신체중심 기초교육 자료집(pp. 1-24). 서울불교대학원대학교 요가연구소.

조옥경, 강화, 김안나, 이윤선(2016). 제8회 요가심신테라피 워크숍 신체중심 기초교육 자료집. 서울불교대학원대학교 요가연구소.

조옥경, 박지영, 장진아, 최주영(2016). 제9회 요가심신테라피 워크숍: 심리중심 자료집. 서울불교대학원대학교 요가연구소.

조옥경, 왕인순(2007). 한국요가지도자의 현황과 과제: 수도권 지역을 중심으로. 동양학연구, 3, 33-61.

조옥경, 왕인순(2016). 심신중재법으로서 요가의 치료적 적용. 한국심리학회지: 건강, 21(1), 1-18.

조옥경, 왕인순, 양희연(2013). 제3회 요가로 마음다루기. 마음챙김 요가 워크숍 자료집. 서울불교대학원대학교 평생교육원.

조옥경, 윤희조(2013). 마음챙김, 단일개념인가, 복합개념인가?. 한국교수불자연합학회지, 19(2), 145-171.

조옥경, 윤희조(2016). 불교와 심리학적 관점에서 본 자애와 연민. 철학논총, 86(4), 449-470.

조옥경, 이윤선, 강화, 김안나(2015). 제6회 요가심신치료 워크숍: 몸 · 마음 · 몸-치유로의 여행-자료집. 서울불교대학원대학교 요가연구소.

Ajaya, S. (1976). *Yoga psychology: A practical guide to meditation.* Honesdale, PA: The Himalayan Institute Press.

Ajaya, S. (2015). 요가를 통한 심리치료[*Healing the whole person-Application of Yoga Psychotherapy*](조옥경, 왕인순, 김아신, 박미라, 양희연 역). 서울: 학지사. (원전은 2008년에 출판).

Anderson, S., & Sovik, R. (2006). 요가첫걸음[*Yoga mastering the basics*](조옥경, 김채희 공역). 서울: 학지사. (원전은 2000년에 출판).

Angelo, G. (2015). *Rapport: The art of connecting with people and building Relationship.* New York: SN & NS Publications.

Arpita. (1990). Physiological and psychological effects of hatha yoga: A review of the literature. *International Journal of Yoga Therapy, 1*(1), 1-28.

Bishop, S. R., Lau, M., Shapiro, S., Carlson, L., Anderson, N. D., Carmody, J., et al. (2004). Mindfulness: A proposed operational definition. *Clinical Psychology: Science & Practice, 11*(3), 230-241.

Boccio, F. J. (2009). 마음챙김을 위한 요가[*Mindfulness yoga*](조옥경, 김채희 역). 서울: 학지사. (원전은 2004년에 출판).

Broad, W. J. (2012). *The science of yoga: The risks and the rewards.* New York:

Simon & Schuster Paperbacks.

Brown, R. P., & Gergarg, P. L. (2005). Sudarshan Kriya yoga breathing in the treatment of stress, anxiety, and depression, Part I : Neurophysiological model. *The Journal of Alternative and Complementary Medicine, 2*(1), 189-201.

Buddhaghosa (2005). 청정도론(대림스님 역), 초기불전연구원. (원전은 5세기경 출판).

Cabral, P., Meyer, H. B., & Ames, D. (2011). Effectiveness of yoga therapy as a complementary treatment for major psychiatric disorders: A meta-analysis. *Primary Care Companion For Central Nervous System Disorders, 13*(4), doi: 10.4088/PCC.10r01068.

Clare, T. (2004). *Yoga for men-postures for healthy, stress-free living.* New York: Career Press.

Corthright, B. (2007). *Integral Psychology.* Albany: State University of New York Press.

Cuddy, A. (2016). 프레즌스[*Presence*](이경식 역). 서울: RH Korea. (원전은 2015년 에 출판).

Davidson, R. J., & Kaszniak, A. W. (2015). Conceptual and methodological issues in research on mindfulness and meditation. *American Psychologist, 70*(7), 581-592.

Desikachar, T. K. V. (1995). *The heart of yoga: Developing a personal practice.* Rochester: Inner Traditions International.

Dillard, J. N. (2004). Integrative approach to pain. In B. Kligler & R. Lee (Eds.), *Integrative Medicine* (pp. 591-608). New York: McGraw-Hill.

Egan, J., & Carr, A. (2008). Body-centered countertransference in female trauma therapists. *Eisteach, 8*, 22-27

Emerson, D., & Hopper, E. (2011). *Overcoming trauma through yoga: Reclaiming your body.* Berkeley: North Atlantic Books.

Farhi, D. (1996). *Breathing book: Good health and vitality through essential breath work.* New York: St Martin's Griffin.

Farhi, D. (2006). *Teaching yoga: Exploring the teacher-student relationship*. Berkeley: Rodmell Press.

Feuerstein, G. (2004). 요가의 세계[*The Shambhala Guide to Yoga*](이태영 역). 서울: 도서출판 여래. (원전은 1996년에 출판).

Fishman, L., Saltonstall, E., & Genis, S. (2009). Understanding and preventing yoga injuries. *International Journal of Yoga Therapy, 19*(1), 47-53.

Forbes, B. (2011). *Yoga for emotional balance: Simple practices to help relieve and anxiety and depression*. Boston: Shambhala.

Frawley, D. (2006). 아유르베다와 마음[*Ayurveda and the mind: the healing of consciousness*](정미숙 역). 창원: 슈리 크리슈나다스 아쉬람. (원전은 1997년에 출판).

Frawley, D., & Ranade, S. (2008). 자연의학 아유르베다[*Ayurveda, nature's medicine*]. (원전은 2001년에 출판).

Gendlin, E. T. (2000). 내 마음 내가 안다[*Focusing*](손혜숙 역). 서울: 아름드리미디어. (원전은 1978년에 출판).

Gethin. R. (2011). On some defifitions of mindfulness. *Contemporary Buddhism, 12*(1), 263-279.

Goetz, J. L., Keltner, D., & Simon-Thomas, E. (2010). Compassion: An evolutionary anaysis and empirical review. *Psychological Bulletin, 136*(3), 351-374.

Gore, M. M. (2003). *Anatomy and physiology of yogic practices*. Pune: Shiripad Graphics.

Hanna, T. (2012). 소마틱스[*Somatics: reawakening the mind's control of movement, flexibility, and health*](최광석 역). 서울: 도서출판 행복에너지. (원전은 1988년에 출판).

Innes, K. E., & Vincent, H. K. (2007). The influence of yoga-based programs on risk profiles in adults with type 2 diabetes mellitus: A systematic review. *Evidence-based Complementary and Alternative Medicine, 4*(4), 469-486.

International Association of Yoga Therapist (2016). Educational standards for the

training of yoga therapists. Retrieved May 5, 2017, from https://www.iayt.
org/resource/resmgr/accreditationmaterials/ed_stds_sections/Educational_
Standards_2016-C.pdf.

Iyengar, B. K. S. (2001). Yoga: The path to holistic health. London: Dorling
Kindersley.

Iyengar, B. K. S. (2009). 요가호흡 디피카(문진희, 현천 역). 대구: 선요가.

Iyengar, B. K. S., & Iyengar, G. S. (2002). *Basic guidelines for teachers of yoga*.
Pune: Highflown advertising.

Jacoby, M. (1990). The Analytic encounter: Transference and human relationship.
Toronto: INNER CITY BOOKS.

Kabat-Zinn, J. (1994). *Wherever you go, there your are: Mindfulness meditation in
everyday life*. New York: Hyperion.

Kabat-Zinn, J. (2003). Mindfulness-based interventions in context: Past, present,
and future. *Clinical Psychology: Science and Practice, 10*, 144-156.

Kapelovitz, L. H. (1977). *To love and to work: A demonstration and discussion of
psychotherpay*. New York: Jason Aronson.

Keleman, S. (1989). *Emotional anatomy*. Berkeley: Center Press.

Kepner, J. (2015). IAYT and the future of the yoga therapy. In L. Payne, T. Gold,
& E. Goldman (Eds.), *Yoga therapy & integrative medicine: Where ancient
science meets modern medicine* (pp. 548-560). Laguna Beach: Basic Health
Publications.

Khalsa, S. S. (2007). Yoga as therapeutic intervention. In P. M. Lenrer, R. L.
Woolfolk, & W. E. Sime (Eds.), *Principles and practice of stress management*
(3rd ed., pp. 449-462). New York: Guilford.

Kimura, K. K. (2016). *Yoga therapy theory*. Yonago-shi, Japan: Japan Yoga
Niketan.

Kirwood, G., Rampes, H., Tuffrey, V., Richardson, J., & Pilkington, K. (2005). Yoga
for anxiety: A systematic review of the research evidence. *British Journal of*

Sports Medicine, 39(12), 884-891.

Kraftsow, G. (2002). *Yoga for transformation*. New York: Penguin Compass.

Kraftsow, G. (2011). 웰니스를 위한 비니요가-Kraftsow의 요가치료입문[*Yoga for Wellness*](조옥경 역). 서울: 학지사. (원전은 1999년에 출판).

Kraftsow, G. (2014). The distinction between a yoga class and a yoga therapy session. *International Journal of Yoga Therapy, 24*, 17-18.

Lasater, J. (1995). *Relax and renew*. Berkeley: Rodmell press.

Le Page, J. (2015). Integrative yoga therapy. In L. Payne, T. Gold, & E. Goldman (Eds.), *Yoga therapy & integrative medicine* (pp. 337-358). Laguna Beach: Basic Health Publications.

Levine, P. A. (2014). 몸과 마음을 잇는 트라우마 치유[*Healing trauma*](이주희 역). 서울: 학지사. (원전은 2008년에 출판).

Levine, P. A. (2016). 내 안의 트라우마 치유하기[*Waking the tiger*](양희아 역). 서울: 소울메이트. (원전은 1997년에 출판).

Marlock, G., & Weiss, H. (2006). In search of the embodied self. Hakomi Forum, summer, issue 16-17, 47-55.

McCall, T. (2007). *Yoga as medicine: The yogic prescription for health and healing*. New York: Bantam Book.

Mehta, R. H. (2002). Understanding Yoga Therapy. *International Journal of Yoga Therapy, 12*, 5-11.

Miller, R. C. (1992). The psychophysiology of respiration: Eastern and western perspective. *International Journal of Yoga Therapy, 2*, 8-23.

Miller, R. C. (2015). Integrative restoration iREST Yoga Nidra: Healing in wholeness. In L. Payne, T. Gold, & E. Goldman (Eds.), *Yoga therapy & integrative medicine* (pp. 318-336). Laguna Beach: Basic Health Publications.

Mohan, A. G. (2002). *Yoga for body, breath, and mind*. Boston: Shambhala.

Mohan, A. G., & Mohan, I. (2004). *Yoga therapy*. Boston: Shambhala.

Morgan, S. P. (2014). 연민심과 지혜: 윤리를 통한 성장. In C. K. Germer & R. D.

Siegel 편저, 심리치료에서 지혜와 자비의 역할[*Wisdom and Compassion in Psychotherapy*] (pp. 481-501). (서광스님, 김나연 공역). 서울: 학지사.

Pascoe, M. C., & Bauer, I. E. (2017). A systematic review of randomised control trial on the effects of yoga on stress measures and mood. *Journal of Psychiatric Research, 94*, 16-19.

Payne, L. (2015). The yoga therapy Rx program at Loyola Marymount University. In L. Payne, T. Gold, & E. Goldman (Eds.), *Yoga therapy & integrative medicine* (pp.512-523). Laguna Beach: Basic Health Publications.

Payne, L., & Usatine, R. P. (2002). *Yoga Rx*. New York: Broadway books.

Perls, F. (2013). 펄스의 게슈탈트 심리치료[*The Gestalt Approach and Eye Witness to Therapy*](최한나, 변상조 역). 서울: 학지사. (원전은 1973년에 출판).

Pinkington, K., Kirkwood, G., Rampes, H., & Richardson, J. (2005). Yoga for depression: The research evidence. *Journal of Affective Disorder, 89*, 13-24.

Preston, S. D., & de Waal, F. B. (2002). Empathy: Its ultimate and proximate bases. *Behavioural Brain Sciences, 25*(1), 1-20.

Radha, S. (2004). 하타요가와 명상(최정음 역). 서울: 정신세계사.

Rama, S. (2002). 요가 그 깨달음의 세계(이태영 역). 서울: 여래.

Rama, S. (2004). 신비의 호흡 요법(길연 역). 서울: 관음출판사.

Raub, J. A. (2002). Psychophysiologic effects of hatha yoga on musculoskeletal and cardiopulmonary function: A literature review. *The Journal of Alternative and Complementary Medicine, 8*(6), 797-812.

Rogers, C. (1961). *On becoiming a person*. Boston: Houghton Mifflin Company.

Rothschild, B. (2006). *Help for the Helper: The psychophysiology of compassion fatigue and vicarious traums*. London: W. W. Norton & Company.

Rothschild, B. (2013). 내 인생을 힘들게 하는 트라우마[*The body remembers: The psychophysiology of trauma and trauma treatment*](김좌준 역). 서울: 소울메이트. (원전은 2000년에 출판).

Salmon, P., Lush, E., Jablonski, M., & Sephton, S. E. (2009). Yoga and mindfulness:

Clinical aspects of an ancient mind/body practice. *Cognitive and Behavioral Practice, 16*, 59-72.

Satchidananda, S. (2006). 빠딴잘리의 요가쑤뜨라[*The yoga sutra of patanjali*](김순금 역). 서울: 동문선. (원전은 1978년에 출판).

Satish, L. (2014). Is yoga a system of philosophy or a healthcare therapy. In M. Jayaraman (Ed.), *Proceedings of a national seminar: Dimensions of yoga* (pp. 31-37). Chennai: Krishnamacharya Yoga Mandiram.

Satyananda, S. S. (2009). 요가니드라[*Yoga Nidra*](한국 싸띠아난다 요가 아쉬람 출판 위원 역). 장흥: 한국요가출판사. (원전은 1976, 1998년에 출판).

Sherman, K. J., Cherkin, D. C., Erro, J., Miglioretti, D. L., & Deyo, R. A. (2005). Comparing yoga, exercise, and a self-care book for chronic low back pain. *Annals of internal medicine, 143*(12), 849-856.

Simpkins, A. M., & Simpkins, C. A. (2011). *Meditation and yoga in psychotherapy.* New Jersey: John Wiley & Sons.

Sivananda Yoga vedanta centre(SYVC). (2004). 라자요가 명상[*The Sivananda Book of Meditation*]. (이의영 역). 서울: 하남출판사. (원전은 2003년에 출판).

Stephens, M. (2010). *Teaching yoga.* Berkeley: North Atlantic Books.

Stiles, M. (2000). *Structural yoga therapy.* York Beach, ME: Samuel Weiser Books.

Swain, T. A., & McGwin, G. (2016). Yoga-related injuries in the United States from 2001 to 2014. *The Orthopaedic Journal of Sports Medicine, 4*(11), Doi: 10.1177/2325967116671703.

van der Kolk, B. (2016). 몸은 기억한다[*The body keeps the score*](제효영 역). 서울: 을유문화사. (원전은 2014년에 출판)

Vivekananda Kendra Yoga Research Foundation(VKYRF). (2003). 질병을 치료하는 요가[*Yoga for common ailments*](김효명 역). 서울: 아카데미북. (원전은 1990년에 출판).

Welwood, J. (2008). 깨달음의 심리학[*Toward a psychology of awakening*](김명권, 주혜명 역). 서울: 학지사. (원전은 2002년에 출판).

찾아보기

내용

저자 소개

조옥경(Cho Okkyeong)
고려대학교 문학박사
인도 뿌나대학교 M.Phil 과정 수료
미국 히말라야 요가연구소 하타요가 지도자과정 수료
인도 아엥가 센터 요가수련
현 서울불교대학원대학교 심신통합치유학과 요가통합치료학전공 주임교수
　　한국요가학회 회장
　　대한심신치의학회 부회장
　　한국명상학회 이사
주요 역서 『트라우마 치유 요가』(김영사, 2018, 공역)
　　　　　『영원의 철학』(김영사, 2014)
　　　　　『웰니스를 위한 비니요가』(학지사, 2011)
　　　　　『마음챙김을 위한 요가』(학지사, 2009, 공역)
　　　　　『켄 윌버의 통합심리학』(학지사, 2008)

왕인순(Wang Insoon)
서울불교대학원대학교 심신통합치유학 박사(요가치료학 전공)
현 서울불교대학원대학교 요가통합치료학전공 강사
　　한국요가학회 이사
　　요가이완연구소 소장
주요 저서 『행복을 디자인하는 요가』(여래, 2016, 공저)
주요 역서 『트라우마 치유 요가』(김영사, 2018, 공역)
　　　　　『요가를 통한 심리치료』(학지사, 2015, 공역)

강 화(Kang Hwa)

서울불교대학원대학교 심신통합치유학 박사 수료(요가치료학 전공)

현 요가 마인드 서산 대표

　　청강문화산업대학교 강사

　　한국요가학회 임원

　　요가심신테라피 전문가

　　요가심신테라피 약 700시간 임상경험

김안나(Kim Anna)

서울불교대학원대학교 심신통합치유학 박사(요가치료학 전공)

현 청강문화산업대학교 초빙교수

　　몸 중심 마음챙김 연구소장

　　요가심신테라피 전문가

　　요가심신테라피 약 800시간 임상경험

이윤선(Lee Yoonsun)

서울불교대학원대학교 심신통합치유학 박사(요가치료학 전공)

현 선문대학교 통합의학대학원, 춘해보건대학교 강사

　　몸마음챙김 비니요가연구소 소장

　　한국요가학회 이사

　　요가심신테라피 전문가

　　요가심신테라피 약 1,200시간 임상경험

통합 치료의 새로운 패러다임

요가심신테라피
Mindbody Yoga Therapy for Integrative Healing

2019년 2월 15일 1판 1쇄 인쇄
2019년 2월 20일 1판 1쇄 발행

지은이 • 조옥경 · 왕인순 · 강화 · 김안나 · 이윤선
그   림 • 김혜진
펴낸이 • 김진환
펴낸곳 • ㈜ 학지사

　　　　04031 서울특별시 마포구 양화로 15길 20 마인드월드빌딩
대표전화 • 02-330-5114　 팩스 • 02-324-2345
등록번호 • 제313-2006-000265호

홈페이지 • http://www.hakjisa.co.kr
페이스북 • https://www.facebook.com/hakjisa

ISBN 978-89-997-1746-8 93180

정가 19,000원

이 도서의 국립중앙도서관 출판시도서목록(CIP)은 서지정보유통지
원시스템 홈페이지(http://seoji.nl.go.kr)와 국가자료공동목록시스템
(http://www.nl.go.kr/kolisnet)에서 이용하실 수 있습니다.
(CIP 제어번호: CIP2019002117)

교육문화출판미디어그룹 **학지사**

심리검사연구소 **인싸이트** www.inpsyt.co.kr
원격교육연수원 **카운피아** www.counpia.com
학술논문서비스 **뉴논문** www.newnonmun.com
간호보건의학출판 **학지사메디컬** www.hakjisamd.co.kr